云南省朱庆华专家工作站（编号：202305AF150028）
云南省教育厅数字金融开发与管理重点实验室
资助出版

陈晔婷 罗 丹 著

数字贸易与电子商务
实践研究

RESEARCH ON
THE PRACTICE OF
DIGITAL TRADE
AND
E-COMMERCE

社会科学文献出版社
SOCIAL SCIENCES ACADEMIC PRESS (CHINA)

P 前言
REFACE

　　当今世界，数字化浪潮正深刻地改变着我们的商业模式、贸易方式以及日常生活。随着互联网和智能手机的普及以及数字技术的飞速发展，数字贸易和电子商务已经成为全球商业的主要推动力。本书即成书于这一背景，共分为八章，具体内容如下。

　　第一章重点关注数字贸易规则。本章从数字贸易的概念和重要性出发，深入研究国际贸易框架和规则，并分析主要国家的数字贸易规则。最后，探讨数字贸易的未来发展趋势，帮助读者了解该领域的发展方向。第二章探讨数字贸易的崛起。本章主要研究传统企业如何通过电子商务实现转型，并深入剖析短视频和直播平台如何改变电子商务营销的游戏规则。同时，本章还探讨新零售的概念，以及数字贸易技术的关键环节，为读者提供全面的背景知识，帮助其理解数字贸易的复杂性。第三章探讨数字技术驱动下的网络营销模式。在"互联网+"时代，传统营销与网络营销之间的关系变得更加紧密。我们将研究微博营销、微信营销、社群营销、短视频营销和直播营销等不同的网络营销方式，并分析网络营销的发展趋势，帮助读者了解如何在数字时代有效地推广产品和服务。第四章主要介绍跨境电商新业态。跨境电商已经成为国际贸易的重要组成部分，本章详细讨论跨境电商概述、跨境电商支付、跨境电商物流以及跨境电商的数据安全问题的关键主题，并帮助读者了解跨境电商领域的最新发展。第五章重点关注数字贸易中的物流与供应链。数字贸易的成功离不开高效的供应链和物流体系。我们将深入探讨数字贸易供应链、数字贸易物流配送中心以及智慧物流的概念。最后，分析数字贸易物流与供应链的未来发展趋势，为读者展示这个领域的机遇和挑战。第六章聚焦数据安全及个人隐私保护。随着数字贸易的兴起，数据安全和个人隐私保护变得尤为重要。我们将深入探讨数据安全、个人隐私保护以及区块链技术在数据安全与隐私保护方面的应用，帮助读者了解如何保护自己的数据和隐私。第七章讨论网络用户客户服务。网络客户服务在数字时代变得更加重要，我们将探讨不同的网络客户服务方式、要求与技巧，并研究网络客户关系管理的最佳实践。最后，分析跨境电商用户安全管理与客户服务的发展趋势，以帮助读者提供卓越的客户体验。第八章探讨跨境电子商务平台与实践。我们将详细介绍跨境电子商务的概念，列举一些常见的跨境电商平台，并讨论跨境电商平台和电商数据分析的重要性。最后，分析跨境电商平台的发展趋势，帮助读者了解如何选择和利用这些平台来扩展业务。

C 目录
ONTENTS

第一章　数字贸易规则

第一节　数字贸易概念

在本节中，我们将引入数字贸易的概念和背景，为读者提供对本书主题的基本了解。数字贸易是指通过互联网和数字技术进行的跨境交易活动，涵盖商品和服务的买卖、电子商务平台的运营以及跨境数据流动等方面。随着互联网的普及和数字技术的迅猛发展，数字贸易在全球范围内呈现出快速增长的趋势，并对国际经济和贸易产生了深远影响。

一　数字贸易的定义和背景

（一）数字贸易的定义

数字贸易作为全球经济的新兴业态，正迅速改变着传统贸易的面貌。随着数字技术的飞速发展和互联网的普及，越来越多的企业和个人通过数字平台进行跨境交易，促进了全球市场的融合与互通。数字贸易的兴起带来了巨大的机遇和挑战，对全球经济格局和贸易规则提出了全新的要求。

数字贸易的概念可以理解为利用数字技术和互联网平台进行的国际贸易活动。传统贸易主要依赖实体货物的跨境流通，而数字贸易则通过电子渠道实现了无国界的交易，涵盖商品、服务和知识的跨境交流与交易。数字化的特性赋予了贸易活动更高的效率和便利性，加快了交易速度，拓宽了市场范围，为企业和消费者创造了更多的选择机会。

（二）数字贸易的背景

随着计算机技术、通信技术和数据处理能力的快速发展，数字贸易正不断演化和创新。云计算、大数据分析、物联网、人工智能等先进技术的广泛应用，使得数字贸易更加智能化、个性化和高效化。企业和个人可以通过在线平台实现产品展示、订单处理、支付结算等一系列贸易活动，打破了地理和时间的限制，实现了全球市场的无缝连接。

数字贸易的背景是全球化和信息化。全球化的推动使得不同国家和地区的市场联系更加紧密，贸易壁垒不断降低，国际合作不断加强。信息化的推动使得信息的获取和传播更加快捷，消费者对于产品和服务的需求更加个性化和多样化。这些趋势推动了数字贸易的崛起，为企业提供了拓展市场、提高竞争力的新途径。数字贸易的发展得益于以下几个主要因素。

1. 互联网普及和数字技术创新

互联网的普及为数字贸易提供了基础设施和全球连接的能力。随着移动互联网的快速发展，越来越多的人可以通过智能手机和移动设备进行在线购物和交易。同时，数字技术的创新，如大数据分析、云计算、物联网和人工智能等，为数字贸易提供了更多的商业机会和增长潜力。

2. 消费者需求和行为变化

消费者越来越倾向于在线购物和数字化服务，追求更加便捷、个性化和多样化的消费体验。数字贸易为消费者提供了更广泛的商品选择、全天候的便利购物和即时的交易体验，满足了他们日益增长的购物需求。

3. 供应链和物流的数字化转型

数字贸易推动了供应链和物流领域的数字化转型。通过使用物联网、区块链和人工智能等技术，企业能够实现供应链的可追溯性、库存管理的精确性和物流运输的高效性。数字化供应链提供了更快速、高效和可持续的物流解决方案，为数字贸易的发展提供了重要支撑。

二 数字贸易的特点

数字贸易作为一种新兴的商业模式和贸易形式，具有鲜明的特点和优势。以下是对数字贸易的几个主要特点的分析。

（一）无国界性

数字贸易打破了传统贸易中的地理限制，使商业活动能在全球范围内进行。通过互联网和数字技术，企业可以迅速与全球供应商、客户和合作伙伴建立联系，实现跨国贸易。无论是小型企业还是大型企业，都可以利用数字渠道进入全球市场，拓展业务机会。

（二）快速性

数字贸易具有快速、高效的特点。在线平台和电子支付等数字工具使交易过程更加迅捷，减少了传统贸易中的时间和空间限制。商家可以通过网络实时与客户进行沟通、接收订单和完成交易。数字贸易的快速性使企业能够更好地满足客户需求，提供更加及时的产品和服务。

（三）数据驱动

数字贸易的运作离不开大数据和数据分析。通过数字技术，企业可以收集、分析和利用大量的数据，包括消费者行为、市场趋势、竞争对手信息等。这些数据可以帮助企业进行市场定位、产品定制和精准营销，提升企业的竞争力和市场反应速度。数据驱动的数字贸易能够更好地理解客户需求，优化供应链管理，并提供个性化的产品和服务。

（四）创新性

数字贸易促进了商业模式和业务流程的创新。通过数字技术，企业可以开发新的商业模式、产品和服务，满足不断变化的市场需求。例

3

如，共享经济平台的兴起、电子商务的发展等都是数字贸易带来的创新成果。创新性是数字贸易的重要特点之一，它推动了经济的转型和升级。

（五）网络互联性

数字贸易的发展离不开全球互联网的支持。互联网的普及和信息通信技术的发展，使得全球各地的企业和个人能够在网络上进行交流和合作。通过在线平台和社交媒体等工具，企业可以与全球范围的供应商、客户和合作伙伴建立联系，开展业务活动。网络互联性促进了数字贸易的全球化和多边合作。

（六）开放性和合作性

数字贸易倡导开放和合作的商业环境。通过在线平台和数字技术，企业可以与不同地区、不同行业的合作伙伴展开合作，实现资源共享和优势互补。数字贸易的开放性和合作性为企业创造了更多的商机和合作空间。

三　数字贸易的优势和机遇

数字贸易作为一种新兴的商业模式和贸易形式，具有许多优势和机遇，推动了全球经济的发展和转型。表 1-1 是关于数字贸易的主要优势和机遇的讨论。

表 1-1　数字贸易的优势和机遇

优　势	内　容
市场扩展和全球化	数字贸易为企业提供了无限的市场扩展和全球化的机会。通过互联网和数字技术，企业可以突破传统的地理限制，将产品和服务推向全球市场
创新和创业	数字贸易催生了许多创新和创业机会。通过数字技术，创业者可以快速构建在线平台、电子商务网站和应用程序等，开展各类商业活动

优　　势	内　　容
降低交易成本	相对于传统贸易形式,数字贸易能够显著降低交易成本。在线平台和电子支付等工具提供了高效的交易和支付方式,减少了中间环节和物流成本
数据驱动的决策	通过收集、分析和利用大量的数据,企业可以更好地理解客户需求、市场趋势和竞争动态,优化产品定位、供应链管理和营销策略,增强市场竞争力
个性化和定制化	通过数字技术,企业可以根据客户的偏好和需求,实现个性化定制、产品组合和增值服务,提高客户满意度和忠诚度
跨界合作和资源共享	数字贸易促进了跨界合作和资源共享的机会。通过在线平台和数字技术,企业可以与不同地区、不同行业的合作伙伴展开合作,实现资源的共享和优势的互补

总的来说,数字贸易具有市场扩展和全球化、创新和创业、降低交易成本、数据驱动决策、个性化和定制化、跨界合作和资源共享、社会包容性和可持续发展以及创造新的商业模式等优势和机遇。这些优势和机遇为企业和个人提供了广阔的发展空间,推动了全球经济的转型和升级。然而,数字贸易也面临着一些挑战和风险,需要国际社会共同努力制定相关政策和规则,以确保数字贸易的健康发展和可持续性。

四　数字技术对全球贸易的重要性和影响

在当今数字化时代,数字技术已经成为全球贸易的重要推动力量,对全球贸易产生了深远的影响。随着信息和通信技术的迅速发展,数字技术正在改变着传统贸易的方式和模式,为全球贸易注入了新的活力和动力。本章将强调数字技术对全球贸易的重要性,并探讨其对贸易流程、市场拓展和全球化贸易、贸易效率和创新能力的影响。

(一)数字技术对全球贸易的重要性

数字贸易规则对于促进全球经济增长、创新和技术发展以及消费者权益保护起到了重要作用,表 1-2 是其重要性的几个主要方面。

表 1-2　数字技术对全球贸易的重要性

优　势	内　容
促进经济增长	数字贸易为全球经济带来了新的增长动力。它打破了传统贸易的地域限制,使企业能够扩大市场、寻找新的合作伙伴,并将新的产品和服务推向全球。数字贸易也促进了跨国企业的成长和新兴市场的发展,为全球经济注入了活力
增加就业机会	数字贸易创造了大量的就业机会,特别是在电子商务、数字营销和物流领域。它为年轻人和创业者提供了创造和发展自己事业的机会,同时也为企业带来了更多的人才选择和灵活的用工方式
提高消费者福利	数字贸易使消费者能够享受更多、更便宜、更多样化的商品和服务。在线购物提供了更广阔的市场选择,同时价格竞争也促使企业提供更优质和具有竞争力的产品
跨境合作	数字贸易促进了跨境合作和区域一体化进程。通过降低贸易壁垒、简化通关手续和提升跨境支付的便利性,数字贸易加强了不同国家之间的合作,促进了贸易自由化和全球化进程

（二）数字技术对全球贸易的影响

1. 数字技术对贸易流程的优化和升级

传统贸易流程通常需要面对烦琐的文件和手续,而数字化的贸易流程通过电子化、自动化和在线化的方式,简化了贸易环节,提高了交易的效率和速度。例如,电子商务平台和在线支付系统使得商家和消费者之间的交易更加便捷和安全,减少了时间和成本的浪费。同时,物联网技术和供应链管理系统的应用,使得商品的生产、运输和销售环节得到实时监控和管理,从而提高了供应链的可视化和协同能力。这些数字技术的应用,使得贸易流程更加高效、透明和可追溯,为企业和消费者提供了更好的交易体验。

2. 数字技术对市场拓展和全球化贸易的推动

互联网和数字平台的普及打破了地理和时间的限制,使得企业和个人能够通过在线渠道进行全球范围的市场拓展。数字化的市场渠道和广告推广手段，使得企业能够更精准地锁定目标消费群体，实现个性化的市场营销和产品定制。同时，数字技术也为中小企业和发展中国家的企业提供了更平等的机会，降低了进入全球市场的门槛。通过数字化平台，企业可以直接与国际买家进行联系和交易，促进了贸易的多样化和多边化发展。因此，数字技术的应用加速了全球贸易的融合和互联互通，推动了全球经济的增长和繁荣。

3. 数字技术对贸易效率和创新能力的提升

数字技术的应用使得企业能够更好地利用和分析海量的数据，从中获取商业洞察和市场趋势，提高决策的准确性和速度。通过人工智能和机器学习算法的支持，企业可以进行智能化的预测和优化，减少了资源浪费、降低了风险。此外，数字技术也为企业的创新能力提供了新的动力。以大数据为基础的商业模式和创新产品的出现，打破了传统产业的边界，催生了新的商业生态和增长点。例如，基于数字技术的共享经济模式，通过在线平台将闲置资源进行共享和利用，为经济发展带来了新的活力。因此，数字技术的应用不仅提升了贸易的效率，也促进了商业模式的创新和产业结构的变革。

然而，数字技术给全球贸易也带来了一些挑战和问题。数据隐私和安全问题成为数字贸易面临的重要议题，企业和个人的数据面临着滥用和泄露的风险。此外，数字鸿沟和技术壁垒也使一些国家和地区在数字贸易中面临着不平等的地位和机会。因此，为了更好地发挥数字技术在全球贸易中的积极作用，国际社会需要加强合作，制定更加包容和协调的数字贸易规则，推动数字技术的可持续发展和应用。

总体来说，数字贸易作为一种新兴的经济活动形式，正在改变着全球经济和贸易的格局。它以互联网和数字技术为基础，通过在线平台和电子商务渠道实现跨境交易和合作。数字贸易的发展离不开全球化和数字化的趋势，同时也受到国际数字贸易规则的制约和引导。

第二节　国际贸易框架及规则

一　世界贸易组织

在回顾传统贸易规则和框架之前，让我们先了解一下世界贸易组织（WTO）的背景和作用。WTO 成立于 1995 年，是一个致力于促进全球贸易的国际组织。其宗旨是通过建立和维护一个稳定、透明和可预测的贸易体制，推动全球贸易的自由化和公平化。WTO 的成员涵盖全球绝大部分的贸易国家和地区，共同参与制定和遵守国际贸易规则。

在 WTO 成立之前，国际贸易规则主要由关税及贸易总协定（GATT）管理。GATT 成立于 1948 年，旨在通过减少关税和其他贸易壁垒，促进国际贸易的自由化。GATT 的主要原则包括最惠国待遇和国民待遇，即成员国应当平等地对待其他成员国的贸易，并且对本国和外国货物给予同样的待遇。GATT 通过多轮谈判和协商，逐步降低了全球关税水平，推动了国际贸易的增长和繁荣。

然而，随着全球经济的发展和贸易形势的变化，传统贸易规则面临着一系列的挑战和限制。首先，传统贸易规则主要关注的是货物贸易，而忽视了服务贸易和知识产权等新兴领域的问题。随着服务贸易和知识经济的兴起，传统贸易规则需要进行更新和扩展，以适应新的贸易模式和业务需求。

其次，传统贸易规则在处理贸易争端和纠纷时存在一定的不足。贸易争端解决机制缺乏效率和透明度，处理时间较长，给争端当事方带来了不确定性和成本压力。此外，一些发展中国家和新兴经济体认为传统贸易规则对于其发展和利益保护的问题存在不公平性，需要更加平衡和包容的贸易规则和机制。

为了应对这些挑战和限制，国际社会开始探索和推动贸易规则的更新和改革。其中，WTO 的多哈发展议程是一个重要的尝试。该议程于 2001 年启动，旨在重点关注发展中国家的关切和需求，推动全球贸易的发展。然而，多哈回合谈判进展缓慢，各方在敏感问题上存在分歧，导致谈判进程陷入停滞。

最后，一些国家和地区也开始推动自由贸易协定（FTA）的谈判和签署。自由贸易协定是一种区域性的贸易安排，旨在消除成员国之间的贸易壁垒，促进区域内的贸易和经济一体化。这些自由贸易协定通常涵盖更广泛的议题，如服务贸易、知识产权保护和投资等。通过自由贸易协定，成员国可以在更灵活的框架下推动贸易自由化和经济合作。

除了 WTO 和自由贸易协定，还有一些国际组织和倡议在推动贸易规则和框架的创新方面发挥着重要作用。例如，亚太经合组织（APEC）致力于推动亚太地区的贸易和投资自由化，通过非法律约束性的协商和合作，促进区域内的经济一体化和合作。此外，"一带一路"倡议也提出了新的贸易合作框架，旨在加强共建"一带一路"国家的互联互通和贸易合作，推动区域间的贸易和发展。

综上所述，传统贸易规则和框架在推动全球贸易的发展和繁荣中发挥了重要作用。然而，随着全球经济的变化和新兴贸易模式的出现，传统贸易规则面临着一系列挑战和限制。国际社会开始探索和推动贸易规则的更新和改革，通过多边和区域合作的方式，寻求更加包容、灵活和可持续的贸易规则和框架。这些努力旨在实现全球贸易的可持续发展和共赢，并为国际贸易的未来提供更加稳定和有利的发展环境。

二 数字贸易在传统框架下的挑战和限制

数字贸易作为一种新兴的商业模式和贸易形式，对传统贸易框架提出了一系列挑战和限制。在传统框架下，数字贸易面临着以下几个主要问题。

（一） 数据流跨境管制

传统贸易框架主要关注货物贸易，对于跨境数据流的管制相对较少。然而，数字贸易依赖互联网和数字技术，涉及大量的数据传输和处理。一些国家在数据隐私、安全和监管等方面实施了严格的管制措施，如数据本地化要求和数据审查制度，给数字贸易带来了不确定性和成本压力。这种数据流跨境管制限制了数字贸易的自由流动和全球化发展。

（二） 知识产权保护

数字贸易中的产品和服务往往依赖知识产权的保护，包括专利、商标和版权等。然而，传统贸易框架对知识产权的保护存在一定的局限性。数字环境下，知识产权的侵权和盗版问题更加突出，给创新和知识经济造成了威胁。在跨境数字贸易中，知识产权保护的法律和执行机制需要进一步加强和协调，以保护创新者的权益并促进数字经济的可持续发展。

（三） 电子支付和消费者保护

数字贸易的一个重要特征是在线支付和电子商务平台的使用。然而，传统贸易框架对电子支付和消费者保护的规定相对较少。在线支付的安全性和信任问题仍然是一个重要的挑战，消费者在跨境数字贸易中面临着信息不对称和交易风险。因此，需要加强电子支付的监管和标准化，完善消费者保护的法律框架，确保数字贸易的公平和安全。

（四） 数据隐私和安全

数字贸易涉及大量的个人数据和企业数据的收集、处理和传输。然而，传统贸易框架对数据隐私和安全的规定较为有限。在数字化时代，个人隐私的保护成为全球性的关切。数字贸易中的数据隐私和安全问题牵涉个人权利、数据所有权和国家安全等方面。为了解决这一问题，国际社会需要完善数据隐私和安全的法律框架及标准，确保数据的合法、安全以及对隐私的保护。

（五）跨境纠纷解决机制

传统贸易框架中的纠纷解决机制主要针对货物贸易，而在数字贸易中，涉及的争议更加复杂和多样化。数字贸易争端解决需要更加专业化和高效的机制，以应对知识产权侵权、数据安全和合同纠纷等问题。目前，国际社会对于数字贸易争端解决机制的规范和实践还存在较大的空白，需要加强合作和协商，建立适应数字贸易特点的纠纷解决机制。

数字贸易在传统贸易框架下面临着一系列挑战和限制。数据流跨境管制、知识产权保护、电子支付和消费者保护、数据隐私和安全以及跨境纠纷解决机制等问题需要国际社会共同努力加以解决。通过加强国际合作和制定更加适应数字贸易特点的规则和机制，可以促进数字贸易的发展和全球经济的繁荣。在数字经济时代，不断完善和创新国际贸易框架，适应新兴贸易形式的发展，是实现可持续和包容性贸易的重要方向。

三　国际贸易规则

在推动和规范国际数字贸易的发展中，涉及许多国际组织和倡议。这些组织和倡议致力于制定相应的法律框架、政策指导和合作机制，以确保数字贸易的公平、透明和安全。以下是对其中一些重要的国际组织和倡议的介绍。

（一）联合国国际贸易法委员会（UNCITRAL）

UNCITRAL 是联合国负责国际贸易法领域的核心机构之一，旨在促进和协调国际贸易法的发展。虽然 UNCITRAL 尚未制定一部完整的电子商务法公约，但它在电子商务领域的工作主要集中在制定和推广一系列国际规范和指南上。

（二）电子商务交易的国际认可

UNCITRAL 通过制定《联合国国际货物销售合同公约》（United Nations Convention on Contracts for the International Sale of Goods，简称

CISG）等国际公约，推动了国际电子商务交易的统一和认可。CISG 是全球范围内适用于跨国商业合同的重要法律文书，其中包含了涉及电子商务交易的相关规定。

（三）电子商务合同的法律认可

UNCITRAL 通过《电子商务示范法》（UNCITRAL Model Law on Electronic Commerce）和《联合国国际合同使用电子通信公约》（United Nations Convention on the Use of Electronic Communications in International Contracts）等指南和公约，为电子商务合同的法律认可提供了指导。

（四）电子商务中的争端解决机制

UNCITRAL 通过《联合国国际贸易法委员会国际商事仲裁示范法》（UNCITRAL Model Law on International Commercial Mediation）等指南，促进了电子商务争端的调解和解决机制的发展。

（五）电子商务中的消费者保护

联合国消费者保护和电子商务专家组成的工作组起草《电子商务消费者权益保护指南》（Guidelines on Consumer Protection in the Context of Electronic Commerce），旨在帮助各国政府和相关机构制定和实施针对电子商务消费者的保护措施，以确保消费者在数字贸易中享有基本权益。

《电子商务消费者权益保护指南》并非一项单独的法律，而是由联合国消费者保护和电子商务专家组成的工作组共同起草的一系列指南。这些指南旨在提供国际在电子商务领域保护消费者权益的指导方针。

四 全球数字贸易规则的挑战和进展

（一）数字贸易规则的挑战

制定全球数字贸易规则是当前国际社会面临的重要挑战之一。随着数字技术的快速发展和数字贸易的不断扩大，现有的国际贸易规则和框架往往难以适应数字经济的特点和需求。以下是关于制定全球数字贸易规则所面临的挑战和取得的进展的讨论。

1. 技术更新和创新速度

数字技术的更新和创新速度极快，超出了传统的法律和政策制定的速度。这意味着制定数字贸易规则需要考虑技术的快速演进，以及对新兴技术如人工智能、区块链和物联网的应用进行监管和规范。为了跟上技术发展的脚步，国际社会需要建立灵活和适应性强的规则制定机制。

2. 数据隐私和安全

数字贸易中的数据隐私和安全问题是一个重要的挑战。随着数据的大规模收集和流动，保护个人隐私和数据安全变得尤为重要。然而，不同国家和地区在数据保护和隐私保护方面存在差异，这给制定全球数字贸易规则带来了挑战。国际社会需要努力在隐私保护和数据安全方面达成共识，确保数据的合法、安全和可信流动。

3. 数据流动和本地化要求

数字贸易中的数据流动是推动跨境贸易和经济增长的关键。然而，一些国家对数据流动采取了本地化的措施，要求数据在国内存储和处理。这种本地化要求可能会对数字贸易造成限制和壁垒，阻碍数据的自由流动和跨境合作。制定全球数字贸易规则需要平衡数据流动和本地化要求之间的关系，为数字经济提供开放和有利的环境。

4. 跨国企业的权力和监管挑战

在数字贸易中，一些跨国企业拥有庞大的数据资源和市场影响力，这给传统监管带来了挑战。这些企业的行为和运营方式需要监管和约束，以维护公平竞争和消费者权益。然而，如何有效监管跨国企业并制定相应的规则，是一个复杂的问题。国际社会需要加强合作和协调，以确保跨国企业的行为符合公平竞争和道德标准。

（二）数字贸易规则的进展

尽管面临以上等诸多挑战，国际社会仍取得了一些进展，为制定全球数字贸易规则奠定了基础。

1. 多边对话和协商

多边对话和协商是制定全球数字贸易规则的重要途径。国际组织如联合国、世界贸易组织等在数字贸易议题上开展了广泛的讨论和合作。此外，一些国家和地区也通过举办数字贸易论坛、峰会等，促进了各方的交流和合作。

2. 地区性和双边贸易协定

为了弥补全球数字贸易规则的不足，一些国家和地区在地区性和双边层面推动了数字贸易规则的制定。例如，欧盟、亚太经合组织等在数字贸易领域签署了一系列协议和框架，促进了数字贸易的自由化和便利化。

3. 跨国合作和倡议

一些跨国企业、行业组织和非政府组织发起了数字贸易合作倡议，旨在推动数字贸易规则的制定和合作。例如，《数字经济伙伴关系协定》（DEPA）是一个由新加坡和新西兰发起的倡议，旨在促进数字贸易和数字经济的发展。

4. 技术标准和最佳实践

制定全球数字贸易规则还需要考虑技术标准和最佳实践。国际标准化组织、技术协会和行业组织在数字贸易技术标准的制定上发挥了重要作用，这些标准和最佳实践为数字贸易提供了技术规范和指导。

制定全球数字贸易规则是一个复杂而紧迫的任务。国际社会需要加强合作和协调，通过多边对话和协商，制定适应数字经济发展的规则和框架。同时，需要平衡不同国家和地区的利益，促进数字贸易的公平、开放和可持续发展。只有通过共同努力，才能建立一个稳定和可信的全球数字贸易体系。

第三节 主要国家数字贸易规则

一 美国数字贸易规则

（一）美式数字贸易规则的演进过程

作为全球数字经济的领导者，美国在数字贸易政策方面拥有广泛的影响力。美国政府致力于维护数字贸易的开放和自由，倡导数字创新和跨境数据流动。同时，美国也通过监管机构和法律法规来保护消费者隐私和数据安全，如《数据保护和隐私法案》和《网络安全法案》等。美式数字贸易规则的演进过程为如下三个阶段。

1. 互联网时代的兴起（20 世纪 90 年代）

20 世纪 90 年代，随着互联网的普及和商业化，美国开始认识到数字贸易的潜力和重要性。政府和企业开始积极投资于网络基础设施的建设，推动互联网扩大覆盖面和提高连接速度。此外，美国政府还采取了一系列举措，以促进数字贸易的发展和创新。1998 年通过的《数字千年版权法》（DMCA）被视为一个里程碑，它强调了数字内容的版权保护和管理，同时为数字贸易提供了合法性和法律保护。

2. 电子商务的崛起（21 世纪最初十年）

进入 21 世纪，随着电子商务的蓬勃发展，美国开始制定更具体的法规和规章来规范数字贸易。2000 年通过的《电子签名法》（ESIGN）承认了电子合同和电子签名的法律效力。该法案为电子商务的发展提供了强有力的支持，消除了在数字环境下交易的法律障碍。此外，美国还采取了鼓励电子商务发展的措施，如促进数字支付系统的创新和普及。

3. 数据保护和隐私保护的加强（21 世纪第二个十年）

随着数字化时代的到来，个人的数据保护和隐私保护变得尤为重要。

美国政府意识到了这一点，并采取了一系列措施来加强数据保护和隐私保护。2018 年颁布的《加州消费者隐私法案》（CCPA）被认为是美国历史上最严格的个人数据保护法律之一。CCPA 规定了个人数据的收集和使用限制，要求企业提供更多的数据控制权和透明度，同时增强了个人对其数据的保护。

4. 跨境数据流动的推动（21 世纪 20 年代）

随着全球数字贸易的增长，跨境数据流动成为数字经济的重要组成部分。美国政府意识到促进跨境数据流动的重要性，通过签署和推动数据保护协议来加强相关合作。2020 年，美国和欧盟签署了《数据保护和隐私框架协议》（EU-US Privacy Shield），为跨大西洋地区的数据流动提供了一套共同遵守的数据保护机制。此外，美国政府还积极寻求与其他国家签订类似的数据保护协议，以推动全球跨境数字贸易的顺利进行。

5. 人工智能和新兴技术的监管（未来展望）

随着人工智能、大数据和物联网等新兴技术的快速发展，美国面临新的数字贸易挑战和监管需求。未来，美国可能加强对这些新技术的监管和规范，以确保数字经济的可持续发展和对公共利益的保护。这可能包括加强数据伦理、推动透明度和责任化，以及制定适应性强的监管框架，以应对新技术带来的法律和伦理问题。

通过深入研究美国数字贸易规则的发展历程，可以看到美国在数字经济领域的持续创新和努力。从互联网的兴起到电子商务的崛起，再到数据保护和隐私保护的加强，美国不断完善和调整其数字贸易规则，以适应快速发展的数字经济。未来，随着新兴技术的涌现，美国将面临新的挑战和机遇，需要通过创新的监管措施和合作机制，推动数字贸易的可持续发展。

（二）美国签订的数字贸易协定

美国在过去几年中签订了一些重要的数字贸易协定，旨在促进数字经济的发展和国际贸易的自由化。以下是一些代表性的数字贸易协定。

1. 美墨加协定（USMCA）

美墨加协定是北美自由贸易协定（NAFTA）的更新版本，于 2020 年生效。该协定涵盖包括数字贸易在内的广泛的贸易领域。USMCA 的数字贸易章节强调了数据流动、电子商务和知识产权的保护，以及减少技术壁垒和非关税措施，促进了数字贸易的便利性和持续性发展。

2. 跨太平洋伙伴关系协定（CPTPP）

跨太平洋伙伴关系协定是一个多边贸易协定，于 2018 年生效。美国最初参与了该协定的谈判，但在特朗普政府时期退出了协定。然而，其他国家继续推进并签署了该协定，其中包括澳大利亚、加拿大、新加坡、日本、墨西哥等。CPTPP 的数字贸易章节涉及电子商务、数据流动、知识产权保护和网络安全等领域。

3. 数字经济伙伴关系协定（DEPA）

数字经济伙伴关系协定是一个由新加坡和新西兰牵头的多边贸易协定，旨在促进数字经济和电子商务的发展。该协定于 2020 年签署，涵盖电子商务、数据流动、数字创新和知识产权等领域。虽然美国目前尚未加入该协定，但 DEPA 为参与国提供了一个共同的框架，以促进数字贸易和数字经济的合作。

除了这些具体的数字贸易协定外，美国还参与了其他国际贸易谈判和倡议，旨在推动数字贸易的发展。例如，美国参与了世界贸易组织（WTO）的数字贸易谈判，致力于建立全球数字贸易规则和标准。此外，美国还与欧盟成员国、亚太经合组织（APEC）成员方等进行了双边的数字贸易对话和合作。

2021 年 11 月 1 日，中国商务部部长王文涛致信新西兰贸易与出口增长部长奥康纳，代表中方向《数字经济伙伴关系协定》保存方新西兰正式提出申请加入 DEPA。11 月 4 日，中国国家主席习近平以视频方式出席第四届中国国际进口博览会开幕式并发表主旨演讲。习近平强调，中国将深度参与绿色低碳、数字经济等国际合作，积极推进加入《数字经济伙伴关系协定》。

（三）美式数字贸易规则演进过程的特点

美式数字贸易规则的形成与发展，经历了条款数量由少到多、规则水平由浅入深的过程。本书通过梳理美式数字贸易规则的演进过程，提炼出以下演进特征。

1. 规则内容更广泛深入

自美国与约旦签署自由贸易协定（FTA）以来，美式数字贸易规则发生了显著的变化。最初，这些规则仅包括几条条款，主要涵盖电子商务方面的规定。然而，随着时间的推移，规则的数量不断增加，从约旦FTA 的 3 条增加到美日数字贸易协定 UJDTA 的近 20 条。数字贸易规则逐渐扩展成为一个专章，涵盖了更广泛和复杂的领域。

这些规则的相关方也从最初的生产者扩展至消费者、政府、互联网等各方。规则内容逐渐能够解决不断增加的数字贸易问题，其中"跨境数据流动""数据存储非强制本地化""源代码保护"已成为"美式模板"的显著特点。

2. 规则水平提高

"美式模板"在其 1.0 版本时几乎没有强制约束力，规则条款相对温和。然而，随着模板的发展，规则的约束力显著增强。例如，USMCA明确在服务贸易开放领域限制数据本地存储，并对政府要求披露源代码的能力进行限制，增强了规则的约束力。

从 USMCA 到 UJDTA 的过程凸显了美式数字贸易规则水平的提升。USMCA 的规则较为激进，对缔约方的开放水平和约束力要求较高。而UJDTA 在 USMCA 的基础上进行了适当调整，增加了安全例外条款、知识产权保护条款等软性规则，促进了规则有效性的整体提高。

3. 规则对中国的排他性较强

中国与美国在"跨境数据流动"、"数据存储非强制本地化"和"源代码保护"等方面长期存在分歧。中国长期对这些方面保持限制，而美国则主张数字贸易规则的自由化和便利化，支持数据的跨境流动，反对数据存储的本地化要求，并支持源代码的保护。这也是中美在数字贸易规则上的分歧之处。

在美式数字贸易规则的核心诉求下，一些重要的国际数字贸易规则制定平台受到了"美式模板"的较大影响，使得中国难以加入这些规则。此外，USMCA 中的"毒丸条款"几乎完全排除了中国加入的可能性。与 USMCA 相似，同样受到这样问题影响的还有 UJDTA，美国致力于在与其他国家签署的协定中加入这种限制性条款，以实现对"非市场经济国家"的限制。

二 欧盟数字贸易规则

欧盟在数字贸易政策方面注重数据保护和隐私保护。欧盟实施了严格的数据保护法规，如《通用数据保护条例》（GDPR），旨在保护个人数据的隐私和安全。此外，欧盟还致力于构建数字单一市场，消除数字壁垒和促进数字服务的自由流动，欧盟在推动数字税收和知识产权保护方面也采取了一系列措施。

（一）欧盟数字贸易规则的发展历程

欧盟数字贸易规则的发展历程可以追溯到几十年前，随着数字经济的快速发展和技术创新的涌现，欧盟逐步制定了一系列规则和政策来应对这一新兴领域的需求和挑战。以下是对欧盟数字贸易规则的发展历程的详细介绍。

1. 电子商务指令

1995 年，欧盟颁布了第一部专门针对电子商务的指令。该指令旨在为在线交易提供法律框架，以确保电子商务活动的合法性和安全性，并保护消费者利益。该指令强调了电子签名的法律效力，为电子合同提供了认可，并规定了在线交易中信息披露和合同解决争议的规则。

2. 电子商务指令修订

2002 年，欧盟对 1995 年的电子商务指令进行了修订，以适应数字经济的快速发展和技术创新。修订后的指令进一步强调了在线商家的责任和义务，包括信息披露、数据保护和隐私保护等方面。

3. 数字单一市场战略

2012 年，欧盟提出了数字单一市场战略，旨在消除数字贸易中的壁垒和障碍，促进数字经济的发展和增长。该战略提出了一系列措施，包括促进电子商务、推动数据保护和隐私规定的统一、推动数字技术创新和跨境数据流动等。

4. 《通用数据保护条例》（GDPR）

2016 年，欧盟颁布了《通用数据保护条例》（GDPR）作为对个人数据保护和隐私保护的全面法律框架。GDPR 于 2018 年 5 月正式生效，规定了个人数据的处理、存储和转移的规则，并赋予个人更大的数据控制权，该条例对涉及欧盟公民数据的企业和组织都具有广泛的适用性。

5. 数字税立法倡议

由于数字经济中的税收问题日益突出，欧盟于 2018 年提出了数字税立法倡议。该倡议旨在确保数字经济企业在欧洲市场上按照其收入缴纳合理的税款，并防止发生利润转移和避税行为，以维护公平竞争环境。然而，该倡议尚未获得一致的支持和实施。

6. 数字服务法规

为应对数字平台的市场垄断和不公平竞争问题，欧盟于 2020 年提出了数字服务法规。该法规旨在确保数字服务平台对用户内容负责任，促进公平竞争和维护消费者权益。该法规还包括对大型数字平台的更严格的监管规定和反垄断规定。

7. 欧洲人工智能法规和数据战略

2021 年，欧盟提出了欧洲人工智能法规，旨在确保人工智能的透明、可信和负责任的使用。此外，欧盟还提出了数据战略，旨在促进数据的流动和共享，推动数据驱动的创新和经济增长。

欧盟数字贸易规则的发展经历了逐步完善的过程，以适应不断变化的数字经济环境和技术创新的挑战。这些规则和政策的制定旨在促进数字经济的增长、保护消费者权益和数据隐私，并确保公平竞争和税收公正。

（二）欧盟签订的数字贸易协定

1. 欧盟-加拿大全面经济贸易协定（CETA）

CETA 是欧盟与加拿大之间签署的一项全面经济贸易协定，于 2017 年暂时生效。CETA 旨在促进贸易和投资自由化，为企业提供更多的市场机会，并加强双方在数字贸易领域的合作，CETA 的重点内容包括以下几个方面。

电子商务：CETA 鼓励双方进一步促进跨境电子商务，包括消除数字产品和服务的关税及非关税壁垒。

数据流动：协定规定，涉及个人数据的跨境流动不得受到不必要的限制，同时还强调数据的安全和隐私保护。

数字服务：协定促进数字服务提供商在欧盟和加拿大市场的准入，并规定双方对数字服务法律和监管的透明性。

知识产权：协定规定了知识产权的保护和执行规则，包括版权、商标和专利等方面。

2. 欧盟-日本经济伙伴关系协定（EPA）

欧盟与日本签署的经济伙伴关系协定于 2019 年生效，旨在促进贸易和投资自由化，为两个经济体创造更多商机，并加强数字经济领域的合作，EPA 的重点内容包括以下几个方面。

电子商务：EPA 鼓励双方推动电子商务的发展，包括简化相关手续、促进跨境交易，并确保电子商务交易的安全性和可信任性。

数据流动：协定规定，欧盟和日本将不对个人数据的跨境流动设立不必要的壁垒，并在数据保护方面进行合作。

数字服务：EPA 让数字服务提供商在欧盟和日本市场实现了更好地准入，并规定了数字服务规则和监管的透明性。

知识产权：协定加强了知识产权的保护，包括版权和专利等方面。

3. 欧洲自由贸易联盟（EFTA）与韩国自由贸易协定

EFTA 是由瑞士、挪威、冰岛和列支敦士登组成的贸易联盟。EFTA与韩国签署的自由贸易协定于 2006 年生效，旨在促进贸易和投资自由化，包括数字贸易领域的合作，该协定包括以下内容。

电子商务：协定鼓励双方促进电子商务的发展，并确保在线交易的合法性和安全性。

数据流动：协定提倡在不损害个人数据隐私和安全的前提下，促进跨境数据流动。

数字服务：协定规定了数字服务的准入和监管规则，促进数字服务提供商在双方市场的运营。

知识产权：协定强调了知识产权的保护和执法，包括版权和商标等方面。

此外，欧盟也与其他国家和地区进行了一系列谈判，以推动数字贸易规则的发展和合作。因此，随着时间的推移，可能还会有新的数字贸易协定签署或达成。

（三）欧盟数字贸易规则的特点

1. 统一的法律框架

欧盟数字贸易规则建立在统一的法律框架下，该框架包括一系列法律法规和指令。例如，电子商务指令、GDPR 与网络和信息安全指令等，为数字经济和数字贸易提供了一致的法律准则。统一的法律框架为企业提供了可预测性和稳定性，使得企业可以更容易地在欧盟市场开展业务。同时，这也有助于消费者信任和保护，因为他们可以期望在整个欧盟内享有一致的权益和保护。

2. 数据保护和隐私保护

欧盟数字贸易规则非常注重数据保护和隐私保护。GDPR 是其中最重要的法规之一，它规定了个人数据的处理和保护要求，同时赋予了个人更大的数据控制权。根据 GDPR，企业必须获得个人的明确同意，并采取适当的安全措施来保护这些数据。此外，个人还享有访问、更正和删除其个人数据的权利。这种强调数据保护和隐私保护的特点使得欧盟成为一个值得信任的数字贸易和数据流动的地区，为企业和消费者提供了更高的安全保障。

3. 促进数字经济创新

欧盟数字贸易规则致力于促进数字经济的创新和发展。欧盟采取了一系列措施来鼓励数字技术的研发和应用，包括资金支持、创新孵化器和数字技术培训等。此外，欧盟还采取了一些措施来推动数字化转型，鼓励企业和公共部门采用数字技术提高效率和竞争力。例如，欧盟数字化单一市场战略旨在推动数字化转型，包括数字化公共服务、电子身份和电子支付等领域。这种促进数字经济创新的特点为企业提供了机遇，并推动了欧洲的数字经济增长。

4. 公平竞争和反垄断规定

欧盟数字贸易规则强调了公平竞争和反垄断的重要性。欧盟委员会负责监管市场竞争，并针对所有违反公平竞争规则的行为进行调查和处理，特别是针对数字平台和在线市场的市场垄断行为，欧盟采取了相应的措施来确保竞争公平和透明。例如，欧盟通过数字服务法规提出了一系列规定，涉及数字平台的透明度、公正竞争和规则执行等方面。这种强调公平竞争和反垄断的特点旨在维护市场公正性，并为企业和消费者创造一个公平的数字贸易环境。

三 中国数字贸易规则

（一）中国数字贸易规则的发展历程

随着互联网的发展，中国的电子商务迅速崛起。在 20 世纪 90 年代末和 21 世纪初，中国政府开始关注电子商务的潜力，并开始制定相关政策和法规，以促进电子商务的发展。

1. 电子商务发展的初期阶段（20 世纪 90 年代至 21 世纪最初十年）

在这一阶段，中国政府开始关注电子商务的潜力，并意识到其对经济发展的重要性。2005 年，中国政府颁布了《中华人民共和国电子签名法》。该法律规定了电子签名的法律效力，为电子商务合同的法律认可提供了基础。

2. 跨境电商政策的推动（2013 年）

中国政府积极推动跨境电商的发展，并提出了一系列政策和措施。2013 年，中国设立了首个跨境电商综合试验区，通过简化海关手续、优化支付结算等措施，促进了跨境电商的便利化发展。2015 年，中国政府发布了《关于促进跨境电子商务健康发展的指导意见》，提出了跨境电商的发展目标和政策措施。

为加强对跨境电商的质量监管和知识产权保护，中国政府还建立了跨境电商风险监测机制。

3. 数据保护和隐私保护的加强（2017 年）

随着数字化时代的到来，数据保护和隐私保护成为重要议题。为了加强个人信息保护，中国政府制定了《中华人民共和国个人信息保护法》（草案）。该法律旨在加强个人信息的收集、处理和使用的规范，明确了个人信息保护的原则和基本要求，并规范了个人信息的跨境传输流程。

同时，为维护网络安全和信息安全，中国政府于 2017 年实施了《中华人民共和国网络安全法》。该法律明确规定了网络运营者的责任和义务，要求网络运营者采取必要的技术措施保障网络安全，并保护用户的个人信息和重要数据。

4. 电子商务法的颁布（2018 年）

《中华人民共和国电子商务法》的颁布是中国数字贸易法治化的重要里程碑。该法律明确了电子商务主体的权利和义务，规范了电子商务合同的成立和效力、电子支付、网络交易安全、电子商务经营者责任等方面的规定。

其中，电子商务合同的成立和效力的规定涉及合同的形式、内容、订立和生效等方面。电子支付方面，法律要求电子支付服务提供者应当按照法律、行政法规和网络支付协议的约定，为用户提供安全、便捷的电子支付服务。此外，法律还明确了网络交易安全的要求，包括网络交易信息的保护、网络交易数据的安全存储等。

随着数字经济的发展，跨境数据流动成为重要议题。中国政府通过制定《中华人民共和国网络安全法》和《中华人民共和国数据安全法》等法律，规范了跨境数据传输和跨境个人信息保护的要求。此外，中国政府积极参与国际合作，推动制定全球跨境数据流动的规则和标准，加强与其他国家和地区的合作，促进数字贸易的便利化和规范化发展。

（二）中国签订的数字贸易协定

1. 中日韩自由贸易协定（FTA）

中日韩自由贸易协定于 2015 年签署，旨在促进中日韩三国间的经济合作与贸易自由化。协定涵盖包括数字贸易在内的多个领域，旨在降低贸易壁垒、促进电子商务的发展和合作。该协定涉及电子商务、电子支付、网络安全等领域。协定鼓励中日韩三国加强合作，推动电子商务的发展和创新，促进跨境电子商务的便利化。该协定具体内容如下。

（1）电子商务贸易规则

协定致力于建立电子商务的公平竞争环境，包括规定电子商务交易的基本原则、合同的成立和效力规则、信息披露要求等。

（2）跨境数据流动

协定鼓励中日韩三国加强跨境数据流动合作，保护个人信息和商业信息的安全，推动数字经济的发展。

（3）电子支付

协定促进中日韩三国在电子支付领域的合作与交流，加强支付体系的互联互通，提高支付的安全性和便利性。

（4）网络安全与隐私保护

协定强调加强网络安全合作，共同应对网络威胁和风险，保护个人隐私和敏感信息。

2. 中新自由贸易协定（CSFTA）

中新自由贸易协定于 2008 年签署，是中国与新加坡之间的自由贸易协定。协定旨在深化双方经贸合作，降低贸易壁垒，促进贸易和投资自由化。该协定关注电子商务、电子服务、知识产权保护等领域，旨在促进数字经济的发展和合作。具体内容如下。

（1）电子商务贸易规则

协定鼓励中新两国加强电子商务的合作与发展，促进电子商务交易的便利化和互联互通。双方致力于打造公平竞争的电子商务环境，协定包括电子商务合同的成立和效力、消费者保护、知识产权保护等方面的规定。

（2）数字服务贸易

协定鼓励中新两国加强数字服务贸易合作，涉及在线教育、云计算、软件开发等领域。双方致力于推动数字服务的自由化和互联互通，促进跨境数字服务的流动。

（3）知识产权保护

协定强调知识产权保护的重要性，包括版权、商标、专利等方面的保护。双方将加强知识产权的执法合作，打击侵权行为，保护创新和知识产权权益。

3. 中澳自由贸易协定（ChAFTA）

中澳自由贸易协定于 2015 年签署，旨在促进中澳两国之间的贸易和投资自由化。协定涵盖数字贸易领域，并致力于降低贸易壁垒、促进电子商务的发展。该协定的具体内容如下。

（1）电子商务贸易规则

协定鼓励中澳两国加强电子商务的合作与发展，促进电子商务交易的便利化和互联互通。双方致力于打造公平竞争的电子商务环境，协定包括电子商务合同的成立和效力、电子支付、消费者保护等方面的规定。

（2）跨境数据流动

协定鼓励中澳两国加强跨境数据流动合作，保护个人信息和商业信息的安全，推动数字经济的发展。双方承诺依法合规地处理和保护跨境数据，促进数据的自由流动和互信互利。

（3）网络安全与隐私保护

协定强调加强网络安全和隐私保护方面的合作，共同应对网络威胁和风险。双方将加强信息安全合作，保护网络基础设施的安全和稳定，维护用户个人隐私和敏感信息安全。

中澳自由贸易协定的签署为中澳两国之间的数字贸易合作提供了有力的法律框架，加强了双方在电子商务、跨境数据流动和网络安全等领域的合作与交流。该协定为中澳两国的企业与消费者创造了更加开放和便利的贸易环境，促进了数字经济的发展和创新。中澳自由贸易协定关税如表 1-3 所示。

表 1-3　中澳自由贸易协定关税

产　品	当前关税	自贸区关税	生效时间
乳制品	不明	零关税	4～11 年
婴儿配方奶粉	15%	零关税	4 年
牛　肉	12%～25%	零关税	9 年
羊　肉	23%	零关税	8 年

续表

产　品	当前关税	自贸区关税	生效时间
大　麦	3%	零关税	立即
高　粱	2%	零关税	立即
活　牛	5%	零关税	4 年
皮、皮革	不明	14%关税	2~7 年
园艺产业	不明	零关税	4 年
海产品	不明	大部分零关税	4 年
酒　水	14%~30%	零关税	4 年

资料来源：百度百科，https：//baike. baidu. com/item/% E4% B8% AD% E6% BE% B3% E8% 87% AA%E7%94%B1%E8%B4%B8%E6%98%93%E5%8D%8F%E5%AE%9A/16167033? fr=ge_ ala。

四　各国数字贸易规则的区别

尽管每个国家的数字贸易规则各有特色，但它们也存在一些相同点。本节将对各国数字贸易规则的相同点（见表 1-4）与不同点（见表 1-5）进行分析，以帮助我们更好地了解各国之间的共同之处和差异性。

（一）　主要国家数字贸易规则的相同点

表 1-4　主要国家数字贸易规则的相同点

优　　势	内　　容
数据保护和隐私保护	美国、欧盟和中国都重视数据保护和隐私保护，并制定了相关的法律和规定，包括个人数据收集和使用的限制、数据安全措施的要求和数据跨境流动的管理等方面
电子商务规则	美国、欧盟和中国都制定了电子商务规则，以促进电子商务的发展和规范。规则涵盖电子合同、电子支付、电子签名、消费者保护等方面，为电子商务提供了法律保障和便利

续表

优　势	内　容
知识产权保护	美国、欧盟和中国都建立了知识产权保护的法律框架,保护创新和知识产权的权益,鼓励创新和技术转移
互联网中立性	美国、欧盟和中国对互联网中立性提出了规定,要求互联网服务提供商对所有数据平等对待,不歧视特定类型的数据流量或服务,旨在维护互联网开放和公平的原则,促进创新和竞争

（二）主要国家数字贸易规则的不同点

表 1-5　主要国家数字贸易规则的不同点

优　势	内　容
数据本地化要求	中国在数据本地化方面存在更为严格的要求,要求某些数据在境内存储和处理。而美国和欧盟相对开放,对数据流动没有明确的本地化要求
数据隐私要求	欧盟在数据隐私保护方面采取了较为严格的措施,如《通用数据保护条例》,要求个人对其数据的控制和同意。美国和中国在这方面的规定相对灵活一些,但在数据隐私保护上仍有一些差异
电子合同的法律认可	欧盟和中国已经建立了明确的法律框架,确认电子合同的法律效力,而美国对此尚未统一规定,各州之间可能存在差异
争端解决机制	美国和欧盟普遍倾向于采用司法程序解决数字贸易争端,而中国更倾向于使用非司法方式,如调解、仲裁等
电子支付规则	欧盟在电子支付方面制定了较为详尽的规则和监管措施,如支付服务指令(PSD2)。美国和中国的电子支付规则相对灵活,但在监管方面可能存在差异

第四节　未来发展趋势

一　数字贸易政策对国际贸易的影响和趋势

数字贸易政策在国际贸易中的影响和趋势是当前全球经济关注的焦

点之一。随着数字技术的快速发展和数字贸易的增长，各国纷纷采取政策措施以适应这一新兴的贸易形态。

（一）促进贸易便利化

数字贸易政策通过降低贸易壁垒、简化手续和提升贸易便利化水平，促进了国际贸易的发展。举例来说，许多国家致力于简化和规范电子商务平台的注册和运营手续，提供更加高效和便利的电子支付和清关服务，以提升贸易的效率和便捷性。这种促进贸易便利化的政策有助于打破时间和空间的限制，促进跨境贸易的增长。

（二）数据流动和隐私保护平衡

数字贸易涉及大量的数据流动，数据隐私和安全成为各国关注的焦点。国家制定数字贸易政策时，需要平衡数据流动和隐私保护之间的关系。一方面，鼓励数据的自由流动和共享可以促进跨境贸易和创新活动；另一方面，确保个人数据的隐私和安全也是保护消费者权益的重要方面。因此，数字贸易政策需要制定适当的数据保护法规和机制，确保数据的合法、安全和可信流动。

（三）知识产权保护和数字经济发展

数字贸易涉及大量的知识产权（IP）的创造、传播和保护。各国制定数字贸易政策时，需要重视知识产权的保护，并提供良好的创新环境，包括加强知识产权法律框架建设、打击侵权行为、促进技术转让和合作等。保护知识产权有助于激励创新和技术发展，推动数字经济的繁荣。

（四）争议解决和合作机制

数字贸易涉及多个国家和地区之间的交流和合作。因此，建立有效的争议解决和合作机制是数字贸易政策的重要方面。例如，各国可以通过双边和多边的贸易协定来规范数字贸易行为，并设立相应的争端解决机构来处理争议。此外，推动数字贸易的国际合作和标准化也是当前的趋势，各国可以通过共享经验和最佳实践，建立更加开放和互信的国际贸易框架。

（五）多边和跨区域合作

数字贸易具有跨越国界和地域的特点，需要各国之间的合作和协调。国际组织和倡议在数字贸易政策方面发挥着重要的作用。例如，世界贸易组织（WTO）通过数字贸易议题的谈判和协商，促进了全球数字贸易规则的制定和执行。联合国国际贸易法委员会（UNCITRAL）致力于推动国际电子商务的法律和政策的统一和协调。区域性的贸易协定，如亚太经合组织（APEC）和欧盟，也在数字贸易政策方面加强了合作。

数字贸易政策在国际贸易中发挥着重要的作用，对国际贸易的影响持续增强。随着技术的不断进步和经济的数字化转型，数字贸易政策将进一步推动全球贸易的增长和创新。然而，需要各国之间加强合作与协调，制定统一的国际规则，以促进数字贸易的可持续发展和互利共赢。

二 数字贸易规则的未来发展方向和趋势

未来，数字贸易规则将面临许多挑战和机遇。通过国际社会的共同努力，可以建立更加开放、公平和可持续的数字贸易规则，促进数字经济的繁荣和全球贸易的发展。数字贸易规则的未来发展方向和趋势，可以预见以下几个重要方面。

（一）多边协商和规则制定

随着数字经济的快速发展和数字贸易的日益增强，国际社会将继续加强多边协商和规则制定，以确保数字贸易的公平、开放和可持续发展。在这方面，WTO 将继续发挥重要作用，通过多边谈判和协商，推动全球数字贸易规则的制定和更新。同时，其他国际组织和倡议，如 UNCITRAL 和 APEC 也将在数字贸易规则制定方面发挥积极作用。

（二）数据流动和隐私保护的平衡

数字贸易涉及大量的数据流动，数据隐私和安全成为各国关注的焦点。未来的数字贸易规则将继续探索如何平衡数据流动和隐私保护之间的关系。这可能涉及建立更加全球化的数据流动框架，促进数据的安全、合法和可信流动，以确保个人数据的隐私和安全得到有效保护。

（三）数字经济和创新的促进

数字贸易的快速增长和技术创新对经济发展与创新活动具有重要推动作用。未来的数字贸易规则将继续促进数字经济的发展和创新。这可能包括鼓励数字化转型、支持创新和技术发展、推动数字技术的跨界合作等方面。数字贸易规则的发展应与技术发展保持同步，以满足不断变化的市场需求。

（四）争端解决机制的完善和强化

随着数字贸易的增长，争端解决机制的完善和强化将变得更加重要。未来的数字贸易规则将进一步加强争端解决机制的效力和透明度，确保争端得到公正和及时解决。这可能包括进一步加强争端解决机构的专业性和独立性，提高争端解决程序的效率和透明度，并提供更多的技术支持和专业知识。

（五）国际合作和合作框架的加强

数字贸易具有跨越国界和地域的特点，需要各国之间的合作和协调。未来的数字贸易规则将鼓励国际合作和合作框架的加强，以应对共同面临的挑战和问题。这可能包括加强信息共享、经验交流和最佳实践的分享，推动国际标准的制定和采纳，以及建立更加开放和互信的国际贸易框架。

三　未来发展的建议和展望

（一）推动数字贸易规则的制定和更新

数字贸易国家应加强国际合作，推动全球数字贸易规则的制定和更新。这包括积极参与国际组织和多边谈判，推动数字贸易协定的谈判和签署，以确保数字贸易规则与时俱进，适应新技术和市场的发展。同时，数字贸易国家应主动参与数字贸易领域的标准制定，推动标准的互认和互操作性工作，促进数字贸易的顺畅进行。

（二）加强数字基础设施建设

数字贸易国家应加强数字基础设施建设，以支持数字贸易的顺利进行。这包括提升宽带网络的覆盖率和质量，加强云计算和大数据中心的建设，推动物联网技术的应用，以满足数字经济的需求。此外，数字贸易国家应投资于新兴技术领域，如5G、人工智能和区块链等，以推动数字贸易的创新和发展。

（三）促进创新和创业

数字贸易国家应加强对创新和创业的支持，以培育数字经济的创新驱动力。这包括设立创新基金，提供创业孵化器和加速器，促进科技企业的发展和成长。数字贸易国家应积极培养人才，推动科技教育和技能培训，以满足数字经济发展对高素质人才的需求。

（四）加强数据保护和隐私保护

随着数字贸易的增长，数据保护和隐私保护变得尤为重要。数字贸易国家应加强数据保护和隐私保护的法律框架建设和实践，建立健全数据保护机制，确保个人和企业的数据安全。数字贸易国家应加强国际合作，推动数据流动的安全和合规性，促进跨境数据合作和共享。

（五）促进跨界合作和国际合作

数字贸易国家应加强跨界合作和国际合作，共同应对数字贸易面临的挑战和机遇。这包括加强政策对话和经验交流，分享最佳实践，推动数字贸易的标准化和互操作性进程。数字贸易国家还应加强与发展中国家的合作，促进数字经济的包容性增长，缩小数字鸿沟。

未来，数字贸易国家应抓住数字经济的机遇，不断创新和改革，构建开放、透明、包容的数字贸易环境。通过推动数字贸易规则的制定和更新、加强数字基础设施建设、促进创新和创业、加强数据保护和隐私保护、促进跨界合作和国际合作，以及关注可持续发展和社会责任，数字贸易国家将为数字经济的未来发展开辟更加广阔的前景，推动全球经济的繁荣和可持续发展。

第二章　数字贸易的崛起

第一节　传统企业的电子商务转型

一　电子商务分析

近年来，在传统企业的实际发展过程中，电子商务的快速崛起对其产生了巨大的冲击，传统的营销模式已经不能适应当今时代的发展，对企业发展也会产生许多不利的影响。这就要求传统的企业朝着电子商务化的方向发展，转变自己的营销方式，通过电子商务化的方式来提升自己的营销能力，从而提升企业的经济效益。与新时代的电子商务环境相融合，与消费者的网上购物理念相契合，既可以促进传统公司的良性发展，又可以让传统公司的经济效益得到更大的提升，从而为公司的后续发展打下坚实的基础。

在电子商务的大环境下，传统企业应努力向电子商务化的方向发展，充分理解电子商务的特征和现实，拓展自身的营销渠道和营销空间，确保可以在电商化发展的进程中，取得更大的经济效益，达到预期的目标。

（一）电子商务的内涵

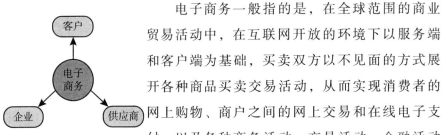

图 2-1 电子商务参与方

电子商务一般指的是，在全球范围的商业贸易活动中，在互联网开放的环境下以服务端和客户端为基础，买卖双方以不见面的方式展开各种商品买卖交易活动，从而实现消费者的网上购物、商户之间的网上交易和在线电子支付，以及各种商务活动、交易活动、金融活动和相关的综合服务活动的一种新型的商业运营模式。电子商务的参与各方如图 2-1 所示。

在实践中，企业运用电子商务的方式，即利用互联网的信息技术，将商业活动的资源与企业的资源进行整合，建立起客户、企业、供应商相互之间的信息流，将客户和企业进行全方位的联系，从而提高企业的反应速度，降低企业的成本，进而获得市场的竞争优势，提高企业的竞争力。

（二）电子商务的优势

第一，互联网为企业向社会大众提供了一个良好的形象，在发掘潜在顾客方面有着天然的优势——信息积累和资源整合的优势，利用互联网可以准确地开展促销活动、快速聚类类似用户、整合现有资源、为同类用户提供高质量的服务。

第二，增强企业的成本竞争优势。一方面，电子化物流能够取代实体物流，极大地节省了人力和物力，降低了生产成本；另一方面，电子商务也打破了时空局限，可以实现随时随地交易，极大地提高了交易的效率。

第三，开拓新的商机。电子商务可以开发新的顾客和新的市场，对市场进行进一步的细分和深入。电子商务的开放性、全球化特征，使其能够为企业提供更多的商业机会。

第四，缩短产品生产周期。电子商务活动可以缩短生产周期，从而在同一时间生产更多的产品或降低成本，提高顾客满意度，满足消费者的个性化需求，提高客户服务水平。

第五，供应链优势。通过对我国电子商务发展现状的考察，我们可以看到，物流企业的发展与经营状况将会对企业电子商务转型产生很大的影响。

二　传统企业电子商务化发展策略

在传统公司的电子商务化发展过程中，应该从公司本身的实际情况出发，选择最佳的电子商务发展战略，利用电子商务来扩大公司获得资源的渠道，从而提升公司的经济效益，具体的发展策略如下。

（一）制订完善的电子商务化转型方案

电子商务化不只是单纯地运用电子商务进行营销，它还包括在公司后台的运营系统中对有关的工作流程进行重组，改变公司经营理念，对公司经营模式进行优化，使其与传统公司的行业特征相适应并朝着电子商务化的方向发展。

1. 筛选最佳的电子商务化转型方式

在向电子商务化转型的过程中，传统企业有两种选择。一种是根据电子商务化的发展特点，进行基础设施建设和网络文化建设，将企业所有的经营管理工作转移到线上进行，将传统经济向网络经济转变。另一种是资产重组，也就是将传统企业投资到一个新的互联网公司，其本质就是企业并购，然后再进行一些商业上的转让和整合，以此来达到最后的目标。因为在纯互联网企业中，存在着大量的增值业务，会使其业务量增大。因此，在转型过程中，需要对其基本运营结构和产权结构进行彻底调整，受行业经济的影响，其表现形式也会多种多样。

2. 完善转型发展的流程

在向电子商务化发展的进程中，传统企业要改进有关的工作流程，第一，就是要建设一个能够使客户、供应商等其他主体都可以相互联系的企业专用网站，以多种方式进行广告宣传，然后在互联网上与消费者进行电子商务交易。第二，要对传统公司的内部环境进行改造，通过互联网的手段来完善公司的基础结构，构建一个互联互通的公司网络，提升公司的工作效率，实现简单快捷的实时化办公。第三，要构建自己的核心业务治理系统和应用系统。比如，可以结合传统企业的实际情况，设计资源规划系统、交互型外部网站系统等，以确保系统的有效运作。第四，要对业务过程进行重构，对业务过程中的增值环节进行设计，使之达到顾客关系管理、供应链管理、产品生命周期管理等方面的目的，使业务过程能够为企业带来更高的价值。第五，要积极构建适合电子商务发展的企业文化，完善企业的组织架构与管理制度，创造出符合网络经济特征的企业文化。

（二）筛选最佳的电子商务化措施

1. 完善基础设施

在电子商务化发展的过程中，传统企业要加强自己的信息化建设，加强对 ERP、CRM 和 SCM 系统的监管。ERP 系统的主要功能是对公司的内部信息进行集成，对公司的内部管理工作进行改进。SCM 系统的核心内容是把原有的公司所制造的产品进行外包，利用外界的资源进行工作，并利用供应链的协作，提高资源的管理效率。CRM 系统属于客户关系协调系统，它能够加强传统企业与客户之间沟通交流的能力，在提高客户满意度的同时，还能够提高企业的竞争力，因此，CRM 系统有着十分重要的应用意义。

2. 合理采用电子商务化模式

在向着电子商务化发展时，传统企业必须采取适当的模式，才能提高其在电子商务化发展中的竞争力。第一种是 B2B 模式，即商家对商家模式，利用电子商务平台，来实现企业之间的商品批发。这种模式主要是将买卖双方和中间商的信息交换与交易等行为集中在一个电子运作平台上，它能够改变企业的生产模式与营销模式，还能引发产业社会的变革，推动传统企业的良性转型发展。因此，传统企业可以使用此类模式，向着电子商务化的方向转型。第二种是 B2C 模式，即商家与消费者之间的模式，传统企业可以通过这种商业模式来搭建一个网站，通过这种方式，他们可以充分地发挥自己的物流和产品品牌的优势，在电子商务平台上进行零售，为消费者提供有针对性的服务，从而提高自己的竞争能力，还可以获得更多的收入渠道。第三种是 C2C 模式，即消费者与消费者之间的交易模式，这类交易主要是消费者自己解决支付问题、运送问题、检验问题等。但就目前的条件来看，该模式在我国尚无成熟的应用经验，不建议传统企业采用。

3. 做好电子商务网站的策划工作

如果传统企业要想更好地向电子商务化的方向转变，那么就一定要做好电子商务网站的规划，建立一个具有营销性质的网络平台，提高服务品质，建立良好的顾客关系，提高自己的竞争力。要把电子商务网站的定位工作做好，明确自己网站的风格，坚持以消费者为中心的原则，把消费者的感受、诉求作为最重要的考虑内容，树立一个良好的企业形象。要重视产品和技术，开发先进、优质的产品，突出企业的特征，从而吸引更多的消费者。在设计网站页面时，应创造出一个服务至上的良好氛围，让顾客在浏览页面的时候，能够直观地认识到本企业的电子商务营销理念，拉近与顾客的距离，在为顾客提供优质的服务的同时，也能提高顾客的忠诚度，从而产生更多的"回头客"。

三　传统企业电子商务转型的重要意义

实践表明，电子商务对于传统企业的发展具有巨大的推动作用，其作用表现为企业商业模式的改变、盈利渠道的改变，以及经营管理理念的改变等。

（一）企业商业模式的改变

在众多企业采用传统营销方式难以获得良好经济效益的情况下，

"线上+线下"的合作方式成了传统公司开展电子商务的主要方式。电子商务是传统商业模式的延伸和创新。传统企业开展电子商务的出发点是扩大公司的总体竞争优势，以及在产品市场上获得更多利润。其商业模式的变化主要表现在以下方面。

1. 降低了生产成本，增加了产量和效益

电子商务将传统的商业流程电子化、数字化。一方面，它用电子流取代了实体物流，极大地节省了人力、物力；另一方面，电子商务打破了时空局限，使得人们可以随时随地进行各种交易，极大地提高了人们的买卖效率。

2. 合理分配社会资源

由于一个行业内的企业并不能在一段时间内全部实现电子商务化的转变，所以第一个转变成功的企业在价格、产量、规模扩张、市场占有率等诸多方面具有巨大的优势。在此情形下，社会中的资金、人力、物力等资源可以在市场机制与电子商务的共同作用下，从成本高的公司向成本低的公司转移，从利用效率低的公司向利用效率高的公司转移，从亏损的公司向盈利的公司转移，从而实现对社会资源的合理配置。

（二）企业盈利渠道的改变

网上购物具有价格低廉、方便快捷等特点，吸引了更多的顾客选择网购。有些购物网站已开始根据顾客在网上购物时的特殊需要，从厂家为顾客定制满足顾客特定需要的商品。另外，随着电子商务的普及，在生产过程中，人力成本在企业竞争中所发挥的作用越来越小，企业的盈利渠道也发生了变化。

美国有些网络商务公司已经提出了"零利润销售"的理念，意思是说，传统商务是利用产品的供货价格和销售价格差进行盈利，但是电子商务可以将这个差额减少到 0，有些商家的售价还会比他们的产品成本更低，因此，他们的商业利润将不再来源于产品进销价的差额，而是来源于网络广告、服务、赞助商以及其他高利润的产品等新的渠道。

（三）企业经营管理理念的改变

在推动电子商务化发展的过程中，企业内部的信息共享、工作流程管理、资金调度管理等商业活动是关键。在整个生产的过程中，无论是在公司的内部，还是在公司与公司之间，或者在公司与顾客之间，都需要尽可能地减少物流、工作流、增值流和资金流等一切中间的环节。与此同时，企业的发展要具备全球化的理念、协作理念、个性化的服务理念。

（四）创造更多贸易机会

由于其开放性、全球化等特性，电子商务在国际市场上的应用越来越广泛。电子商务的出现，为中小企业提供了与大型企业拥有相同信息资源的可能性，从而提升了中小企业的竞争力。

第二节　短视频+直播平台的电子商务营销

一　直播电商的火热发展

随着数字时代的到来，我国电子商务平台飞速发展。受 2020 年新冠疫情的影响，短视频直播电商的热情持续高涨，同时品牌业务也面临着许多威胁与挑战。品牌营销需要新的增长点，短视频、直播营销给了品牌营销一个新的探索趋势。市场环境激变，营销也迎来了变更。以"抖音""快手"为首的短视频平台通过策略与创意的融合，凭借短视频的社交形式精准高效地传播品牌主张，将流量变现，实现商业价值最大化。"抖音"打造的"短视频+直播+电商"三合一的平台，不仅聚合了人、货、内容、场景，还实现了内容赋能传播。直播带货是当下最火的导购式营销模式，直播与短视频平台结合，发挥"1+1>2"的营销效能，既能加深民众对品牌和产品的了解，又能实现品牌与受众的充分互动，未来将成为企业营销方案的标配。随着直播电商的兴起，"短视频+直播+

电商"已经成为广告增长路径的新核心主线，直播成了前后链品效中间的受众转化加速器，大幅度缩短了用户决策路径，直接推动了消费。

本节对以"抖音"为代表的"短视频+直播"电商营销环境与现状进行分析，系统地阐述以直播电商为主的社交电商行业目前的发展状况。

事实上，直播电商从 2016 年悄然兴起，到现在直播带货发展成各平台标配，大致经历了如图 2-2 所示的 5 个阶段。

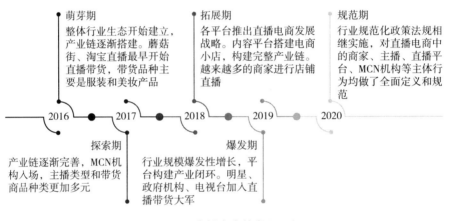

图 2-2　直播电商的发展历程

（一）"抖音"营销环境分析

1. 外部环境

平台用户以直播、图片或短视频配文字表述的方式分享形式多样的内容，在评论区留言对话进行互动，形成一群容易受关键意见领袖（KOL）影响或有共同兴趣的消费群体。商家则借助 KOL 的影响力，在自己的平台上，通过内容的运作，形成引流、变现、服务的闭环。在网购用户数量持续增加的情况下，年轻人已经成为线上消费的主要群体，社交类和内容类的应用备受年轻人的青睐。针对年轻消费者时间碎片化、需求个性化的消费行为特性，电商与内容互融互通、协同发展，通过内容触达消费者，影响消费者决策，进一步引导消费者购物。

随着移动网络的红利逐渐消退，传统的电商企业迫切地想要打开新的流量通道，而内容平台则迫切地想要找到新的盈利方式。随着电商、内容等行业龙头企业的进入，以及电商+传统企业的深度融合，使得用户接受度不断提升，随之而来的是该市场也会逐渐进入一个新的红利期。

中国互联网信息中心发布的报告显示，2020年中国直播电商市场规模达到9610亿元，同比增长121.5%。直播电商正处于蓬勃发展期，整体规模将继续保持高速增长，2021年我国直播电商市场规模达到1.2万亿元。[①] 截至2020年12月，全国在线直播用户人数已达到6.17亿人，占全国网民人数总体的62.4%。其中，电商直播的用户数量已经达到了3.88亿人，占到了我国网络直播用户总体的62.9%。2020年，因受疫情影响以及"宅经济"的冲击，网络直播产业出现了爆炸性的发展。

从商品品类分类来看，在直播电商领域最受欢迎的分别为食品、服饰、美妆产品。其中，在直播电商中，食物和饮料是最受欢迎的品类，服装鞋包紧随其后，美妆护肤品类排在第三位。食品、服饰和美妆产品这三种商品的人气要比其他产品高很多，这也证明了这三款产品在直播电商领域更受消费者的青睐，消费者对于这三种品类的消费欲望极大。

2. 内部环境

（1）"抖音"的发展简介

抖音应用软件（简称"抖音"），其起初开发目的是创造一款创意短视频社交软件，隶属于北京字节跳动科技有限公司（简称"字节跳动"），与今日头条、火山视频、西瓜视频均属于字节跳动旗下软件产品。抖音在2016年9月20日正式上线，其目标受众是全年龄段网络用户。用户可以使用该软件选择喜欢的歌曲作为背景音乐，录制音乐短片并在网络上共享。平台以用户的行为为依据，借助大数据分析，有针对性地更新或推送用户喜爱的视频，这样可以投其所好，提高用户的黏性。

---

① 数据来源：艾瑞咨询。

截至 2020 年 8 月，抖音日活跃用户数超过了 6 亿人，截至 2020 年 12 月的日均视频搜索次数超过了 4 亿次。

抖音从最初的静心专注研发产品到活跃营销拓展用户，仅仅用了 4 年时间，在短短 4 年里，抖音以过硬的产品能力迅速引入巨大流量，形成巨坑流量池，整合流量积极变现。2018 年 5 月，抖音上线自有店铺，打破抖音原有的角色，将内容平台电商化，为内容经济提供了新动力。2020 年 4 月，字节跳动实施部署已久的电商战略，上线"巨量百应"商品分享管理平台，该平台深度融合了网络达人、机构服务商、商家的协作，并为品牌方、商家提供更完善的综合管理工具，填补了字节跳动长期以来缺失的电商角色。抖音与"巨量百应"的深度融合正式开启内容社交电商之路。其中，机构服务商具备专业的资源和产业链整合能力，是商家借力获客、提升销量的重要纽带，"巨量百应"成为抖音直播业态中重要的产业链聚合平台。

在社交平台成为主要电商流量平台入口的当下，字节跳动凭借其流量红利池的优势，把握商机，在抖音短视频中嵌入直播导购，将短视频、直播、电商三者深度融合，开创了内容类社交电商新商业模式。

（2）"抖音"用户基础

2020 年 1 月，抖音日活跃用户数量达 4 亿人，较 2019 年同期 2.5 亿人增长 60%。据 QuestMobile 数据统计，2020 年 1 月，移动视频行业日活跃用户规模排行中，抖音位列第一，持续保持行业领先地位；抖音用户与今日头条用户重合率约为 32.1%，重合用户约占抖音用户的 42.2%，抖音用户与西瓜视频用户重合率约为 24.6%，重合用户约占抖音用户的 29.5%。

在抖音用户中，性别比例比较均衡，男性用户在 19～24 岁和 41～45 岁的比例较大，女性用户则较为集中在 19～30 岁。其中，男性用户的短视频喜好主要集中在军事、游戏和汽车上，而女性用户更多愿意停留在美容、母婴和服装等短视频上。"00 后"最喜欢的是游戏、电子产品和时尚服饰的视频，"90后"最喜欢的是电影视频、母婴视频和美食视频，"80后"最喜欢的是汽车和美食类视频。[①]

（二）"抖音"短视频+直播营销现状

1. 营销的趣味性分析

电商的核心点是用优质内容驱动高效交易，而短视频与直播是抖音驱动增长的主要形式，短视频与直播的形式能让品牌更直接地展现给用户，触达用户，以此激发用户的购买欲望，提高转换率。短视频与直播两者内容形式相互独立、相互依存、相互赋能。用户在短视频中更多的是被"种草"，而在直播中更多的是促成交易。"种草"场景与交易场景相结合就是抖音内容电商主要的产品结构布局。

短视频与直播形式结合分为两种模式：模式一，直播达人生成创意短视频，上传至个人首页，抖音凭借强大的算法及成熟的用户画像模型，将短视频推送给匹配标签用户，当用户下滑页面时随机插入已预设的短视频，同时在短视频发布期间开直播，将直播入口与视频创造用户头像结合，观看短视频的用户只需点击达人头像，即可进入直播间；模式二，抖音同样借助强大的算法及成熟的用户画像模型，不间断地在用户下滑页面中随机插入正在直播的画面，用户观看30秒后，提示5秒后切换至直播间继续观看，若用户不想观看，可继续下滑刷新。两种模式均是将用户从短视频导入直播间，根据用户偏好进入直播间，增加直播间人气，从而促进用户冲动消费，增加商户交易。

短视频与直播的双轮驱动作用，不仅能让短视频的流量兴旺直播间，直播间亦可反哺短视频。从直播间里面截取一段用户互动火热、反馈最多的内容制作成短视频，对该短视频进行曝光，通过抖音去中心化的推送算法，快速触达潜在用户，激发潜在用户的消费欲望。通

---

① 《2020抖音数据报告》，https://mp.weixin.qq.com/s/w7MJ1XBVT85ECdx0n3HkOQ，最后访问日期：2021年1月7日。

过短视频与直播两种结合模式，从而形成短视频－直播间相互转换的闭环。

2. 营销的互动性分析

（1）共享亿元红包

抖音取代拼多多，拿下了2021年春晚红包互动权，发放共计20亿元红包，其中12亿元红包在直播间发放。抖音与春晚的首次合作，极大地提升了品牌形象、提升了用户活跃度、增加了用户黏性。凭借平台智能算法，将平台直播不间断地推送给用户，通过直播间抢红包吸引用户进入直播间，同时加大直播间折扣力度，在双重活动加持下，促进用户转换、直播间交易提升，借助春节过年假期，利用空闲经济，刺激用户消费，为平台创造收入。

（2）明星效应

抖音直播带货，网红明星带货是主流。通常，抖音直播间的流量主要来自直播平台的推送机制或通过整理直播中的优质片段进行二次加工后发布的短视频作品，通过以上方法将用户带到直播间，从而促使用户产生购买行为，用户在抖音的购物流程如图2-3所示。

图2-3 用户在抖音的购物流程

网红明星代言广告吸引消费者眼球，其代言的产品的广告直接或间接地影响着消费者的心理和消费行为，这就产生了所谓的明星效应。早期，抖音请明星为其品牌在微博分享并附上抖音的品牌商标，加之抖音自身的娱乐性和趣味性，吸引了众多明星加入并开设个人专属账号，抖音利用明星效应形成粉丝经济，热度迅速蹿升，用户增长量不断增加。入局直播电商后，抖音迅速吸引大量明星入驻直播间带货，以明星效应为直播电商创造热点，转换用户流量，提升抖音直播的品牌价值。

3. 营销的个性化分析

随着产业互联网热度不断上涨，数字化、智能化逐渐成为企业运营新趋势。2020年，抖音日活跃用户突破6亿人，用户每日产生的庞大数据信息，为抖音数字化运营提供了坚固的信息堡垒。抖音根据用户行为、用户个人属性，为每个用户制定标签，利用智能推算规则区分用户，根据用户标签进行差异化营销，推荐用户感兴趣的产品及广告，在不影响用户体验的情况下刺激用户消费。

抖音根据用户对短视频内容的"点赞、转发、评论"等一系列互动操作，记录用户个人行为，运用大数据分析用户的情绪点、归属感、喜好。根据大数据分析结果，改变企业营销及运营策略，基于与用户高度匹配的定位，激发用户的兴趣，增加用户黏性，提高用户的忠诚度。

二 "抖音"短视频+直播营销和传统电商有什么不同

有人说，电商越来越难做了，电商的日子的确不如以前好过了，2021年"双十一"的销售总额是9651.2亿元，其中天猫占据一半，但天猫的增速慢，相比2020年的增速12.22%，已经下降到了个位数——8.45%。

放眼整个电商行业就会发现，天猫这类传统电商在衰退，但短视频平台电商数据十分亮眼，2023年抖音"双十一"的成绩相当惊艳，交易总额增长了119%，抖音商城消费人数增长111%，这让人不得不联想，传统电商流失的销售额分流到了抖音代运营、快手这些新兴电商手中。

（一）抖音电商和传统电商有很大不同

天猫、淘宝、京东这些传统电商很像线下大型超市，天猫店铺里上架的"宝贝"犹如超市里陈列在货架上的商品，消费者逛淘宝、天猫跟在超市商场溜达没什么区别，传统电商的共同点在于"人找货"，这类电商的存在是以消费者有需求为前提的；而抖音这类新兴电商则完全相反——"货找人"，新兴电商是基于消费者的兴趣而存在的。

（二）需求 vs 兴趣，吸引不同的消费群体

有人会说，需求和兴趣也没什么区别呀！其实不然，消费者对商品的"需求"更外化、更刚性，甚至说"非买不可"；消费者对商品的"兴趣"则是潜在的、隐形的，对商品的渴望并没有那么强烈，而是通过短视频、直播形式的刺激，产生了购买欲望和购买行为。可以说，消费需求似乎已经被传统电商"吃干抹净""完全消化"了，然而新兴电商异军突起，通过短视频平台的火爆开辟出了一条崭新的电商之路。

（三）从娱乐演变成品牌营销制胜法宝

短视频平台本来属于娱乐消遣 App，但随着用户的注意力被此类平台大量分流，新的消费场景于是应运而生，可以说，以抖音、快手为代表的新兴电商已经成为品牌营销和市场开拓新的兵家必争之地。

从需求电商到兴趣电商，电商的快速发展意味着品牌商们也应该紧跟市场动向，抓住年轻人的注意力是新时期品牌营销的制胜法宝。兴趣电商以挖掘用户潜在需求为核心，通过短视频平台得天独厚的原创内容优势以及去中心化的算法机制，紧紧抓住了年轻人追求个性、开放自我的特点，从而在传统电商的"围追堵截"中杀出了一条血路。

（四）发现式消费带你发现新商机

对兴趣电商的极致解读用"发现式消费"最为贴切。我们都知道，如今在淘宝、天猫开店，如果不花钱打广告几乎相当于做无用功，硬广的存在非常"单刀直入"，但对于没有强需求的消费者来说，这类广告相当于"对牛弹琴"，需求不匹配往往导致投放成本白白流失。

对于潜在消费者来说，发现式消费就是"对症下药"，用户对什么感兴趣，平台就给他们推送什么，而不是什么流行就给他们推送什么，用户在观看短视频代运营或者直播时无形中就被安利了商品。同时，短视频、直播种草，再到抖音小店下单购买，这一套完整的消费场景完美解释了"货找人"这种兴趣电商的优势所在——快速高效，大大降低了用户流失率。传统电商的"人找货"模式则存在因"货比三家"而导致的低成交率。

另外，短视频、直播比图文更加形象生动，可以大大加强消费者和品牌之间的情感连接，消费者在情感上接受和认同品牌，产生二次消费的概率就更大。

（五）新老品牌都适合抖音电商

很多品牌商担心抖音是年轻人的战场，老品牌会不会"水土不服"。然而，这种担忧显然是多余的，抖音并不是专属于年轻人的，而是一个面向全年龄层的短视频平台，它去中心化的推送机制让不同的人都能找到自己的天地。

新品牌可以在短视频这片肥厚的消费领域迅速打开市场，实现从 0 到 1 的突破。而传统品牌则能通过新兴电商吸纳新的消费人群，让品牌重新焕发生机。

第三节　新零售

一　新零售的相关概念

网购成为大多数人的消费习惯，我国主流的购物商城有淘宝、天猫、京东商城、拼多多等，消费者只需在手机上下单，线下收货即可。如今出现了新零售，那么，什么是新零售呢？

当前，人们对新零售的一般理解是，在互联网的基础上，运用大数据、5G、物联网、区块链等先进技术，对商品的生产、流通和销售环节进行升级和改造，从而重塑业态结构和商品生态圈，并将线上服务、线下体验和现代物流进行深度融合的一种新型零售模式。

新零售的实质就是围绕顾客的体验，重新构建人、货、场三个要素。我们这里说的人指的是数据化的消费者；货指的是供应链与品牌之间的联系；场指的是特定的消费情景，也就是购物商场的具体形式。这三者之间的关系表现为：场是新零售的前端，也就是表面；人和货则是新零售的后端，是本质。

（一）新零售的特点

新零售具有渠道一体化、物流智能化、经营数字化和门店智能化的特点，如图 2-4 所示。

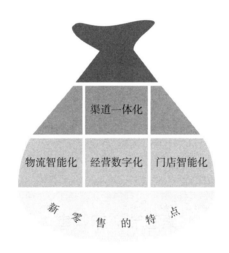

图 2-4　新零售的特点

渠道一体化，即多渠道深度协同融合成"全渠道"，现阶段的消费者随时随地出现在实体门店、淘宝京东等电商平台、美团等外卖平台、微店及网红直播频道等各种零售渠道。新零售的商户通过打造多种形态的销售场所，实现多渠道销售场景的深度闭合，满足顾客想买就买的需求。

新零售的物流智能化让消费者获得不同于传统零售中只能在店里消

费、现取现卖的体验，它可以支持消费者在线上下单、线下自提，或是在线下体验、线上下单。消费者在全时段都能买到商品，并能实现到店自提、同城配送、快递配送等，这就需要供应商对接第三方智能配送、物流体系，以此缩短配送周期、去库存化。

互联网通过数字化把各种行为和场景搬到线上去，然后实现线上线下融合。零售行业的经营数字化包括顾客数字化、商品数字化、营销数字化、交易数字化、管理数字化等。数字化是通过 IT 系统来实现的，所有数字化战略中，顾客数字化是基础和前提。

大数据时代，一切皆智能是必然。门店智能化可以提升顾客互动体验感和购物效率，可以增加多维度的零售数据，可以很好地把大数据分析结果应用到实际零售场景中。

（二）新零售的优势

新零售对于消费者、网店和实体店商家而言有着不同的优势，如图 2-5 所示。

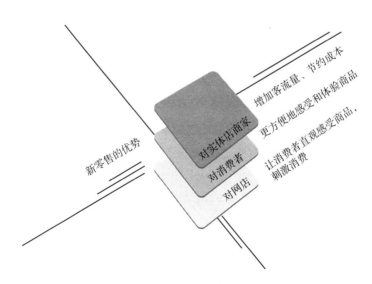

图 2-5　新零售的优势

1. 对消费者

对于消费者而言，我们已经习惯了便捷的网络购物方式，但是网购时我们无法了解商品的质量，而到线下实体店就能轻松地感受到商品是否合身，质量如何。因此新零售就是将线上与线下相融合，消费者可以从网络平台找到自己喜欢的商品，然后再到线下实体店去感受和体验商品。如果商品符合自己的预期，消费者可以直接在线下门店购买，购买后选择商家送货上门。

2. 对网店

对于线上网店而言，其商品质量参差不齐，比如我们在线上网店购买一件衣服，可能无法确切地感受到衣服的大小与质量，而如果采用了新零售模式，我们可以到线下门店去实际体验，这样可以促进消费者的购买欲望。

3. 对实体店商家

对于实体店商家而言，采用新零售模式能够增加客流量，可以将网络购物的一类消费者带到店内进行消费，消费者可以直接在网上看到商品的信息以及功能介绍，从而降低了人工成本也更利于营销。另外还可以通过网上商城，让消费者成为会员，然后再通过大数据统计分析，了解消费者的消费习惯以及购物喜好，这样能够为用户提供更完善的服务。

（三）新零售案例

1. 咖啡巨头——星巴克

（1）星巴克的发展现状（见图2-6）

（2）星巴克新零售实践过程

第一，星巴克社区战略：星巴克的社区战略使星巴克能够更好地与中国消费者进行沟通，从而加深对国内用户的了解。

第二，星巴克与微信的合作布局：星巴克和微信的合作为顾客在星巴克店的消费提供了便利，同时也增强了顾客和星巴克店之间的互动。

图2-6 星巴克的发展现状

资料来源：星巴克官网，https://www.starbucks.com，最后访问日期：2023年12月11日。

第三，星巴克与阿里巴巴的合作：星巴克的网上跨平台体验，星巴克的线下物流配送，星巴克的淘宝智慧店铺。

（3）星巴克新零售实践的成功经验

星巴克一开始就采取了社区战略，改变了原来以商业中心为主的经营模式，建立了一个低收入但回报稳定的、专注于社区的经营模式。这给星巴克带来了一个新的机会，让它拥有更多的忠实的回头客。

2016年，随着移动支付的广泛应用，星巴克和微信进行了合作，为店铺提供了更为方便的支付手段，同时，星巴克也是国内第一个将"社交礼物"应用于微信平台的零售商，为顾客提供了更好的购物体验。

从2018年开始，星巴克与阿里巴巴展开合作，开启了新零售的模式，前者不但与阿里巴巴实现了网络联通，而且加入了阿里巴巴旗下的多个电商平台，更和阿里巴巴一起建立了新零售的智慧商店。星巴克兼顾线上和线下销售，让消费者在平台、物流、礼物体验、第四空间等多个环节，感受到更多样、更丰富、更便捷的购物体验。

2. 综合型购物平台的新零售——天猫商城

（1）天猫商城的发展历程（见图2-7）

（2）天猫新零售的运作模式

第一，大数据驱动零售行业的运营。天猫新零售在用户、商品和场

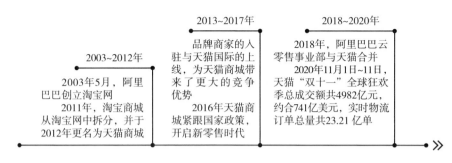

2003~2012年

2003年5月，阿里巴巴创立淘宝网
2011年，淘宝商城从淘宝网中拆分，并于2012年更名为天猫商城

2013~2017年

品牌商家的入驻与天猫国际的上线，为天猫商城带来了更大的竞争优势
2016年天猫商城紧跟国家政策，开启新零售时代

2018~2020年

2018年，阿里巴巴云零售事业部与天猫合并
2020年11月1日~11日，天猫"双十一"全球狂欢季总成交额共4982亿元，约合741亿美元，实时物流订单总量共23.21亿单

图 2-7　天猫商城的发展历程

资料来源：阿里巴巴集团官网，https：//www.alibabagroup.com/，最后访问日期：2023年1月17日。

所三个方面实现了数字化，从而推动了整个零售业的发展。天猫新零售利用电商的运作模式，以大数据为驱动，实现了线下零售业运作的互联网模式。在进行线下零售的时候，天猫新零售会识别并分析客户特征，为客户提供个性化的定制服务，以增加客户的回头率。

第二，新零售智慧门店解决方案。门店数字化，为新零售商户提供了解顾客喜好的重要数据依据；数据赋能，是实现对消费对象精准营销的根本；运营赋能，是提升本企业的用户转化效率的一种有效方法。针对以上三个关键点，天猫新零售分别从互动营销、客流统计、智能导购、智能收银以及会员运营五个方面，对智慧店铺进行了具体设计，如图 2-8所示。

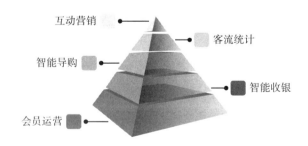

图 2-8　新零售智慧门店解决方案

互动营销是指通过趣味游戏、体感互动等技术手段吸引用户眼球，引导用户享受游戏、体验交互乐趣，并获得专享优惠券，从而引导用户入店消费。

客流统计能够精准地统计和分析智慧门店的人流和热销产品。

智能导购能够通过智能设备实现库存保有单位的拓展和卖点展示，并在门店缺货、用户犹豫时，引导用户通过 App 购物，提升产品销量。

智能收银能够帮助品牌完成线上线下的客流数字化、产品数字化、交易数字化、支付数字化和会员数字化。

会员运营能够通过支付宝、淘宝会员码线下支付沉淀海量用户数据和人货匹配数据，并实现数据"可分析""可运营"，最大限度地利用数据赋能品牌、门店、导购，提升门店的运营能力和效率。

第三，天猫小店。天猫小店是天猫为了探索新零售模式而建立的线下实体店，它的宗旨是专注于为社区提供服务，展现中小零售企业的现代化和活力。它将为中小零售企业制订天猫品牌的合作方案，中小型零售商家可以通过天猫小店，对店铺进行个性化改造，丰富店铺的商品种类，提供更多的专业增值服务。

另外，天猫会统一管理天猫小店，在淘宝 App 上为每个天猫小店提供专门的进入通道，并且每个天猫小店都能得到天猫的统一物流配送服务。顾客可以到实体店直接购买，也可以到淘宝 App 的天猫小店进行购物。

3. 悦衣严选

（1）悦衣严选的新零售模式

悦衣严选是国内第一家在新零售模式下进行终端交互式设计体验的服饰专卖店，它将线上便捷选款、线下门店实地体验进行了完美的融合，从顾客进入店铺到最后的送货环节，都和传统专卖店有很大不同。

悦衣严选是一家经营女性服装的零售店，它致力于探索品牌商品与消费者的互动关系和以场景为核心的体验型消费模式，为消费者营造舒适、无压力的购物环境。

这家店的 Pad 自助选衣灵感来源于公司创始人在美学习时，参观过的一家名为"Pad 自助导购试衣间"的零售店。"Pad 自助导购试衣间"采用了高科技的试衣方式，顾客进入店里，在 Pad 上自助选衣，然后后台准备衣服，顾客进入试衣间，最后付款，这一切看起来都是一件很轻松的事。

（2）悦衣严选的优势

相对于传统的服装店，悦衣严选最大的特色就是购物效率极高，消费者没有任何压力，这也是目前最受年轻人欢迎的一点，既能避开与导购员沟通的尴尬，又能在一家店铺里选择不同款式的服饰，效率很高，还能跟自己的好友在同一个更衣室里互相借鉴，没有任何外在的压力。其相比传统服饰店的优势主要有如下几点。

第一，人货分流。在传统服装零售店，产品陈列占据了店铺的绝大部分空间，陈列的方式也会对视觉效果产生很大的影响，进而对进店率和成单率产生影响，也不利于消费者获得良好的购物体验。悦衣严选这种人货分离的方式，有效地防止了顾客被某些陈列商品误导，导致不敢进店的现象，悦衣严选这种全新的零售模式，可以增加顾客的好奇感，提高顾客的进店概率。

第二，无干扰 Pad 选衣。Pad 自助选衣是悦衣严选这家店最大的闪光点，也是吸引消费者的秘密武器。消费者可以在 Pad 上进行选择，也可以在悦衣严选 App 上进行选择，选择页面可以显示出模特的身材，还可以显示出服装的搭配，非常简单直接。Pad 上的模特上身图可以很好地引起顾客的关注，这种更直观的感受可以很好地提高试衣后的成交量，每件衣服下面的搭配推荐也可以很好地提高连带购买率。

第三，后台试衣间自动备衣。工作人员会自动将顾客挑选好的服装送到更衣室，顾客可以一边等待，一边选看墙壁上的配饰和挎包，可以在等待期间上身试看效果，店里还有免费的矿泉水和糖果供顾客享用。

第四，应召式店员。在购买衣服的整个过程中，顾客都不会与售货员有任何的交流，这就避免了在传统的零售店里，售货员会给顾客带来一种看不见摸不着的压迫感，这也为商店节省了一大笔费用，商店不需要对售货员进行过多的服务培训，这也是悦衣严选相比于传统服饰店的成本优势。

第五，4平方米试衣间。悦衣严选每个分店的试衣间都为4平方米，足够两个人在里面试衣服，这对于年轻的顾客来说，是一个很好的选择，他们可以和自己的好朋友一起试衣服，互相借鉴。而且，更衣室的装饰也非常适合拍摄，这也为品牌的口碑营销奠定了一定的基础。在更衣室的墙壁上嵌入Pad，同时还安装了专用的手机支架和背包支架。墙壁上的Pad可以变换气氛灯光的色彩，如果顾客有想要试穿的服装，还可以在Pad里添加试衣，店员会把服装拿到门外。

第六，大数据检测。从进入商店那一刻起，顾客与产品间的一切互动，最后都会在后台形成一个可以追踪的数据库。后台的大数据可以检测出每一个风格的单品被浏览的次数，在每一个页面上停留的时间，以及单品的试穿率，最终的成交率。这些数据不但降低了悦衣严选的复盘难度，也让在其店内入驻的服饰品牌有了大数据的借鉴，可以对库存进行更有效的管控，也可以制造出更多让消费者满意的服饰。

4. 叮咚买菜"前置仓+到家"模式

（1）模式简介

叮咚买菜的前身是叮咚小区，随着发展和升级，叮咚小区最终定位在社区生鲜中一日三餐的家庭买菜业务，推出了"即需即达"的配送服务，并首次尝试在消费者家门口设立服务站，成为中国最早的社区前置仓。作为当下主流生鲜电商平台之一，叮咚买菜于2017年5月上线，该生活服务App整合了生鲜食品的供应和流通服务，旨在为消费者提供快捷便利的流通服务。叮咚买菜凭借"前置仓+到家"的供应链管理模式，在激烈的市场竞争中脱颖而出。截至2020年，公司的业务网络已遍布全国 27 个一线和二线城市，实现了 113.36 亿元的营收，较上年同期增加了 192%，公司也于 2021 年 6 月 29 日在美国纽约证券交易所挂牌上市。其"前置仓+到家"模式流程如图 2-9 所示。

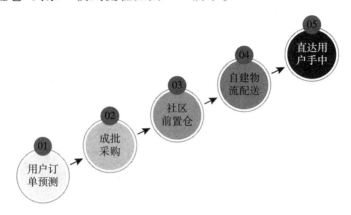

图 2-9　"前置仓+到家"模式

"前置仓+到家"的模式指的是将前置仓布置在供应链末端，并且要在距离消费者最近的节点上，前置仓的选址通常在离消费群体较近的社区周边。该模式充分利用大数据，将用户地址和附近的前置仓进行了组合。后台收到顾客的订单后，系统会在最短的时间里做出合理的规划，然后让附近的前置仓派出骑手将货物送到顾客的家中。

（2）叮咚买菜"前置仓+到家"模式的优势

第一，前置仓选址优势。叮咚买菜相对于其他生鲜电商平台，承诺的最快送达时间较短，因此需要高密度地设置前置仓，意味着前置仓的选址和数量对运营效率要求更加苛刻。前置仓的选址一般为消费群体比较聚集的区域，由于前置仓不需要对外营业，仅提供生鲜储存和配送服务，所以对店面的要求不高，一般租用废弃的厂房或仓库即可，租金相对较低，节约了一定的建设成本。

第二，采购优势。叮咚买菜采取的是产地直采模式，也就是人们常说的"成批采购+品牌商直供"的模式。这种模式下，那些很难长途运输的蔬菜、水产品等以成批采购为主，因而不需要承担这些产品在途中的损耗，也不需要建立过于复杂的冷链物流。而肉制品采购，主要选取有名的品牌供应商，同时对其质量进行监督，保证食品的安全和来源的稳定性。叮咚买菜超过80%的产品是由原产地直接采购的，原产地直接采购可以大大降低生产成本，在原产地直接采购后，产品的价格平均下降了25%。在规模化效应的作用下，平台需求体量较大，采购策略上拥有更强的议价能力，掌握了一定的成本控制优势，同时也能以更低的价格买到品质更优的生鲜产品。前置仓仅提供线上零售服务，相对于传统线下实体商超，减少了门店的运营成本和生鲜损耗，最大限度地降低了货物滞销和物流损耗造成的成本。据了解，传统菜场的损耗率超过30%，商超的商品损耗率也在10%以上，而目前叮咚买菜的滞销损耗率仅为1%。

第三，数字化、智能化。叮咚买菜之所以能在与众多生鲜电商平台的竞争中坚持下来，除了不断创新供应链模式，还在于其善于将数字化和智能化融入农业产业链，将原有的农业产业的生产消费模式进行转型，在这个数据化时代，将大数据贯穿于整个产业链，依托大数据更科学精准地预测消费需求，制定供应战略和营销策略。

平台建立大数据库，通过云计算、数据分析等方式，利用后台的用户订单数据，形成用户画像，从而获取每个前置仓覆盖区域内的产品需求和波动情况，以需求情况为依托，再由城市配送中心向各前置仓配送所需的生鲜产品，最大限度地降低运输过程中生鲜产品的货损率和丢失率。同时，平台提供的预售服务供用户提前预订所需的生鲜产品，有利于平台有计划地安排采购和供应活动，提高产品的流通速度。通过销量预测智能系统，叮咚买菜销量预测整体准确率超过90%，热门单品预测准确率超过95%，极大地提高了运营效率，减少了流程损耗。叮咚买菜创新式供应链如图2-10所示。

第四，配送门槛低、时效快。在传统的城市总仓供应的模式下，

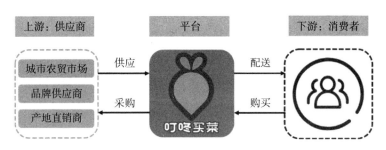

图 2-10　叮咚买菜创新式供应链

消费者在生鲜电商平台下单之后，生鲜产品从总仓发货，需要经过一层又一层的转运和较长里程的配送，最终才能到达消费者手中。而叮咚买菜将社区前置仓辐射范围设置为 1 千米，持续应用并完善技术层面带来的便利，让用户购物过程更加轻松高效，以大数据为依托，使生鲜分配、生鲜运输更加经济合理。用户下单后，系统大数据会分配到就近的前置仓，配送员接到订单之后，根据顾客订单进行分拣、包装和配送，实现不超过半小时的送达服务。目前，在生鲜电商市场上，对于叮咚买菜来说，"0 门槛配送"是具有创新意义和独特优势的，这一优质的配送服务大大提升了消费者的消费体验。另外，冷链物流的创新也是生鲜电商发展的重要支撑力量，与生鲜产品的仓储问题一样考验着生鲜电商的创新和突破，与前置仓的发展相辅相成，在整个供应链中相互促进，冷链物流的规模逐渐增长，不断升级赋能，朝着更加自动化、智能化的方向发展。为此，生鲜电商也不断摸索创新更成熟的盈利模式。

（3）叮咚买菜全国布局

截至 2021 年，叮咚买菜的覆盖范围约 30 个城市，已经有 5 个城市平均每月的商品交易总额突破 1 亿元，市占率在长三角地区即时电商中位列第一。叮咚买菜集中在长三角地区，2018 年至今，叮咚买菜的前置仓范围在长三角地区扩大了 3 倍。2020 年，新扩张了 21 个城市，主要有常州、马鞍山、宣城等。叮咚买菜前置仓模式的市场定位从一、二线城市逐步扩展到三线以及三线以下的城市。

随着"生鲜电商第一股"每日优鲜的"爆雷"与落幕，前置仓生鲜电商叮咚买菜也于2021年三季度宣布调整经营策略，逐步关停持续亏损、无法盈利的城市业务，将重点从扩张规模转变为提高毛利率和运营利润水平，提高履约效率。

通过搜索发现，截至2022年6月，叮咚买菜App上共有27个城市正常运营，18个城市集中在长三角地区，占比66.7%。其中，最受欢迎的城市是上海，根据叮咚买菜2021年的财务报表，该公司在2021年继续保持着快速发展的势头，在第四个季度里，公司收入达到了54.8亿元，同比增加了72.0%。2021年全年公司营业收入高达201.2亿元，较上年同期上升了77.5%，这也就意味着，在上海市场叮咚买菜已经实现全面盈利。对于这一点，叮咚买菜的负责人表示，上海盈利效应将会带动长三角，甚至是全国范围的盈利。①

（4）加注预制菜

2023年2月23日，生鲜电商叮咚买菜在"2023食品生鲜行业供应商生态峰会"上宣布，面向全行业招募"预制菜合伙人"，也就是供应链合作伙伴，并开出总目标规模50亿元的预制菜"订单"。

另外，会上，叮咚买菜也宣布2023年将全面升级步入"预制菜大健康2.0时代"，首批将推出5个系列："少油无油预制菜""低钠无盐预制菜""控卡低卡预制菜""清洁配方预制菜""低碳/低GI预制菜"。

叮咚买菜预制菜负责人欧厚喜表示，预制菜大健康2.0时代需要全产业链的合作，因此叮咚买菜希望招募全产业链的优质供应商加入。对于叮咚买菜而言，布局预制菜在理论上能起到提高利润、提高客单价的作用，同时也给资本市场讲出了新故事。依靠预制菜，叮咚买菜的春天真的要来了吗？

---

① 叮咚买菜官网，https://www.100.me/home/index，最后访问日期：2022年11月8日。

二　新零售未来发展方向

（一）消费者中心化

随着我国零售业的快速发展，零售业已经从以商品为导向转变为以顾客为导向。未来，商品的品牌和品类已经不再是最重要的东西了，新零售商家应该将内容、形式和体验作为切入点，以消费者为中心，提供有特色的产品或服务，用特色的场景、服务和体验去打动消费者，以更好地满足消费者的需要。

（二）零售社交化

目前，零售营销模式已经出现了巨大的改变，从以产品和品牌为中心转变为以社交和社群为中心。未来，新零售将会具有更多的社交功能，并具有更强的社交属性。在网络环境下，社群成员的意见会对消费者的购买行为产生很大的影响。针对特定的消费群体，建立一个更加活跃的社群，可以提高顾客的黏性，增强本品牌的传播效果。

（三）无人零售快速扩张

随着技术的进步以及人工成本和租金的大幅上涨、基础设施的扩大、移动支付的普及，特别是人工智能和物联网技术的快速发展，人工智能将会逐渐替代一些人力，从而使无人零售业得到更大的发展。各类新型的无人便利店、自动售餐机、无人商店、无人柜台，都将是新零售形式的重要组成部分。将来，无人零售店将是零售业的一种主要形态。

第四节　数字贸易技术

数字贸易技术是一系列数字化工具和方法的集合，旨在改进和提高国际贸易和商业活动的效率、可追溯性和可靠性。数字贸易技术包括区块链、大数据、物联网、人工智能、5G 技术、虚拟现实和增强现实等，它们共同推动着国际贸易和供应链领域的数字化转型。这些技术为企业提供了更多的机会来提高效率、降低成本和改善客户体验，并在全球市场上保持竞争力。本节主要聚焦区块链、大数据、物联网和人工智能这四项技术，在数字贸易领域，这些技术已经展示了它们的潜力，未来将继续创造更多的机遇和价值，它们颠覆了传统的贸易模式，为全球贸易带来了前所未有的机遇和挑战。

一　区块链

区块链是一系列现有成熟技术的有机组合，区块链技术是一种去中心化的分布式账本技术，主要按照时间顺序进行记录，能有效维护数据库，使数据库里的数据不被篡改以及可以被追溯，可以随时获取交易双方的信用状况，对交易中的违约情况进行有效监控。区块链技术中的数据记录使用了链式数据记录方法，这使得区块链具有"诚实"与"透明"的特点，这就在不需要中间介体或者不依靠某个机构的情况下，解决了信息传递的信任以及效率问题。图2-11为区块链支付架构。

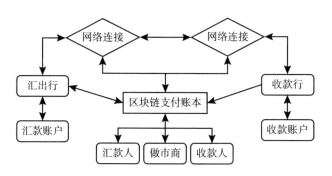

图 2-11　区块链支付架构

电商平台的核心竞争优势是便捷，可以承载很多商品展示与大量交易信息。但是随着电商领域飞速发展，电商平台正面临着一系列问题，主要体现在供应链、网络信息安全、销售市场清晰度等多个方面。而区块链技术的诞生为各种问题带来了处理方式，深入分析如下四点。

1. 改变支付方式

现阶段，国际电子商务付款仍然以美元为基本货币，服务费非常高，转账时间较长。就算选用 PayPal 和 Skrill 等支付计划方案，也依然存在一些问题亟待解决。在当前所使用的支付计划中，第三方支付平台会对每一笔买卖扣除 2%~3% 的附加费，而且还会滞留货款。

区块链技术的区块链就是为了替代第三方支付平台的作用，以区块链应用为载体搭建新式网络金融管理体系，适用交易双方立即买卖，运用密码算法技术性确保资金安全。只需交易双方达成一致，就能直接买卖，不需要第三方平台参加，为交易双方节省了巨额花费。简言之，在交易方面，区块链应用能够降低交易费用，提升检测标准，给出一个令交易双方都满意的交易方案。

2. 改进供应链体系

供应链危机成了牵制电商持续发展的难题。电商供应链由货运物流、信息流广告、现金流构成，串联了经销商、生产商、代销商、客户等各个行为主体。区块链技术用以改进供应链管理则是其在电商行业中的一个重要运用；作为一个规模性协同工具，凭着数据信息不可更改、不能毁坏的特征，特别适合用于对供应链管理进行监管。

在电商供应链中，能够经区块链技术传送的信息有许多，主要包括商业保险、税票、托运运输及其提单。区块链技术能提高产业链的清晰度，让顾客见到选购的新产品的运送流程，以加强其交易信心。

3. 保护信息安全与隐私

数据储存是电商平台一个至关重要的难题。交易双方想通过电商平台进行买卖主题活动，需要先提交一些基本资料，如名字、身份证号码、性别、年龄、手机号码等。这样一来，电子商务平台就获得了海量数据，并把这些数据储存在中央服务器中。但中央服务器安全性不太好，很容易受到破坏，造成用户数据泄露。运用区块链技术能够打造一个区块链技术的电子商务平台，服务平台不必存储用户信息内容。在这样一个区块链技术的软件中，客户自己掌握自己的信息，很好地降低了数据泄露的风险性。

4. 提升市场交易清晰度

现阶段，电子商务平台所面临的较大问题是交易过程不透明。区块链应用能够很好地处理这一问题，提升交易的清晰度，提高交易双方的信任度。在区块链应用的大力支持下，每一笔买卖都能够保存在分享归类账务中，难以被改动，统计数据十分安全，相对高度全透明，并且可追溯。

总的来说，区块链应用能解决电商行业的许多问题。因而，阿里巴巴、亚马逊平台等电商巨头都开始在区块链领域合理布局，并和科技有限公司合作开发区块链项目。将来，在区块链的引领下，电子商务行业可实现转型发展，迈入一个全新发展阶段。

二 大数据

（一）大数据相关概念

1. 大数据的定义

麦肯锡国际研究院将大数据定义为：一种规模大到在获取、存储、管理、分析方面大大超出了传统数据库软件工具能力范围的数据集合，其特点是数据的规模巨大、数据的流动速度快、数据的类型多样、数据的价值密度低。大数据技术的重要作用并不是控制海量的数据，而是对蕴含在大量数据中的信息进行特殊的专业化处理。

有一句广告词是这么形容大数据的：只要你的电脑连接着互联网，你每次键盘敲击下的内容都会成为互联网数据的一部分。

2. 大数据技术

（1）数据采集

即数据的抽取、转换与装载，可以根据统一的规则对数据进行整合，并对数据的价值进行提升，是数据从数据源到目标数据仓库的转换的过程，也是实施数据仓库的关键一步。

（2）数据存取

20世纪80年代，数据库市场已经形成。近年来，随着大数据应用的不断涌现，现有的数据库已经很难满足大规模数据的爆炸式增长，所以更加需要大数据技术来对现有数据进行存储。

（3）基础架构

云存储是一种新兴的存储方式，它包含了云存储和分布式文件存储等多种类型。它利用集群应用、网络技术或分布式文件系统等功能，将网络中大量的、不同类型的存储设备应用软件集合起来，并进行协同操作，以共同向外部提供数据存储和业务访问功能。

（4）统计分析

统计，顾名思义就是把信息综合起来进行计算，是对数据进行量化处理的理论和技术。统计分析，通常是将所收集到的相关数据进行分类，并加以说明的过程。

（二）大数据在贸易中的应用

随着大数据时代的到来，所生成的数据以爆炸式的速度迅速膨胀，各个行业都离不开这些数据。所以，利用大数据技术从海量的数据中发掘出有意义的信息，是未来数字贸易发展的重要趋势。

1. 沃尔玛"啤酒+尿布"

以总部位于美国阿肯色州的全球知名的大型商业连锁超市沃尔玛为例，沃尔玛通过对消费者的购物行为进行购物篮分析，从而更好地掌握了消费者的购物习惯。在沃尔玛的数据仓库中，存放着所有店铺的原始交易数据，根据这些原始交易数据，沃尔玛可以通过NCR数据挖掘的方法对这些数据进行分析，找到消费者同时购买得最多的是什么产品。令人惊讶的是："与尿布同时被购买得最多的产品竟然是啤酒！"

这个结果是利用数据挖掘技术得出的，通过对历史资料的分析，揭示出了资料本身的规律性。沃尔玛组织了一批市场调查员和分析家对此数据进行了分析，通过一系列的实证调研，发现了一种潜藏在"啤酒与尿布"现象背后的美国人的消费习惯：美国的一些年轻爸爸，在下班以后，常常会到超市给孩子买尿布，其中30%～40%的爸爸在买尿布的同时还会给自己捎上一瓶啤酒。之所以会出现这种现象，是因为美国的女性经常会告诉自己的老公，让他们在下班后给孩子们购买尿布，然后丈夫就会顺道把自己最爱喝的啤酒也买回来。

因为有太多人同时买了尿布和啤酒，所以沃尔玛就让其中一个店面专门将尿布和啤酒放在了一起，结果这让尿布和啤酒的销量都有了明显的增长。

2. 淘宝数据魔方

淘宝的迅速成长，使其不再只是一个单纯的购物网站，同时也成了一个信息库，蕴藏着巨大的潜力。这些海量的数据中潜藏着的巨大商业价值，为淘宝的决策与发展奠定了坚实的基础。淘宝商家利用每天数十亿的商品浏览数据、收藏和成交记录，发现这些大数据背后的重要线索和规律，从而引导消费者做出合理的购买决策。在淘宝三大数据分析工具量子统计学、淘宝指数、数据魔方中，数据魔方技术的运用最为突出。淘宝大数据产品的技术架构如图2-12所示。

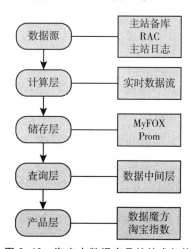

图2-12 淘宝大数据产品的技术架构

根据数据的流向，淘宝大数据产品的技术架构可以划分为数据源、计算层、储存层、查询层和产品层。数据源包括主战备库、RAC 和主站日志等，它们是数据产品技术的顶层。而计算层是对实时数据流进行运算，然后存储到储存层，用户通过搜索、浏览，生成一系列原始数据。通过对海量数据的采集与分析，数据魔方能够获取用户购买倾向、购买习惯等方面的信息，从而发现潜在的商业机会。

三 物联网

（一）物联网相关概念

1. 物联网的定义

物联网，也就是"万物链接的互联网"，是在互联网的基础上向外延伸和拓展的网络，它把各类信息感知设备与网络相融合，构成了一个可以随时随地实现人、机、物互联互通的庞大网络。

2. 物联网的特点

第一，物联网技术能够利用嵌入式的传感器对产品的使用情况、性能以及状态进行实时监控。这种模型用预测性的维修取代了预防性的维修，从而节约了企业的成本。

第二，物联网为公司节约了人力、物力、时间和资源，同时也为其提供了最好的性能保障。

第三，物联网开启了一扇新的大门，利用该技术产生的重复收益比出售下一个有形商品要多得多。

第四，物联网使得生产商可以在没有存货的情况下，对需求进行某种程度的个性化定制，从而避免了存货浪费。

第五，物联网的解决方案同时具备人工智能与机器学习的双重功能。这样，厂商就可以知道顾客对他们产品的喜好程度，以及他们的使用方式，并据此做出相应的调整。

第六，科技的发展使得生产商、零售商和顾客之间的交易变得更加简单。物联网实现了交易过程的自动化，并且节约了结账的时间。这样可以增加顾客的参与度，并为将来的销售积累更多的数据做支撑。

（二）物联网的应用

物联网在贸易、零售、电子商务等方面有着巨大的潜力，并且彻底改变了这个行业目前的运作模式。物联网对商家来说有很大的好处，这是因为它能更加高效地运作，并为消费者带来更大的价值。

2023年，大约79%的零售企业将选择某种形式的物联网。原因很简单，以前物联网很贵。有了它，业务安全和投资回报就是一场冒险。物联网已经完成了从限制到成为领先解决方案提供商的前景转变。毫无疑问，物联网已经帮助95%的商家实现了效益。这些包括与客户建立有效的关系，增加他们的收入。他们可以结合人工智能和云计算来预测物联网的消费模式。物联网提出了新的方法。到2025年，将会有640亿台物联网设备投入使用。

案例：嵌入物联网技术的自动售货机

我们都知道，在自动售货机上嵌入物联网技术可以创造出一种全新的自动售货机，它可以增加一些新的功能，如人脸识别和顾客身份识别，通过智能手机应用程序，可以更好地与顾客进行交互，并基于顾客的个人信息（年龄、病历、饮食要求）、偏好和购买记录，生成定制化的推荐。在此基础上，进一步借助大数据和远程管理工具，可以达到降低成本、提高收益的效果。

嵌入物联网技术的自动售货机具有如下优势。

第一，消费者通过二维码或近程无线通信（NFC）装置，登录并开通个人账号。第二，识别并与顾客打招呼，记住顾客的喜好，甚至可以根据年龄、医疗记录、饮食需求或以往的购物记录，来排除某些不适合当前用户的商品。第三，通过数据分析，在库存中存放最为畅销的单品。

第四，使产品维持在适当的温度。第五，通过显示相关商品的营养成分和热量等信息，帮助用户选择想要的健康的商品。第六，可以通过蓝牙技术与用户互动，用户下载专属手机应用程序后，只需在手机 App 上下单付款，手机 App 还能为用户提供定制化的商品购买建议。

四 人工智能

（一）人工智能相关概念

1. 人工智能的定义

人工智能（Artificial Intelligence，AI）是一种在计算机科学领域迅速发展的技术，它模仿人类的智能思维和决策能力，使计算机系统能够进行自主学习、推理和解决问题。类似于物联网，人工智能也在互联网的基础上向外延伸和拓展，将各种算法、模型和数据分析工具与网络相融合，形成一个可以随时随地进行智能计算和决策的广阔网络。通过人工智能，计算机系统能够处理大量复杂的数据、模拟人类的认知能力，并实现人与机器之间的智能互通，从而为社会和产业带来全新的可能性和创新。

2. 人工智能的特点

第一，人工智能技术能够利用复杂的算法和模型对大量数据进行实时分析和处理。这种模型用预测型的决策取代了传统的基于规则的决策，从而提高了决策的准确性和效率，为企业带来了更好的业务结果。

第二，人工智能为企业提供了自动化的解决方案，减少了人力资源的需求。同时，它能够在短时间内处理大量数据，从而节省了时间和资源，提高了工作效率。

第三，人工智能的应用拓展了企业的业务领域，以便能提供更多样化的服务和产品。通过利用人工智能的计算结果，公司可以针对不同客户群体的需求做出调整，从而获得更大的市场份额。

第四，人工智能技术在个性化定制方面具有显著优势。它可以分析顾客的偏好、购买历史等信息，为顾客推荐最符合其需求的产品和服务，从而提高购买的满意度和转化率。

第五，人工智能解决方案融合了机器学习和数据分析的能力。通过学习用户的行为模式和反馈，人工智能可以不断优化推荐和服务，使得公司能够更好地满足客户的需求，并进行精细化的市场定位。

（二）人工智能的应用

人工智能在电子商务领域的应用所带来的优势不容忽视，这些优势正塑造着未来电子商务的格局。

1. 个性化营销的革命

个性化营销是人工智能在电子商务中的杰出应用之一。通过分析大数据，人工智能能够深入了解每个用户的购买习惯、兴趣和需求，为用户提供定制化的商品推荐和广告信息。这不仅提高了用户体验，也为电商企业提升了销售转化率和客户忠诚度。用户不再被大规模广告轰炸，而是看到真正吸引他们的内容，从而为企业和用户搭建了更加紧密的关系。

2. 智能客服的无时差支持

智能客服系统是电子商务领域的另一个瞩目焦点。通过自然语言处理和智能对话技术，企业能够实现全天候、实时的客户支持。不管用户在何时何地遇到问题，都可以得到及时的解答和帮助。这不仅提高了用户的满意度，也降低了企业的人力成本。此外，用户感受到了个性化和高效的服务，便更倾向于选择和信任这些企业。

3. 数据驱动的决策优势

人工智能技术赋予电子商务企业更强大的数据分析和决策能力。通过分析用户行为、趋势和市场数据，企业可以更好地理解市场需求，制定更准确的市场策略和产品定位。这种数据驱动的决策过程可以减少盲目性决策，提高资源利用效率，为企业的发展提供持续动力。

人工智能在电子商务领域的应用为企业带来了个性化营销、全天候客服和数据驱动决策等多重优势。这些优势不仅提升了用户体验，也为企业创造了更多商业价值，将继续在未来引领电子商务的创新和发展。

（三）人工智能的案例

1. 阿里巴巴

阿里巴巴作为国内最大的电商平台，其人工智能技术应用也是最为广泛的。2017 年，阿里巴巴成立了 AILabs 专门负责人工智能技术的研究和应用。阿里巴巴的推荐系统是其人工智能应用的核心。这一系统通过算法不断学习用户的购物行为和偏好，并将其与其他用户的数据进行比对和分析，以实现商品的个性化推荐。同时，阿里巴巴还通过人工智能技术改进了其物流配送系统。该系统能够预测用户的购物行为，提前准备商品和配送人员，并优化配送路线，从而提高配送效率和准确率。

2. 京东

京东在人工智能技术的研究和应用方面也有很大突破。该公司在 2017 年推出了智能客服机器人"小白"，通过智能语音识别和自然语言处理技术，为用户提供 24 小时的在线咨询服务。同时，京东还推出了基于人工智能技术的智能推荐系统。该系统可以根据用户的购物记录和搜索历史，通过算法对用户的兴趣点进行分析和预测，并为用户推荐最合适的商品和优惠信息。人工智能在电子商务领域的应用为企业带来了个性化营销、全天候客服和数据驱动决策等多重优势。这些优势不仅提升了用户体验，还为企业创造了更多商业价值，将继续在未来引领电子商务的创新和发展。

3. 蘑菇街

蘑菇街是一家专为女性服务的电商平台，其核心用户群体为青年女性。在人工智能技术的应用方面，蘑菇街主要是通过推荐算法和图像识别技术为用户提供个性化的购物体验。例如，蘑菇街的推荐系统可以根据用户的购物历史和兴趣点，智能地推荐最合适的商品和搭配。同时，蘑菇街还通过图像识别技术，为用户提供基于图片搜索的购物体验，使得用户可以通过图片找到自己感兴趣的商品和搭配。

第五节 跨境电商未来的发展趋势

一 跨境电商平台的多元化和个性化

随着全球数字化的推进和消费者需求的多样化，跨境电商平台将面临越来越多的挑战和机遇。为了满足不同用户的需求，未来跨境电商平台将向多元化和个性化发展。这意味着平台需要提供更广泛的产品种类和服务，以及更个性化的购物体验。

（一）产品品类的丰富多样化

未来的跨境电商平台将拓展更广泛的产品品类。除了传统的电子产品、服装鞋包等热销品类，还将涵盖更多新兴和特色产品，如健康食品、环保产品、文化艺术品等。跨境电商平台将以更开放的姿态吸纳来自不同国家和地区的优质商品，满足用户对多样化、个性化商品的需求。

（二）地域特色的个性化推荐

未来跨境电商平台将更加注重地域特色的个性化推荐。通过大数据和人工智能技术，平台可以根据用户的浏览历史、购买行为、兴趣偏好等数据，提供个性化的商品推荐。例如，针对不同地区的用户，平台可以推荐符合当地特色和文化的商品，提高购物的针对性和满意度。

（三）定制化服务的提供

未来的跨境电商平台将更加注重定制化服务的提供。用户对于个性化服务的需求越来越高，平台可以根据用户的需求提供定制化的购物服务，如定制化的产品设计、个性化包装、定制化配送服务等，这将增强用户的购物体验和品牌忠诚度。

（四）社交化购物体验

未来的跨境电商平台将更加注重社交化购物体验。通过社交媒体，平台可以与用户进行更紧密的互动，推出社交化的购物活动和互动，提高用户的参与感和忠诚度。例如，平台可以推出社交分享有奖活动、线上线下联动购物体验活动等。

（五）多样化的支付和物流选择

未来的跨境电商平台将提供更多样化的支付和物流选择。不同国家和地区的用户有不同的支付习惯和物流需求，平台需要灵活提供多种支付方式和物流服务，以满足用户的个性化需求。例如，平台可以支持支付宝、信用卡、PayPal 等多种支付方式，并提供普通邮寄、快件邮寄、海运等多种物流选择。

二 跨境电商与线下零售的融合

跨境电商的发展使得消费者可以轻松地在全球范围内购买商品，而线下零售则提供了实体店面和面对面的购物体验。融合这两种销售方式可以最大限度地满足消费者的需求，提高购物便利性和购物体验，增强品牌影响力和市场竞争力。

（一）无缝购物体验

未来，跨境电商与线下零售的融合将更加强调购物体验的无缝连接。消费者可以在线上浏览和挑选商品，然后选择线下实体店面试穿或亲自体验商品。线上线下的购物数据和信息将实现互通，消费者可以随时随地查询库存、价格和促销信息。通过无缝融合，消费者将获得更便捷、个性化的购物体验，增加消费满足感。

（二）跨境商品线下体验

跨境电商平台通常涉及来自全球不同国家和地区的商品。未来融合发展中，线下零售可以提供跨境商品的实际体验和试用服务，消费者可以更直观地了解商品的品质和特点。例如，在线上选购了一件跨境品牌的服装，消费者可以前往线下体验店亲自试穿，确认尺寸和款式是否合适。

（三）线上导流线下购

跨境电商平台具有较大的线上流量和用户基础，而线下零售店拥有更大地理优势和更直接的服务体验。未来，跨境电商平台可以通过线上广告和推荐将用户导流到线下零售店，线下店面则可以通过发放优惠券、办理会员卡等方式留住线上用户，实现线上线下的互动和融合。

（四）跨境仓储和物流优化

跨境电商与线下零售融合也将促进跨境仓储和物流的优化。线下零售店作为线下仓库，可以在就近原则下，为消费者提供更快速、高效的商品交付服务。同时，跨境电商平台的全球仓储网络可以支持线下零售店进行海外采购和商品调配，提供更多样的商品选择。

（五）O2O 整合

线上线下融合的重要手段之一是 O2O（Online to Offline）整合。未来，跨境电商平台可以通过线上广告、社交媒体营销等手段吸引用户到线下店面，同时通过线下店面提供的优惠和特殊体验吸引用户在线上下单购买。通过 O2O 整合，线上线下将形成良性互动，提升用户的黏性和忠诚度。

三　跨境电商支付的创新与安全保障

随着移动支付、数字货币和区块链技术的发展，跨境电商支付正朝着更加便捷、高效、安全的方向发展。未来跨境电商支付将继续创新，并加强安全保障措施，以满足消费者和商家的需求。

（一）移动支付普及与便捷化

未来，移动支付将继续在全球范围内普及，成为跨境电商支付的主要方式之一。移动支付具有便捷、快速和灵活的特点，可以满足消费者随时随地购物的需求。同时，移动支付可以整合多种支付方式，如信用卡支付、电子钱包和银行卡支付，为用户提供更加多样化的支付选择。

（二）数字货币的崛起

随着区块链技术的发展，数字货币将逐渐成为跨境电商支付的重要组成部分。数字货币的去中心化特点和全球性的支付功能，可以降低跨境支付的手续费和汇率风险，提高支付效率和安全性。未来，数字货币有望在全球范围内广泛应用，成为跨境电商支付的一种主要方式。

（三）区块链技术保障支付安全

区块链技术的特点包括去中心化、可追溯性和不可篡改性，将为跨境电商支付提供更强大的安全保障。未来，跨境电商平台可以借助区块链技术构建安全的支付网络，确保交易信息的安全传输和存储，防止发生支付信息泄露和欺诈行为。

（四）生物识别技术应用

未来，生物识别技术有望在跨境电商支付中得到广泛应用。生物识别技术包括指纹识别、面部识别、虹膜识别等，可以提供更高级别的身份验证和支付授权，降低支付安全风险。消费者可以通过生物识别完成支付授权，无须输入密码或其他信息，提高支付的便捷性和安全性。

（五）人工智能风控系统

随着跨境电商支付规模的不断扩大，风险管理成为一个重要的问题。未来，跨境电商平台可以借助人工智能技术构建智能风控系统，实时监测和分析支付行为，识别异常交易和欺诈行为。人工智能风控系统可以帮助平台及时发现并阻止风险交易，提高支付的安全性和稳定性。

本章小结

本章内容介绍了数字贸易的崛起——传统企业的电子商务转型、短视频+直播平台的电子商务营销、新零售、数字贸易技术。电子商务在当下依然处于高速发展时期，未来有可能诞生出更多形式的电子商务模式，通过学习本章的内容，可以了解电子商务在如今信息化社会的优势，传统企业的营销方式已经过时，效率低下且无法满足消费者的多样化需求，因此传统企业的电子商务化转型势在必行。像抖音短视频+直播电商这种新兴营销模式，改变了传统电商"人找货"的购物形式，抖音电商是基于消费者的兴趣而存在的，采用向消费者推送视频这种"货找人"的形式，这样能发掘出消费者更多的潜在商品需求，这就是新兴电商的优势所在。如今的新零售模式，创新采用线上选货+线下体验的模式，更是照顾了广大消费者的购物体验。未来，新零售会朝着消费者中心化、零售社交化、无人零售方向发展，为消费者提供有特色的产品或服务，以更好地满足社会大众的需求。而数字贸易技术的普及，为电子商务的发展提供了多样化的工具，区块链、大数据、物联网以及5G通信技术的应用，使得电子商务企业可以借助海量的交易数据，分析消费者的喜好需求，更高效地管理库存，实现企业经营效益的提高。

第三章 数字技术驱动下的网络营销模式

第一节 "互联网+"时代的传统营销与网络营销

一 传统营销经济体面对网络营销的冲击

2012 年 11 月 18 日，中央电视台在北京举办了 2013 年黄金资源广告招标竞购大会。这是当时国内最大规模的媒体广告竞购活动，被称为"中国市场风向标"。尽管中国经济增速放缓，但报名企业数量超过往年，最终招标预算总额为 158.81 亿元，增长率为 11.39%，创下了 19 年以来的新高。这场竞购大会吸引了众多知名企业和品牌参与。茅台作为中国最知名的白酒品牌之一，长期以来都是市场热门消费品，最终其以 4.43 亿元的价格拿下了央视广告"标王"，一时间，茅台身价再涨，供不应求，风头无两。

2013 年，百度以 319.44 亿元的营收取代央视，成为国内营收最多的媒体，央视的招标会再也没有了往日的热闹，风光不再。火爆了 20 多年的央视黄金资源招标，也在 2017 年黯然落幕。新媒体渠道的不断发展使得各大网络媒体获得了越来越多的用户和广告收入，而央视的广告资源不再是"香饽饽"，央视不得不开始思考如何将平台的价值最大化。

2017年，央视推出"国家品牌计划"，旨在通过对国内品牌的报道和宣传，为中国品牌的发展提供支持和引导。然而，这一举措也意味着央视的"标王"不再为王，央视招标会退出历史舞台。

同央视广告一样，人们生活中接触最多的传统媒体从杂志到报纸再到广播，同样面临着新媒体的变革带来的冲击。电子图书、有声读物、综合新闻手机App、网络电视……新媒体通过需求和技术不断推陈出新，从媒介形式到传播方式，从发现需要到主动创造，引领了传媒格局的改变，也时刻影响着广告商们的投放策略。电视节目、图书报刊、广播电台……传统媒体毫无疑问依然是人们生活所需，人们无法彻底离开它们，但网络技术带来的传媒格局的调整，已经强烈地冲击了传统媒体，尤其是纸媒。2017年1月1日，被誉为上海早报双雄之一的《东方早报》正式停刊，下属员工并入澎湃新闻网。此后，对于国内纸媒来说，每年元旦集中休刊、停刊，已经成为惯例。

12月31日，星期五，这是2021年的最后一个工作日，在这一天有8家媒体发布休刊、停刊或停止出版纸质版刊物的启事。这些媒体分别是《贵阳晚报》《合肥广播电视报》《宜宾晚报》《巴中晚报》《洛阳商报》《河北科技报》《南方法治报》《温州电视报》。纸媒的停刊意味着传统媒体的世殊时异，也意味着新媒体为传统媒体的转型带来了新的变革。

网络购物，十年前新兴的潮流名词放在如今早已司空见惯。近年来，随着网购的流行，实体店面临着前所未有的压力。越来越多的人选择在网上购物，这种情况已然成为常态，许多实体店不得不选择关停。2022年3月，家乐福关闭超1万平方米、曾是亚洲最大超市的中关村广场店后，截至2022年9月末，家乐福超市仅余151家门店，较2021年减少54家；吉野家在2022年上半年也关闭了约30家门店，并于8月31日在临时报告书中宣布，其旗下品牌"花丸乌冬面"将全面退出中国市场①；

---

① 《49.5万家餐企闭店、腰斩、退市，盘点倒下的实体店们》，https://zhuanlan.zhihu.com/p/589521520?utm_id=0，最后访问日期：2023年4月19日。

从 2016 年到 2021 年这 5 年的时间里，沃尔玛中国已经关闭了 100 多家门店①。当然企业关闭实体店的因素有多种：全球市场战略，企业紧缩策略，国际政策变化，疫情环境影响，等等。然而，在这些众多因素中，网络扮演了重要的角色。传统营销经济体在整个市场环境中处于萎缩的状态，难以抵挡互联网的冲击。

二 传统营销与网络营销的差异

传统营销已有扎实的理论和实践基础，强调为尽可能多的消费者提供尽可能多的产品与服务，传统营销模式已经存在了很长时间，消费者也习惯了这种模式，这使得企业在市场上有了很大的竞争优势。但是，这种模式有强烈的市场导向，传统营销模式通常是面向成熟市场的，而忽略了新市场和新消费者的需求，这会使企业错失市场机会。同时，企业的资源有限，如果没有合理的营销策略，很难实现市场的快速扩张，传统营销想要满足市场个性化需求的成本太高。随着消费者对于产品和服务的个性化需求越来越高，企业想要实现市场的个性化定制，需要花费大量的成本。传统营销要求以有限的市场网络建设成本获得尽可能多的销售收入。传统营销面对的市场网络是有限的，因此企业需要在这个有限的市场网络中获得最多的销售收入。

网络营销依托互联网和电子商务，利用数字化信息和网络媒体的交互性来辅助营销目标的实现。它是一种以网络为媒介，以数字化信息为核心，以互动式营销为手段的营销方式。网络营销针对新兴的网上虚拟市场，需要及时了解和把握顾客特征和行为模式的变化，提供可靠的数据分析和营销依据。

通过对市场、竞争、顾客等方面的数据分析，企业可以更好地了解市场

① 《零售巨头二十年潮退：沃尔玛、家乐福关店百家，山姆、Costco 人山人海》，https：// baijiahao. baidu. com/s?id = 1735216334547723913&wfr = spider&for = pc，最后访问日期：2023 年 4 月 19 日。

需求和竞争优势，制定出更加科学的网络营销策略。网络具有传统渠道和媒体所不具备的特点，如信息交流自由、开放和平等，信息交流费用非常低廉，信息交流渠道既直接又高效。企业可以通过网络媒体与顾客进行互动，了解他们的需求和反馈，及时调整营销策略。同时，网络媒体也可以成为连接企业与顾客的桥梁，帮助企业与顾客建立良好的沟通和信任关系。网络营销作为在互联网上进行的营销活动，它与传统营销的基本营销目的和营销工具是一致的，只不过与传统营销的方式有一些区别，如图3-1所示。

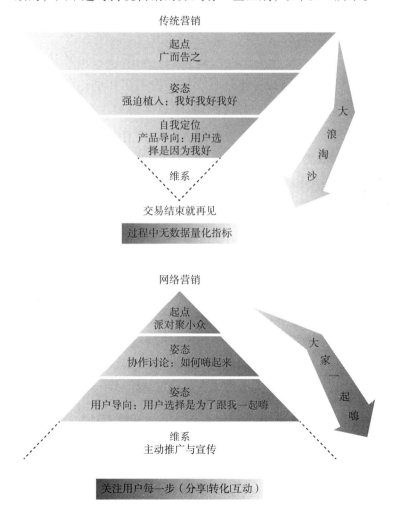

图3-1 传统营销和网络营销的营销逻辑

（一）信息传播方式和内容的转变

在信息传播方面，传统营销争取客户的手段是单向的信息传播方式（如广告宣传），消费者处于被动地位，他们只能根据企业提供的固定信息来决定购买意向，有疑之处无法反馈。相比传统营销，网络营销更加注重消费者的体验和参与，让消费者成为信息传播的主角。这样不仅能够增强消费者的参与感和忠诚度，也能够更好地满足消费者的需求，提升企业产品或服务的竞争力。

（二）营销竞争方式的差异

传统营销方式是在现实空间中进行的，而网络营销则是通过网络虚拟空间进入现实空间的。两者的游戏规则也不尽相同，传统营销的游戏规则是"大鱼吃小鱼"，而网络营销的游戏规则是"快鱼吃慢鱼"。在传统营销中，大企业往往是优胜者，因为它们拥有更多的资源和资本，可以更好地控制市场。而在网络营销的条件下，情况则有了很大的改变，所有企业都站在同一起跑线上，大企业不再是唯一的优胜者，也不再是唯一的威胁者。网络营销的出现，使得小公司也有了实现全球营销的可能。在传统营销中，小公司面对大企业的竞争，往往很难立足，但是在网络营销的条件下，小公司可以通过互联网的力量，将自己的产品和服务推向全球市场，实现自己的发展和壮大。

第二节　微博营销

一　什么是微博营销

（一）微博是什么

微博，即微博客（MicroBlog）的简称，是一种基于用户关系的信息分享、传播和获取的平台。用户可以通过 web、wap 以及各种客户端组建个人社区，以最多 140 字的文字更新信息，实现即时分享，具有高效便捷的特点。自微博问世以来，它已经成为网民爆料的首选方式之一，对互联网舆论格局产生了巨大的影响。微博的出现让并非知识分子的普通人也可以表达自己，微博成为民众自由展现自我的阵地。这种新型社交媒体的出现改变了人们获取新闻和信息的方式，使得每个人都可以成为新闻的源头，也让更多的人可以参与到公共事务中来。微博的快速普及，让传统媒体无法望其项背，微博成为信息传播的主要渠道之一，它的出现不仅带来了便利和快捷，还让人们更加了解彼此，形成了更加紧密的社交网络。微博已经成为人们日常生活中不可或缺的一部分，也让人们看到了社交媒体未来的无限可能性。

（二）微博营销的内涵

跟着先行者的步伐，无数中国企业在微博上看到了商机和财富，微博的自然属性让它成为一个营销的战场。随着大数据时代的到来，社会化媒体营销的理论和实践进一步得到拓展和丰富，移动互联网的兴起更加强化了它的地位。利用微博等新媒体工具服务于企业的营销已经不是一种潮流，而是很多企业生存和发展的基本策略和必由路径——不知不觉中，这个世界已经被改变。

那么，什么是微博营销？我们认为：微博营销是指企业及各种非营利性组织依托微博这一种社会化媒体影响其受众，以微博作为媒介实现信息的传播、分享和互动反馈，以此实现市场调查、产品推广、品牌扩散、客户关系管理和危机公关处理等目的的营销行为。

对此，我们可以从以下 3 个方面来理解。

第一，和传统营销不同，微博营销的主体除了企业之外，非营利性组织也是其重要组成部分。非营利性组织由于有限的预算限制，对信息的传播途径和运营人才难以像企业一样有着充分的投入，于是，拥有一种易操作、低投入且高效的传播工具对非营利性组织来说非常重要，微博正好符合他们的需求。

第二，微博营销的营销方式是在微博网站上进行信息的传播、分享以及互动。微博的本质是一种信息共享和传播的互联网工具，其本质决定了企业利用微博来进行营销。

第三，微博营销的功能有市场调查、产品推广、品牌扩散、客户关系管理和危机公关处理等。微博能够多样化地实现企业的营销需要，尽可能多地、有效地实现以上的功能是微博营销成功的关键。

二　微博营销的特点

微博具有即时分享信息的功能，加上其简单的操作流程和低廉的操作成本，使微博营销方式和模式可以在短期内获得巨大的收益，可以方便地使信息通过文字、图片、视频等多种展现形式进行快速传播。微博营销的信息传播方式也具有多样性，转发方便，可以利用名人效应使传播效率呈几何级提升。于是，我们很轻易地就能得出微博营销的特点：成本低、覆盖面广、传播快、门槛低、互动性强等。为了更深入地理解微博营销的特点，我们不妨从以下四个角度来分析。

（一）"成本"的角度

利用微博进行市场营销，可以有效地控制互联网市场的成本，减少广告宣传的开支。开通公司官方微博的费用非常低廉，公司只需要在各个大的微博站点上注册一个账户，就可以发布公司的微博，进行市场推广。通过微博，可以将有潜力的用户引入自己的网站中，从而减少发展的费用。在自己的网站中，微博也可以成为一种可以增加公司网站点击量的方式，特别是在自己的网站访问流量比较少的时候，通常很难发现有价值的网站来为自己提供链接，而在这个时候，发个微博加上自己网站的链接就显得理所当然了。微博能够以较少的费用对访问者进行调查，当然，还可以通过第三方的用户在微博上进行投票和调查，让感兴趣的用户参加，从而扩展站点。网上问卷的发布范围广，并且还能就调查中的问题与访问人员展开互动，让网上调查具有更强的互动性，从而提升网上调查的有效性；还能减少调查和研究成本。在某种意义上，微博还能减少公司的广告投入，节约广告费。

（二）"便捷"的角度

通过微博进行市场推广，可以让客户获得更多的资讯，也可以让客户更容易和企业建立更好的联系。用户"关注"公司的微博后，就可以在不特意登录公司网页的情况下，随时掌握公司的发展动态和最近的新闻。微博的便利性和可移动性使得用户能够随时在他们的手机上获取他们喜爱的商品的资讯，当用户对某一商品产生了浓厚的兴趣时，还能通过微博进行查询。而且，即便是在商品销售后，微博也能为消费者提供一个方便的售后服务平台。

（三）"消费者"的角度

通过微博进行市场营销，能够提升公司的注意力，并能为公司带来更多的客户。按照六度分割理论，你的粉丝的粉丝同样可以和公司建立联系，这一类的微博博主中，有一些是公司的潜在客户，经过对其进行分析，可以找到客户的需要。公司可以在微博上与客户讨论一个新的产品，并听取他们的建议，从而更好地促进新产品的研发和推广。具有高价值的微博内容能够引起广大读者的广泛关注，进而将市场信息传达给读者。以此为手段进行网上营销，是企业运用微博的最基本形态，也是企业运用微博进行宣传的最直接的价值体现。对于维护忠实的顾客，微博起到了非常好的作用。因为微博具有很强的互动性，信息更新速度快，所以，人们可以很容易地通过微博进行沟通，互相"关注"，让企业能够用很少的成本便可与客户维持着很好的关系。

（四）"沟通"的角度

通过微博这样的媒介来完成公司公共关系的沟通，在构建信任关系、宣传和塑造新的品牌形象方面，具有很高的性价比。微博是一种个人化的社交媒介，更易于对相关的社交团体产生影响。微博通过微博文章、超级链接、搜索引擎等方式，构成了一个具有跳跃关系的传播网，它可以将自己的观点传递出去，并且可以被搜索引擎进行搜索，还可以被主流媒体进行转载。微博以其良好的表现和传播迅速的特点，受到了公司公共关系沟通领域的普遍关注。通过微博营销，可以摆脱公司依靠媒介来发布资讯的限制，让市场营销人员可以更好地把握交流的主动权，为客户提供有针对性的服务，从而提升公司的品牌知名度和客户满意度。

三　常见的微博营销策略

微博营销现如今已经成为各大品牌和广告主的常态化运营阵地，大大小小的品牌在微博都有官方认证的账号，他们在微博上策划发布营销动态，借以达到更好的营销效果。这里，让我们了解一些比较常见的微博营销策略。

（一）口碑营销

口碑是目标，营销是手段，产品是基石。要想做好口碑营销，产品或服务质量要先有保证。广告营销效果好，能提升一时的产品销量和知名度，但从长远来看，最终还是要落于产品本身。微博是口碑营销最适合的场所之一，微博的信息传播迅速以及它的即时性成了口碑营销的绝佳阵地。

2022 年的新春档电影，微博进行了产品升级，猫眼电影入驻微博微服务，一站式打通猫眼想看及购票服务，并逐步覆盖话题、搜索、信息流、视频流、直播等全场景，助力春节档影片提升票房转化率。电影《这个杀手不太冷静》在正式公映前便开始进行口碑铺垫。《这个杀手不太冷静》主演马丽、魏翔接受新浪娱乐原创栏目"浪影巴士"专访，话题"马丽回应接烂片质疑"登热搜榜第 4 位，"魏翔说果然还是马丽最默契"登热搜榜第 21 位，阅读总量达 4.9 亿次，专访视频播放量超 2010 万次；娱理原创稿件相关话题"马丽希望魏翔能红"等也频频登上热搜榜，相关话题加持影片口碑，影片票房走势一路向好。

（二）情感营销

当营销技巧中融入了情感元素，就会使营销效果展现出新面貌。微博营销形式的多样化和网络信息的大量化，均使想要吸引消费者的注意力难上加难。情感营销一定程度上可以加深消费者的稳定度。品牌的塑造不仅包括产品、符号，个性上还有很重要的一点就是品牌和广告主本身的形象。

长期以来，空洞刻板的企业文化很难与消费者沟通，而在互联网上的微博有着无可比拟的亲和力，使得品牌和广告主更加人性化，拉近了用户之间的距离，达到双向沟通的效果。良好的粉丝互动，起到连锁作用，促进传播，塑造品牌形象。

在父亲节，海澜之家利用情感营销，将"一起发光吧爸爸"作为主题，重磅出品了六大系列 29 张海报，全方位演绎了父子/父女关系中的生活趣事、教育成长和陪伴关爱等。在节日氛围烘托下，引发了受众共鸣，取得了不错的流量。

（三）品牌代言人营销

所谓"代言人"，就是指企业通过挑选能够作为企业形象的明星作为其商品的代言人，来达到某种程度上的广告营销的目的。而且，一个品牌的代言人还可以是一家公司的 CEO，他说的每一句话都是对自己说的，也是对公司形象的表达。

以著名影视明星迪丽热巴代言的产品为例，在微博上粉丝数量众多的明星代言人带来的热度从超过百万的转发评论和点赞数就可以看出，其为产品带来了大量的关注度和流量，明星效应还拉动了粉丝经济，增加了粉丝对品牌的消费。

四　微博营销的风险

微博作为一种社会化媒体，每个人都是受众体，每个人又都可以成为媒体，对于组织和企业而言，其自主化的程度越高，发生危机的可能性就越大，微博营销也不可避免地存在各种风险。下面，我们来分析微博营销中存在的一些风险。

（一）发布虚假信息——职业道德风险

企业的官方微博一般由企业内的宣传部门和公关工作人员负责运营，其中多数工作人员会严格按照官方微博的发布流程认真审核，履行自己的工作职能，但一些职业素养不足、自律意识差的工作人员难免会出现马虎大意的情况。2011 年 2 月 13 日，央视著名财经类栏目《经济半小时》的官方认证微博上出现了"欢迎进入唯品会……"的内容，致使许多网友以为该节目在为唯品会做广告，但实际上这只是由于工作人员在浏览购物网站时误将相应链接发送到微博内容中，这样的失误极大地损害了《经济半小时》栏目理性和权威的形象，造成了央视名誉的损失。

（二）蒙牛公关内容令消费者不满

通过微博营销在世界杯期间大获成功的蒙牛乳业也有在微博上遇到危机的时候。2011 年 12 月 24 日，国家质检总局公布了对全国液体乳产品进行抽检的结果，蒙牛乳业（眉山）有限公司生产的一批次产品被检出可致癌黄曲霉毒素 M1 超标 140%，消息一出，全网哗然。蒙牛在微博上贴出了两份公告：一份公告中蒙牛承认这一检测结果并向消费者郑重道歉；另一份公告表示该批次产品在出库前就接受了检测并未出库，公司已销毁全部相关产品，确保市面上的产品安全。然而这次公关并没有能够安抚消费者，网上骂声一片，消费者认为蒙牛没有第一时间把内部处罚结果公示出来，一味强调没有明确证据的所谓"市面产品安全"，完全是在避重就轻，日后难保不会发生类似事件。事实上，蒙牛内部已经有副总裁级别的高层受到处分，许多负责质量管理的员工离职，然而蒙牛认为这属于"内部处理"结果，并未发表声明。这一次失败的微博公关导致了消费者对蒙牛乳业的大规模抵制，结合这次黄曲霉毒素事件，蒙牛集团在一、二线城市的销量急转直下，次年春节的销量低于往年同期，分析师预计需要 3 个月才能恢复消费者的信心。

（三）索尼公司涉嫌侮辱英烈事件

2022 年 10 月 12 日，日本跨国企业索尼公司发布了一条微博"待到山花烂漫时，她在丛中笑"，并配有一张红色枫叶簇拥着一个狗头的图片。乍一看就是企业为了宣传自身摄影产品而发布的一张风景艺术照，然而在微博中隐含毛泽东的诗词《卜算子·咏梅》和敏感的时间点。毛主席的诗词是在歌颂伟大的中国革命，索尼却配上与烈士邱少云牺牲时的图画构图高度雷同的"枫叶狗头照"，加上 2022 年 10 月 12 日正是抗美援朝烈士邱少云同志逝世 70 周年，如此，很难不让人怀疑这一则微博的用心，微博发布后，多名网友对内容进行了举报，索尼紧急删除微博并关闭评论，然而在 2023 年 1 月 4 日晚间，认证为"索尼（中国）有限公司官方微博"的账号"索尼中国"被禁言，其账号页面显示，"因违反相关法律法规，该用户目前处于禁言状态"。跨国公司处心积虑地挑衅中国的尊严无疑触犯了相关法律法规，并且严重地损害了消费者的感情，事件给其他企业也提了醒，在微博这样快速面对客户的营销平台，发布内容一定要慎之又慎，营销内容不能损害国家利益，不能伤害民族感情，积极新颖的营销内容能够快速获得客户的认同并扩散开来，而低级趣味甚至恶意的营销内容不但会严重损害企业的形象，让消费者失去信心，还难逃法律的制裁。

从上述的几个例子中，我们可以发现微博营销为企业和组织带来了便捷的营销方式，但在营销过程中仍存在人工操作、内容审核、公关文案等方面带来负面影响的风险。为了减少相应的风险，我们在进行微博营销时应注意以下方面：一是注重运营人员的素质培养，避免在微博营销内容发布等一系列操作中出现失误；二是严格微博内容的审核机制，确保在微博内容发布时符合企业的营销要求，同时内容积极、合法合规；三是在进行微博营销时，发布营销内容要从消费者的角度出发，无论是危机公关还是产品营销推广，微博营销的内容要能让消费者乐于接受，让他们能得到想要的信息，如果有想要进一步严肃表达的信息，可在微博内容下方附上发布在官网上内容的链接。

第三节　微信营销

一　什么是微信营销

（一）微信营销的内涵

微信，众所周知的软件，但随着微信的不断发展，它早已超越了一个即时通信工具的角色。发送语音、图片、视频，它让传统社交得以纵深发展；遥控电视、空调、洗衣机，它让智慧生活走进家庭；移动支付、客户关系管理、数据储存，它影响数亿人的工作和生活。用户量如此庞大的微信，毫无疑问，你的客户可能就存在于微信中、手机里。如果将微信用于营销，它将能成为每一个企业或个人的营销工具，低门槛的操作要求、庞大的用户基数、精准的信息投放，微信营销无疑是极具价值的网络营销手段。

什么是微信营销？微信营销属于网络营销，从本质上来讲就是网络经济时代企业或个人营销模式的一种，是伴随着微信的火热而兴起的一种网络营销方式。微信用户可以和周围的微信"朋友"形成联系，用户订阅自己所需的信息，商家通过提供用户需要的信息来实现点对点的营销。智能化手机的普及以及腾讯庞大的用户基数都是微信营销的优势所在，更重要的是，微信能够获得更加真实的客户群，相比于微博的粉丝，微信的好友更具有价值。

（二）微信营销的特点

微信营销的特点在于点对点的精准营销以及灵活多样的形式：微信是一个互动平台，它能够让商家更好地了解自己的顾客，利用移动终端、天然的社交和定位等优点，可以及时地将每条信息进行推送，让每一个个体都有机会收到所推送的信息，从而有助于商家完成点对点的精准营销；商家还可以通过对微信公共平台的推广让更多的客户关注到平台，进而在公共平台上推出自己的商品和服务等，此外还有二维码、漂流瓶等多种方式用以宣传和推广产品。

微信庞大的用户量对商家而言无疑是巨大的诱惑，但若是不假思索盲目入局，在营销中陷入误区则会得不偿失。无论是企业、明星还是个人，在进行微信营销时不能头脑一热就直接开始，需要先精准定位，制订长远的计划。

首先，需要知道的是，微信营销是一种工具并不是救命稻草，它只能在营销活动中增添更多的活力，无法达到扭转乾坤的效果，由于微信是基于熟人的社交平台，微信营销只能是慢慢渗透，难以一蹴而就，短期内无法达到立竿见影的效果。其次，通过微信营销取得成功的例子比比皆是，但是不能盲目跟风，别人的成功往往是不可机械复制的，微信营销的方式多种多样，适合他人的不一定适合自己，学习优秀的营销方案并且学会合理运用是值得深思的问题。

在开始微信营销时，还有一点值得注意，那就是微信不同于微博，微信并非一个单纯的信息发布平台，它一对一信息传播的特质要求微信公众号要像"朋友"一样与用户进行友好、亲近的互动。

从微信平台定位的角度来说，一种是微信公众平台，另一种是微信公开平台。前者大部分公司、明星、草根都能用到。后者需要拥有一定技术手段的开发团队将 App 应用与微信进行对接，从而让微信用户在关注相关公众账号之后得到类似 App 的体验，这也适合于品牌的宣传和营销。

一般而言，在公共媒体上做推广离不开内容与服务。大部分公司在进行微信营销的时候面临着"粉丝"不够的问题，以优质的内容来吸引微信用户，则是一个很好的方法。目前，许多公司会通过共享一些行业中的精华资讯来引起微信用户的注意，比如，将女性作为他们的目标使用者，并推出一些美妆、护肤等爱美的女人都会喜爱的资讯。

在积累了足够的粉丝后，要做的就是保持良好的服务。不管是发送信息给用户，还是和他们进行交流，都要把他们的感受放在第一位。比如，并非每个人都能享受到免费的 Wi-Fi，所以在推文中应该包含与该产品有关的资讯，同时也要考虑到用户的访问量。

二　电商行业微信营销策略

现如今，行业竞争不断加剧，互联网广告价格日益上涨，传统营销渠道的乏力让电商行业面临困难，而电商行业无疑与微信营销非常契合，移动互联网时代，人们停留在手机上的时间比电脑更多，微信能让电商几乎"零成本"地从电脑转移到手机，实现展示、购买、支付和售后的闭环。

电子商务利用微信进行营销的优势在于客户维持，微信的公众平台，或者很多第三方开发的平台集成了简单的 ERP 功能，能够非常方便地对客户进行分组管理，再加上其实时沟通的属性，相当于为微信电商提供了一个很好的移动端客户维护工具，运用微信公众号，微信电商完成实时沟通、文章推送等功能，可以用各种方法维护客户，使微信营销成为黏性最强、二次购买率最高的电商模式。

从传统电商转向移动电商，利用微信进行营销时我们可以用微信做什么呢？

（一）常规工具的高效利用

扫一扫、雷达交友、附近的人、朋友圈、群聊等，对这些微信的常用工具如果运用得好，就能使其发挥巨大的微信营销功能，同时也能维护客户关系，刺激客户再次购买，提高用户黏度。

（二）建立高效的客服体系

只有建立高效的客服体系，电商企业才能通过微信工具解决用户在搜索、分析、购买、支付、售后等各个环节出现的问题，提升品牌美誉度。同时，让用户对微信产生依赖，创造更多和客户沟通、互动的机会。

（三）灵活运用营销策略结合微信的第三方平台

鲸鱼颜习社是一个主打护肤、美妆、穿搭和生活方式的公众号。在其微信小程序"鲸鱼好物"里售卖很多性价比较高的产品，并通过图片和视频进行宣传。它对很多年轻的女性有很强的诱惑力，页面设计简洁，给人一种可靠的感觉，再加上它亲民的定价，很快就收获了一大批粉丝。

按照生活、工作、兴趣等圈子来划分，很多人会有一些共性，而强关系的存在使得顾客更易于指导周围的人进行相似的消费。在开展微信营销的过程中，可以通过"群体销售"的方式，来达到对特定人群的"精准营销"效果。

如今微信营销发展迅猛，为了便于电商品牌的发展，不同的社交媒体电商服务平台会提供全套电商业态（技术+运营+供应链）服务，帮助品牌和自媒体开启新营销和新零售，实现商业闭环和内容变现。

微信小程序电商平台 LOOK 联合 gogoboi、石榴婆报告、商务范、爸妈营等微信头部博主开启黑五购物狂欢。在没有任何营销费用的情况下，其黑五总销售额超过 1000 万元。其中，很多粉丝量大的账号通过一篇文章推送+个人小程序商店与黑五会场的联动，实现了超过百万的销售额。

利用诸如 LOOK 等电商服务平台的资源，能够在前期更加顺利地给微信营销铺路，为产品提供流量获取、种草推广、交易转化及私域流量运营等营销的解决方案。

第四节　社群营销

一　社群与社群营销

（一）社群的概念

社群，一般人将其简单理解为一群具有共同属性并认同某一理念的人聚合起来的空间。这样看来，它与社区相同，但实际不然。社群与社区之间存在实质性的区别，如图 3-2 所示。

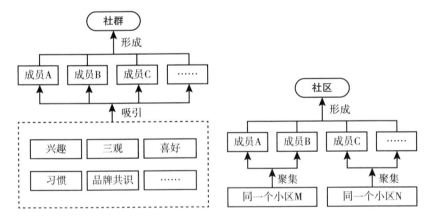

图 3-2　社群与社区的区别

从图 3-2 中我们可以看出，尽管社群和社区都是由不同的人在一个或者多个点上所组成的团体，但是社群的点更宽泛一些，可以是兴趣、喜好、习惯、三观、对某一品牌认同程度等，其不会被地理和时空所局限。而社区则不同，它是居住在同一区域内的人所组成的团体，受到地域和空间的限制。因此，社区着重于人与人在物质空间中的联系，而社群则着重于人与人在虚拟空间中的关系，是互联网条件下的一种新型的人际关系。

在整个互联网社群的发展过程中，由于互联网能够突破以往人们在时间和空间上所受的交流的局限性，人们扩大了自身的社交范围，不断形成多种多样的社群形态，促进了社群的发展。即使在现在，科技仍在不断进步，未来的社群工具和社群形式也会不断更新换代，到那时，社群也会更加丰富化和智能化。

（二）如何解读"社群营销"

社群营销是在网络社区营销及社会化媒体营销基础上发展起来的用户连接及交流更为紧密的网络营销方式。它主要是通过连接和交流来达到使用者的目的，它的营销方式是人性化的，既受到使用者的喜爱，又有可能成为使用者的持续传播方式。

社群营销是社群经济的体现，营销人员将一群有着共同爱好的人聚集在一个平台上形成社群，然后为这群人提供服务或产品，解决这群人的共性需求。不同类型的社群，提供的服务和产品也不同，社群可以通过直接或间接向社群成员销售产品来赢利，也能为社群成员提供各种有定价或免费的服务，如咨询和反馈等。社群内的众多成员可以帮助传播品牌的知名度，扩大品牌的影响力，利用社群关系还能够维护、增强成员之间的关系，提高客户的忠诚度。

总体来说，社群营销就是以网络社群和社会化媒体营销为基础，使不同用户之间的联系和沟通更加密切的营销方式。它的社群属性使得营销者和社群成员之间的关系更加密切，从而促进了营销的顺利进行。

二　社群营销是新型的行业形态

（一）社群营销的关键

社群营销是"互联网+社群+营销"的结合，是互联网条件下催生出来的一种全新的营销方式，也是一种新型的行业形态，它主要由3个部分组成。首先是内容，社群的建立依赖所有成员共同的兴趣爱好，这并不难。但是社群的维持与发展却需要有内容的持续输入，能够为成员提供有价值的内容是关键所在。其次是产品，社群营销的目的在于"营销"，而产品是营销获利的基础，只有提供质量好的、性价比高的产品才能提高成员的转化率。产品的种类不受限制，丰富多样。最后是圈子，这是社群存在的根本。社群营销之初，营销人员就需要选择合适的平台，搭建自己的社群圈子，吸引社群成员加入其中，然后互动，增进与成员的情感联系。

想要做好社群营销，上述3个关键缺一不可，而且只有对其进行不断优化，才能使社群营销获得理想的效果。

（二）社群营销在营销行业的优势所在

随着移动互联网的发展和社交媒体的涌现，消费者能够随时找到自己需要的产品，也更容易跟与自己有着相同需求的人交流，互联网降低了人们的交流成本，而社群基于群体共识降低了信任的成本。

当一群有着共同想法和共同价值的人聚集在一个社区里时，很可能会形成一种"蜂群"效果，成员之间的相互沟通，也会对自己的产品及品牌产生一定的影响。所以，社群是一种最便捷的、最便宜的、最有效的与消费者交流的方式。社群营销能够在近年来快速发展，表明其有着自身显著的优势，具体如表3-1所示。

表3-1　社群营销的优势

优　点	内　　容
低成本	任何方式下的营销,成本都是第一考虑要素。社群营销最为显著的优点在于低成本,很多社群的建立甚至是零成本,营销人员只要找到精准的客户成员即可。但是低成本并不意味着低回报,社群营销将营销与传播二者结合,可以为企业带来高回报
传播快	社群中成员众多,且成员之间存在共性,所以营销推广信息很容易在社群内外快速传播,从而使信息无限传播

续表

优　点	内　　容
转化率高	相比其他的营销方式,社群成员中潜在客户的转化率更高,这是因为社群营销中营销人员通过与成员之间的频繁互动,建立了强烈的信任基础,所以成员一旦有需求就会首先考虑社群
复购率高	因为成员与社群建立起了高信任度,所以只要群主提供优质的产品或服务,便能轻松俘获成员的心,让其二次复购、多次复购,甚至不断介绍新人入群

三　社群营销的运作

(一) 聚集粉丝是基础

粉丝群体是社群的重要主体,一个社群的建立需要有一定的粉丝基础,只有社群成功建立了,才能进行下一步的营销,为此我们需要从社群的连接点切入,从关联处吸引粉丝加入社群。

一般来说,社群与粉丝的连接主要有两点。一是情感性连接,社群能够吸引一群有着共同价值取向和兴趣爱好的人并与他们建立情感联系。二是利益性连接,如果社群能够为成员提供利益,产出价值,使成员获得收益,必然能够维持社群的运转。简言之,就是在与粉丝建立情感联系的基础上,为粉丝持续性地提供价值。

马斯洛的需求层次理论将人的需求层次从低到高分为生理需求、安全需求、社交需求、尊重需求和自我需求。当一个人较低的需求得到满足之后,才能产生较高级的需求,即产生需求层次。社群营销实际上是粉丝精神层面的营销,在物质丰富的今天,生理层面的基础需求已经不能满足粉丝了,粉丝开始逐渐追求心理层面和精神层面的满足。

如图 3-3 所示,聚集粉丝消费需求可以从 3 个层面入手,层次越高,粉丝的价值认同感就越强,那么粉丝黏合度就越高,社群的发展也就越稳定。

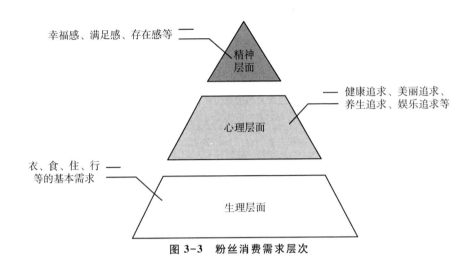

图 3-3　粉丝消费需求层次

（二）打造核心价值是重点

核心价值是社群凝聚力的表现，社群内部的成员只有认同了社群的价值观，才会认同社群推广的信息，想要顺利地进行社群营销，必须打造社群的核心价值观。在社群营销中，价值观主要有四种作用：促进人际交往、促进信息的沟通、有效引导成员以及反映成员情况（见表 3-2）。

表 3-2　社群营销中的核心价值观

作　用	内　容
促进人际交往	社群成员在价值观和思想认识上形成统一之后，能够有效地促进成员之间、成员与社群之间的人际交往，使情感联系更紧密
促进信息的沟通	社群成员在价值观和思想认识上形成统一之后，能够有效地促进信息的传播与沟通，因为统一的价值观能够大幅减少分歧，从而达成共识
有效引导成员	社群成员在价值观和思想认识上形成统一之后，能够对成员的行为起到导向作用，从而促进社群营销的成功
反映成员情况	价值观能够反映社群成员的认知和需求状况，价值观是人们对客观世界及行为结果的评价和看法，可以帮助营销人员了解成员的心理变化

在社群的运营过程中，要非常重视核心价值观的建立，重视社群成员的感受，如果只是一味地强调营销变现，那么极容易导致社群成员的反感，使得他们背离社群。

（三）创造社群文化是关键

社群文化可谓社群的灵魂所在，也是区别于其他社群的标志。社群文化不但可以凝聚社群成员，还可以对外进行文化输出，实现社群价值，吸引更多相同爱好的人加入社群。我们可以从以下 3 个方面入手建立社群文化。

1. 营造社群氛围建立群体共识

起初，社群是建立在成员之间的共同点上的。运营人员要营造社群内的气氛，形成群体共识，为成员打造一个群体印象。

2. 提供多层级的消费内容

随着社群的发展，它会慢慢地形成一个比较稳定和成熟的文化氛围，这种氛围固然有助于成员间的交流和联系，但也会在潜移默化中排斥新的成员。因此，要想吸引新成员，留住老成员，社群就必须有多层次的消费内容，以此来满足成员的不同需要。

3. 维持社群内的共性

社群会在日常运作中不断吸纳新成员，但是当成员人数不断增加时，也有可能产生有悖于社群本意的新内容，这就造成了社群的品质从优良变成了低劣，社群文化就会遭到破坏。因此，必须对社群中的价值观进行合理的调控，保持社群中的共同价值观。总之，要想让社群的文化得到更好的发展，就必须有运营者的用心营造和维护。

四　营销案例——小红书的社群营销

小红书是一个以生活为区块、以客户自主为链条的类似区块链的社交消费软件，以 UGC（User Generated Content）即用户原创内容的业务吸引相似爱好的消费者为宣传手段。在小红书上，用户在购买商品之外，更注重消费体验的分享，让口碑成为品牌升级的驱动力，也让"内容种草"成为流行。

同时，用户还可以主动地对新的顾客进行引导，来满足新顾客的需要。小红书一开始只是一种共享式的消费方式，但当使用者的需要越来越多时，就会产生一种以顾客需要为导向的消费方式。小红书是在迎合顾客的需要，而不是自发地引导去让顾客满意，它能解决 70% 左右女性的需要，如此也就有了很好的口碑。小红书融合了社会和商业两大功能，旧使用者使用小红书记录自己的日常，并在网上共享，当引起新使用者的需要共鸣时，就可以很快地吸引更多的新用户加入，新旧用户的互动，以及他们自己分享的笔记，使得小红书成了一个众包平台，它可以满足每个用户的潜在需求。小红书通过自营和第三方电商平台来获取利润，使其在很短的时间里就占据了一定的市场份额，并且填补了国外商品购物指南的空白，为用户提供了一个免费的保税区，从而达到了与用户共赢的效果。

小红书不仅满足了用户对信息与商品的需求，还保证了自己的市场利润和供应链平衡，在电商企业中具有社群营销的优势，在社交软件中具有购物平台的便捷性，符合追求高质量生活人群的需求。

第五节　短视频营销

一　短视频大势不可阻挡

在这个手机网络如此发达的年代，短视频可谓大行其道。只要你留意，在任何地方都能看到短视频。无论是打开快手、抖音等短视频软件，还是登录微博、新闻网站等互联网平台，又或者是在电商的宣传广告中，都可以发现大量的短视频，让人目眩神迷。智能手机如今几乎已经成为人人必备的通信设备。无论是在大街上，还是在公共汽车和地铁里，我们都能看到随时随地都在使用智能手机的人，这种趋势为短视频提供了广阔的土壤。

如此多的短视频并没有引起人们的反感，反而受到人们的喜爱，原因就是这些短视频大多内容比较有趣，而且人们还可以从中学到一些小知识，人们可以通过观看短视频来利用自己的碎片化时间，去中心化的推送模式也让人们忍不住一下一下地不断滑动手机观看视频。正是因为人们对短视频的喜爱，才使得短视频如此流行。

截至 2021 年 12 月，我国短视频用户规模达 9.34 亿人，占网民总数的比例达到 90.5%。随着短视频用户规模的爆发式增长，各行各业也纷纷利用短视频开展营销活动。① 至此，短视频不仅成了用户的娱乐消遣平台和购物"新宠"，也成为企业和品牌方的营销"新宠"。

二　短视频是营销的绝佳方式

短视频营销具有非常大的优势，它既能够吸引用户的注意力，又拥有丰富的表现形式，而且简单明了。因此，短视频营销可以颠覆自媒体的内容营销，变成自媒体的主要营销模式。

（一）短视频比图文更能吸引用户

以往的自媒体营销，一般都是用图片和文字来宣传的。然而，随着时代的发展，用户对于网络信息的需求也在不断提高，已由过去的"有图就不想看文字"逐步过渡到"只想看视频根本不想看图片和文字"。一旦陷入了短视频的浪潮中，再想回来看图像文本，是一件非常困难的事情。由于短视频更形象、更有代入感、更能引起用户的关注，因此，短视频已经成为营销的绝佳选择。

（二）短视频能做段子营销

图片、文本为静态，而短片为动态。所以，在短视频中，我们可以

---

① 《我国短视频用户规模达 9.34 亿！短视频为何越刷越瘾？》，广西新闻网，https：//baijiahao.baidu.com/s? id＝1727452652851974157&wfr＝spider&for＝pc，最后访问日期：2022 年 3 月 16 日。

使用"段子"来做市场推广,而这一点相比于单纯的"照片""文字"等静态营销方式更具优势。网络上总是会有很多幽默的流行段子,而自媒体则可以把这些笑话和段子与它们的产品联系在一起,制作成一个短视频来为产品营销。大多情况下,这种短视频能引起很多人的注意,从而获得巨大的流量,以此获得不错的宣传效果。

(三)短视频有利于展示产品

在进行产品展示时,若仅凭图画与文字,则会显得生硬,表达力不足。我们不能期望每个用户都有很好的理解能力,因此,要确保让市场上的内容更加容易被人理解。短视频营销恰好可以满足自媒体营销的需求,为用户提供最简单、最直白的营销内容。就拿化妆品来说,想要以图片和文本的形式营销,就必须准备大段的文字和海量的宣传图片,而用短视频来做广告,那就很简单了。只要营销者亲自化妆展示,便可让客户清清楚楚、一目了然地了解到商品,即可很好地达到宣传效果。

在所有事物都处于快速运作下的当代,那些不需要花费太多时间的碎片化信息才是最受大众欢迎的,而短视频恰好满足了这种需要。因此,不光是年轻人喜欢,就连中老年人也喜爱。很难有什么东西可以让不同年龄段的人都得到满足,但短视频做到了。所以,网络媒体通过短视频进行市场推广,可以吸引到不同年龄层的用户,吸引更多人的眼球,这样既能增加自己的忠实用户,又能获得很好的营销效果。

三 用短视频营销打响品牌

(一)用短视频传递品牌文化

短视频可以用更加简短化、形象化和故事化的方式,将品牌理念传达得更加清晰,让更多的人欣赏到广告的鲜活。对新的广告进行重新解读,对已有的品牌形象进行重新定位,为顾客带来新的视觉冲击。在短视频中,它们将商品所要传达的信息,用段子和喜剧的方式进行了包装,有的还将原本的商品形象推翻了，但是，这样获得的受众人群更多，宣传方式也更贴近生活，更受欢迎。

优衣库在 2016 年的冬天针对其羽绒服的上市，推出了 6 支魔性视频，每支视频 15 秒，视频中的主角分别用闽南话、广东话、东北话、山东话、上海话、四川话唱 rap，以唱歌形式来表现他们对于优衣库羽绒服轻盈蓬松的切身感受。时尚有范与接地气的方言形成的趣味落差，吸引了不少粉丝来表达他们对自己家乡的热爱。

曾经，对于大多数品牌而言，在推出新品后拍摄一段 TVC（商业电视广告）在电视上播放是家常便饭，但是在当今社会，传统的 TVC 枯燥无味，很难引起消费者的共鸣。像优衣库这样接地气、融入粉丝生活的系列短视频很容易引起观众的兴趣，而情感营销则是社交分发时代最显著的特征，将品牌的情感注入短视频营销中，视频内容可以更加直接地给品牌提供长久的情感养分，更容易引起消费者的共鸣。

（二）用短视频创造话题，引爆社交

移动互联网时代形成了一个又一个的社交圈子，如果能用短视频创造出话题，引爆社交群体，就能极大地提升品牌的知名度。如果这支短视频所制造的话题能够火出"圈外"，品牌的知名度就会有更大的提升。

在短视频社交营销的大趋势下，更多品牌正在尝试最大限度地发挥短视频在社交中的优势。这些社交平台可以直接将流量转换到品牌活动页，甚至是电商平台，起到直接的作用。寻找一个"社交话题"，能够吸引更多的人，收集一个真正的观众感兴趣的问题，再利用短片的表现力来回答，这样就能为自己的产品带来更大的宣传效果，从而达到短视频营销的目的。

（三）用网红的短视频提升品牌知名度

KOL，是 Key Opinion Leader 的缩写，即关键意见领袖。通常被定义为：拥有更多、更准确的产品信息，且为相关群体所接受或信任，并对该群体的购买行为有较大影响力的人。在网络社交中，他们被称为"网红"。

短视频营销可以由网红来创作原生内容，从不同的角度切入产品的关键宣传点，通过不同场景的融入，精准触达和影响圈层用户，实现曝光度和转化率的增长。在追求效果的时代，品牌需要实在的转化效果。

短视频的营销方式可以更直观地展示商品，和用户之间有更多的互动，是当今互联网发展的大趋势。但是视频的构思和拍摄需要注意到创意、台词、后期、发布、分析、渠道、优化等方面，这样才可以创作出一个高曝光量的视频。这需要一个团队长时间的设计和操作，分析用户心理，进行用户画像分析。当然这不是一蹴而就的，需要从一个个视频中探索经验，逐步优化。随着抖音、快手以及后起之秀微信视频号的完善，创作者展示的机会也越来越多。

（四）用短视频的场景打动消费者

"伟大的品牌瞄准的是消费者的心，而不是他们的钱包。"许多顾客认为，当他们在选购商品或服务时，会倾向于选择那些符合他们自身价值观的企业。换言之，一个品牌若能传达出与其受众共鸣的价值观，就更有可能与消费者建立强烈的感情联系。

节假日向来是品牌与消费者建立情感连接的重要桥梁，以中国新年来说，为加强与顾客的联系，各种形式的宣传活动都会在中国新年期间进行，"团圆"和"家人"这样的题材仍然占据着主导地位。但是，由于内容的同质化程度越来越高，很多人会对这种传统的、死板的宣传方式产生一些反感，比如"过年好""恭喜发财"这样欢天喜地的贺岁广告，现在往往很难打动消费者。

顺丰用短视频的形式跟大家讲述了几个温暖的故事——短片以反差性极强的立意入手，传递了"异地过年，哪怕没有相聚但是心能聚集也是温暖的"理念，瞬间唤起了无数人心底绵绵的温情。

第一个故事的背景是在一个小饭馆内，深夜里妻子询问丈夫过年期间要不要不回老家继续开店，趁着客人多的好时机赚点钱，丈夫轻叹一口气表示年货都备好了，面对妻子的埋怨，他轻轻地说"钱能再赚嘛，没个年味过个啥子年喽"。

第二个故事是从男主在出租屋内拆快递开始的，当女生下班后看到屋里满地的高档商品时，她气不打一处来，不停地抱怨买太多。男生却跟她好好解释说，"就算今年混得再没样，送爸妈总要有点儿样子吧"。

而最后一个故事则发生在迟迟没有熄火的车里，男主在车上和兄弟们微信聊天时，有人就感叹去年没有聚成。男主则表示"酒我备，明晚上，大家视频喝起"。只要心在一起，在哪里都是相聚。

作为服务了数亿用户的顺丰，其在用户情绪的感知上，非常注重细节。虽然许多品牌会强调"以用户为中心""为用户提供更多价值"之类的概念，但愿意去挖掘用户真实诉求，去了解用户内心情感的品牌并不多。顺丰挑选了三组品牌核心用户作为故事的主角，建立了符合现实的故事场景。更重要的一点是，顺丰不仅仅是在打温情牌，而且通过这种温暖的剧情，将自己的服务和态度融合在一起，不仅能让人感受到顺丰的存在，同时也让消费者明白，顺丰是真的在为自己的客户着想，这也让顺丰在消费者心里留下了一个良好的印象。

在短视频中，品牌以更加温暖、更加人性化的方式将品牌理念传递给消费者。在这种情况下，许多想要用快递运输年货、酒水和礼品的顾客会第一时间想到顺丰，实现了品效合一。顺丰用感人的情境将品牌的理念传递给消费者，当消费者感受到这种理念时，他们对内容的好感就更容易转移到品牌上，从而让品牌价值观成功落地。

第六节　直播营销

一　深入了解直播营销

（一）什么是直播营销

直播营销是一种以直播平台为载体，实时制作和播出视频的营销方式，旨在树立品牌形象或增加产品销量。直播营销作为新型的网络营销方式，已经渐渐走进了人们的日常生活，而这种方式不仅得益于互联网的发展，也与粉丝经济的支持密不可分。直播营销是一种营销形式上的重大创新，也是最能反映网络视频特点的板块。这种方式具有有效互动、可精确捕获顾客的好奇心、能增强顾客沉浸体验感等特征，主播利用镜头将商品的相关信息呈现给消费者，让消费者亲自体验感受商品的使用效果，消费者可以基于自己的兴趣与主播展开互动，这样就将消费者、商家和商品三者的关系拉近了，既能增加商品的流量，又能提高企业和品牌的知名度，还能优化消费者的购买体验。

传统营销仅仅是在线下进行的竞争，并不足以让企业在各自的领域中占据一个有利的位置。因此，在这种情况下，企业之间的竞争开始升级到了线上，这不仅局限于商品的质量是否优越、价格是否合理、价值是否有效，还包括商品的营销方法。只有在最短时间内得到相关的资讯，并且进行有效的传播，才能让商家在竞争中拥有更大的优势，占据更大的市场。因为可以产生直接的收益，所以在这段时间里，直播营销成为一种非常火爆的形式，成为目前最流行、最具影响力的互联网营销手段，可以迅速地将流量变现。将产品销量最大化，是许多企业的必然选择。目前，淘宝、京东等大型电商平台均推出直播入口，此外一些直播平台如抖音、快手等也开始进行直播营销。

（二）注意力经济，直播营销的本质

1. 什么是注意力经济

注意力经济指的是企业最大限度地吸引用户或消费者的注意力，通过培养潜在的消费群体，以期获得最大未来商业利益的一种特殊的经济模式。在这种经济状态中，最重要的资源既不是传统意义上的货币资本，也不是信息本身，而是大众的注意力，只有大众对某种产品的注意力提升了，才有可能成为该产品的消费者。直播和传统媒体一样，吸引的是大众的注意力，随后将其转卖给广告商，直播营销是根据目标人群的兴趣，策划出能够吸引注意力的主题和内容，从而制作出热点，这也是直播媒体时代的商业逻辑。

互联网时代，哪里有注意力哪里就有流量，从本质上来说，直播营销就是"流量变现"。想要触发注意力经济，就需要把握人们的注意力心理。我们先来看一则成功的直播营销案例。

李佳琦的直播间，最初主要是吸引女性用户，因为大多数女性对化妆品感兴趣，所以李佳琦才会在 2016 年度的"美容达人"活动中，成功吸引了不少女性的目光。李佳琦会用反差来吸引顾客，能够把握顾客的购买心理；同时能够通过沉浸营销也就是在线代客体验搭建起与顾客沟通的桥梁，激发顾客的购买欲望。李佳琦能够准确地把握住女性顾客的购买心理，并将女性用户列为主要的目标顾客群，这将为其之后的直播营销打下良好的基础。

沉浸式营销即在线代客体验是李佳琦直播间的一大特色，这也是他直播间产品畅销的一个重要因素。其他的美妆主播展示产品，如口红，都是涂抹在自己的胳膊上，李佳琦却是涂抹在自己的嘴巴上，在线为客户进行颜色测试，为客户进行专业的解释，更能让客户直接了解产品的使用效果，极大地解决了客户对产品上妆后颜色差异的担心。通过这种方式，可以搭建起与顾客的沟通桥梁，使主播与顾客的关系更加亲密，从而激发顾客的购买欲望。

从案例中我们可以发现人们更容易对哪些事物产生注意。

（1）与自己相关的事物

许多时候，人的注意力都是主动的，即有意识地去注意。通过目标导向，将注意力集中于某一对象，这样能够强化人们对需要事物的注意力，排除一些干扰因素，与个人需求相关的，都会被优先注意。就像女性对化妆品的需要，让她们很乐意主动去收看化妆品带货直播，乐此不疲。

（2）能刺激情绪情感的事物

我们为了实现某一目标，会自发地在一定时间内集中自己的注意力，如确定了一个学习目标后，我们会将自己的注意力集中在书本或课件上，但是这样的注意力集中很难长久，我们会很容易被其他明亮的、发声的、新鲜的或是念念不忘的事物所吸引，它们的特点就是能刺激我们的情绪。观众在直播间的注意力被吸引，当然也有可能被其他事物转移注意力，想要留住观众的注意力，就要设法抓住人们分散的注意力，用触动人心的内容和方式切实捕捉观众的注意力。

2. 学会利用注意力经济

我们可以基于注意力经济，根据以下 3 个原则来打造有吸引力和影响力的营销内容。

（1）打破常规，拔新领异，赢取观众注意力

随着直播文化的发展和资本的进入，直播营销的内容同质化越发严重。面对千篇一律的直播内容，观众难以提起兴趣甚至会感到厌倦，这时就会被更多新颖的内容所吸引。在直播中，我们可以从出场人物、内容介绍、语言表达、互动交流方式等方面做文章，做出创意来赢取注意力。

（2）鞭辟入里，触人感情，捕获观众注意力

娱乐、情感、时尚的话题向来是新媒体的热门内容，与之有关的直播题材不胜枚举，但鲜有能打动人心的深刻内容。信息化社会的丰富素材让人们在短平快的视觉体验中陷入疲劳，越来越多的人追求更有深度和层次的内容，因此，在直播时我们对于热点主题要深度挖掘、细心打造，唤起观众的情绪让他们愿意长时间停留。

（3）引导分享，四海传播，实现注意力最大化

主播在取得观众的注意力后，需要引导观众对直播内容进行分享，从而促成二次或更多次的传播。为了让观众乐于主动对直播内容进行分享，我们需要给观众提供谈资，人们会收集有趣好玩或有槽点的话题当作社交的内容，如果直播内容能提供一些话题和谈资，那么观众便会愿意分享给亲人朋友。除此之外，还可以通过分享利益来刺激用户参与传播，比如领红包、分享抽奖等激励方式。

二　从跨境直播带货看直播营销

相对于国内的消费者来说，国外的消费者更倾向于个性化、多元化的消费，而且国外直播的形式也跟国内的大有不同。国内电商直播的成熟发展给跨境电商直播带货提供了可借鉴经验，让各跨境电商平台在直播领域有迹可循。加之国际市场对电商直播功能的旺盛需求，直播俨然已经成为跨境电商的一个新风口。

我们来简单看一些在 Tik Tok（抖音短视频国际版）上进行跨境电商直播带货的例子。

（一）DIY 饰品主播

虽然直播间的粉丝不多，发布的作品也大多是合拍，但由于绑定了小店，直接就可以开播。直播间场景也比较单调，但主播面前摆放的产品被凸显出来，主播用一口流利的英文与外国网友互动，营造出了不错的直播氛围。

（二）玩具类主播

粉丝过五万人，其中过百万次播放量的视频还不少，有一条将近千万次播放量。主推的是有搞怪音乐的仙人掌，当然，他们卖的产品种类很多。直播场景里的转盘容易吸引大家的注意，琳琅满目的产品也是一大亮点。

（三）节日精品类主播

圣诞节商品在国外非常受欢迎，专门做海外圣诞节精品礼品的跨境贸易有很大的盈利空间，优点是目标明确，弊端是产品不会持续卖太久。主播在直播中不停地回答观众的提问，有很强的互动性。

从这些 Tik Tok 的直播间中我们可以看到跨境直播带货的营销手法，譬如低价吸引——大多数卖家都会设置一个低价产品来吸引网友点进直播间，增加人气以拉动小店其他产品的销量。这款低价产品到底有多低呢？一般是 0.99 英镑，折合人民币不到 9 元。而直播间卖的产品大多是时尚、3C、美妆等品类，总结起来就是体积小、易运输，也是比较火爆有热度的，在直播间易展示的产品。这些中国主播用流利的英文吸引外国观众，海外华人看到中国人的面孔倍感亲切。

要把电商直播做好，除了直播本身外，还要把整个交易体系搭建好，特别是订单体系和支付体系。企业可以根据全渠道转型的实际，搭建起相关的交易体系。或者是和线上的电商体系相结合，或是和目前的线下渠道体系转型相结合。

当然直播营销并不只是简单的直播带货卖货，销售产品确实是营销的结果之一，但直播营销还需要在直播过程中起到品牌推广的作用，扩散产品影响力，帮助企业树立形象。互联网时代，消费者和企业的互动与沟通不是在消费者明确了需求后才开始的，也不会在消费活动结束后就立刻停止，直播营销不能仅仅将目标定位在"促成交易"上，还要有更高层次的战略意义。

三　借东风——做直播营销的诸葛孔明

（一）借跨界智慧，突破思维

1. 什么是跨界思维

直播营销主题想要足够吸引眼球，就要有创新的思维和做法。"互联网+"发展至今，无数品牌实现了跨界合作。所谓跨界，就是指突破原有行业的习惯和规矩，融合其他行业的技术和理念，实现创新性的突破。

2021 年 1 月 22 日，苏宁直播间开启了一场快消行业跨界联合直播，首创以伊利为代表的乳制品品牌和以宝洁为代表的日化品牌融合的新模式。直播期间，伊利集团副总裁郭云龙、宝洁大中华区全域零售事业群副总裁任远、苏宁快消集团副总裁卞农 3 位高管，和《乘风破浪的姐姐》中的张萌共同直播近 4 个小时，实现了在线观看总人数破 245 万人、当天品牌的累计销售额 1000 万元、直播间销售额破 200 万元的"战绩"。①

通过伊利和宝洁的跨界联合直播，快消品打造了电商销售新趋势——"场景互动+达人带货+明星和企业高管倾力推荐的营销组合"。在模式创新上，"跨界联合直播"通过电商+品牌+直播"三驾马车"掀起零售新风向。消费者既可以在直播间买年货，还能抢免单。快消跨界拓展快速，多业态的融合让单一消费向多元消费转变，助力快消行业消费从低频到高频的快速转变，开启了快消行业的新零售转型升级之路。

2. 如何实现跨界

为了实现跨界，在掌握了跨界意识之后，一方面我们可以将相近的领域和环节结合起来，比如在传统思维中，"产品、研发、营销"的3 个环节是循序渐进、按部就班的，产品就负责设计，技术只负责研发，营销只在意产品的推广工作。3 个部门的员工如果只局限于当前的职责，不仅很难做出突破，还会浪费很多潜在的资源。此时，就可以用跨界思维，把这些环节两两结合起来。比如，"用技术思维做营销"，即用技术手段实现产品销售增长，实现营销目标，"用营销思维做产品、用产品思维做营销"，就是"产品+营销"自传播，让产品和营销活动自带传播力。微信红包，就是典型的产品与营销合二为一的成功案例。

另一方面就是充分利用普适的原理技术，诸如将"心理学、大数据、人工智能"等运用到当前领域，实现跨界。目前人工智能是最火热的话题，其背后的逻辑是深度学习技术，在许多地方都能用到这些普适的技术，谷歌将深度学习运用到搜索引擎、自动驾驶上，阿里巴巴用人工智能技术代替设计师做商业广告图片。在治安领域，警察运用大数据和图像识别技术抓拍违章、查找嫌疑人。就连深度学习本身

---

① 《跟着张萌乘风破浪还送王一博见面会门票？苏宁超市买手直播就今晚》，CN314 智能生活，https://baijiahao.baidu.com/s?id=1689571892444269728&wfr=spider&for=pc，最后访问日期：2021 年 1 月 28 日。

也是统计学、机器学习、人工神经网络等多领域跨界的成果，如图 3-4 所示。

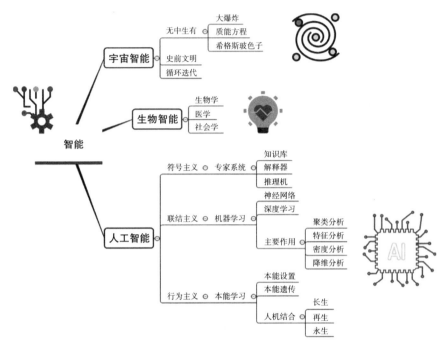

图 3-4　人工智能学习

（二）借优者之势，占据市场

1. 电子商务的借势营销

借势营销是一种常见的营销手段，是指将销售的目的隐藏于营销活动之中，将产品的推广融入一个消费者喜闻乐见的环境中，使消费者在这个环境中了解产品并接受产品的营销手段。企业可以借助媒体吸引消费者，可以借助消费者自身在范围内传播，以潜移默化的方式达成提高企业形象和品牌知名度的目的，最终促成产品的销售。

在网上销售中，可以把传统的商业运营转移到网上，网上销售的运营模式是"取之于传统，其先于传统"，对于"借之于平台"的营销，可以分成三个方面：一是网络营销"借"传统营销，网络营销本质就是借助传统的营销方式和营销方法在网络上铺天盖地地运作的，取其优势而发扬之；二是企业营销"借"平台营销，传统的企业营销大都借媒体宣传，走广而告之的路线，电子商务时代做好企业网络营销在打好自己基础的前提下，借平台之势，走专业化平台宣传的路线，达到有针对性地锁定客户群的目的；三是平台营销"借"口碑营销，电子商务大众化全民化的发展必然激起电子商务平台的运作，然而诚信度的建立单靠网络营销一些基本的方法也只是小有成效，最主要的还是要靠传统的口碑营销来打造平台的凝聚力。

2. 借助成熟的渠道

在进行直播营销的时候，通畅的推广渠道非常重要，然而并不是所有的企业都有能力建立自己的渠道来进行直播的推广，这时就需要利用已有的成熟渠道，目前在渠道推广方面做得好的当属软件行业，许多免费的阅读、漫画、视频软件在提供免费资源的同时，会以"看广告获取资源"的方式来赢利。字节跳动旗下的番茄小说在读者免费阅读小说章节之间，会设置抖音直播间的推广，读者需停留几秒观看直播后才能继续阅读小说，在抖音进行直播营销时，可以利用番茄小说来进行直播间的推广，当然也可以在其他软件发广告来进行直播间的宣传。

3. 借助 KOL 的影响力

借助 KOL 在粉丝群体中的影响力，从而在直播中实现品牌的有效转化。目前，多种行业诸如汽车、美妆、数码、食品等领域的品牌都会出现在不同 KOL 的作品中。在借助 KOL 进行直播营销时，要注意选取合适的目标，除了考虑 KOL 的商业价值，还要关注他们的气质和演出是否与品牌理念相适配，只有选得合适才能带来好的传播效果和带货力。还有就是在直播内容上要注意将产品和 KOL 的特点与整体的表现风格融合起来，这样可以消除观众对广告突兀的排斥和反感，潜移默化地收获观众对品牌的好感。

（三）借主播魅力，带动品牌

1. 主播是直播营销的方向盘

主播是直播营销不可或缺的重要组成，直播营销需要主动向主播借力，为产品和品牌增加魅力。电商直播在选择主播时需要从形象、语言、人设、性格等多方面进行考量。直播营销要创造一种情景化的消费场景，刺激消费欲望。网红主播由于自身某些特征受到消费者的喜爱，满足了消费者的情感需求，消费者更容易被刺激消费欲望。当然直播营销并不是单纯的网络销售，即"卖货"，在进行产品销售和推广的同时，也要进行企业品牌的打造和企业文化的输出，这就需要对主播进行一定程度的培训，让主播对产品、品牌魅力、企业文化等有深度的了解，从而在直播中无论观众是否购买商品，都能够对品牌和企业留下好感。

2. 虚拟主播是新的网红突破口

除了真人主播之外，当前大火的虚拟主播也是直播营销的一个方向。虚拟主播是指使用虚拟形象在视频网站上进行直播活动的主播，其显著的优势就在于通过动作捕捉设备以虚拟形象示人，可以减弱直播对真人外貌和形象的要求，虚拟形象让许多不善于在镜头前以真实形象表达自我的主播能够进行直播，同时也让直播更加具有趣味性。

近年来，虚拟主播的热度非常高，Bilibili（B站）是国内虚拟主播聚集度最高的平台，2022年B站该品类的各项数据仍在高速增长。截至2022年底，共有23万名虚拟主播在B站开播，同比增长190%，直播弹幕互动量达14.2亿次，全年稿件播放量达292亿次，同比增长112%。

艾媒咨询数据显示，2022年中国虚拟主播市场规模约6亿元，同比增长131.8%，行业进入快速增长阶段。随着元宇宙概念的兴起，虚拟主播行业收获了大量资本关注，行业在软硬件以及内容产出方面都呈现出爆发式增长态势。同时，依托已经相对完备的直播市场，虚拟主播生态快速走向成熟。考虑到行业渗透还未见顶，以及可能出现的VR/

AR 硬件端普及，预计中国虚拟主播市场在未来两年内仍将保持较高增速，如图 3-5 所示。

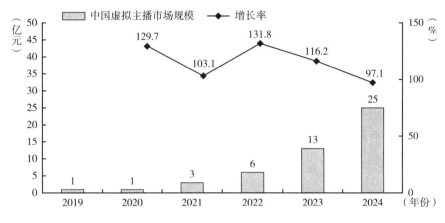

图 3-5　2019~2024 年中国虚拟主播整体市场规模

资料来源：《2022 年中国虚拟主播行业市场规模、企业数量及分布情况分析「图」》，华经产业研究院，https://www.163.com/dy/article/IO0KRV6F0552SV13.html，最后访问日期：2024 年 3 月 30 日。

数据显示，关注虚拟主播的群体大多居于二线及以上城市，收入水平整体较高，并且对虚拟主播的黏性很大，以虚拟主播进行直播营销能够收获大量的目标群体，帮助企业进一步实现品牌的推广。企业可以推出自己的虚拟主播，如中国联通推出了虚拟主播"皮小 U"，以此将企业文化融入虚拟主播，潜移默化地进行营销和宣传，也可以与已有的知名虚拟主播进行联动，通过各种游戏互动将品牌新产品作为奖励发放给观众，自然地进行新品推广，给进入直播间的人留下了较好的品牌印象，同时也吸引了主播粉丝下的潜在客户。

第七节　网络营销的发展趋势

随着技术和社会的不断变化，网络营销模式也在不断演进和创新。

目前，微博营销、微信营销、社群营销、短视频营销和直播营销等已成为主流的网络营销方式。然而，随着消费者行为和市场需求的变化，未来网络营销可能出现新型营销模式。

一　虚拟/增强现实营销

虚拟/增强现实（VR/AR）营销作为一种创新的网络营销方式，有着巨大的潜力和前景。随着 VR/AR 技术的不断进步和普及，未来虚拟/增强现实营销有望在多个方面取得突破，并为品牌带来更多的机遇和优势。

（一）拓展沉浸式体验

未来虚拟/增强现实营销将更加注重创造真实的沉浸式体验。通过 VR 技术，消费者可以在虚拟空间中体验商品或服务，如试穿服装、参观旅游景点、体验汽车驾驶等。AR 技术可以将虚拟内容与现实世界融合，实现更加直观的购物体验，如 AR 试妆、AR 家居装饰等。拓展沉浸式体验可以增强消费者的参与感和认知度，提高品牌形象和产品认知度。

（二）个性化定制服务

未来虚拟/增强现实营销将更加注重个性化定制服务。通过 VR/AR 技术，品牌可以根据消费者的偏好和需求，为其提供定制化的推荐和购物体验。比如，根据用户的浏览记录和购买行为，推送个性化的商品和广告；或者根据用户的身体数据，定制符合其身材的服装和鞋履。个性化定制服务可以提高用户的满意度和忠诚度，提高用户的购买转化率。

（三）社交互动和分享

未来虚拟/增强现实营销将更加注重社交互动和分享。虚拟空间和增强现实场景可以成为用户与朋友互动、分享购物心得的场所。通过社交媒体平台，用户可以分享虚拟购物的体验和 AR 互动的乐趣，增加品牌的曝光度和口碑传播。社交互动和分享可以带来更多用户参与和品牌传播效果，提高品牌的影响力。

虚拟/增强现实营销虽然具有许多优势和创新潜力，但目前仍然存在以下不足之处。

1. 技术限制

虚拟/增强现实技术目前尚处于发展初期，其硬件设备和软件开发仍面临一些限制。例如，虚拟现实设备通常需要高性能的计算机或专门的设备，而增强现实则需要支持 AR 功能的智能手机或 AR 眼镜。这些设备的价格较高，限制了广大用户的应用和普及。

2. 用户接受度

虽然虚拟/增强现实技术提供了更加沉浸和交互的体验，但目前很多用户对于这些新型技术仍存在陌生感和疑虑。用户可能担心使用虚拟/增强现实设备对身体造成不适，或者担心数据隐私和安全问题。缺乏用户对虚拟/增强现实的信任和接受度，限制了其在营销中的广泛应用。

3. 营销成本高

由于虚拟/增强现实技术的创新性和复杂性，其营销成本相对较高。包括设备投入、内容制作、软件开发等方面的成本都需要考虑。对于中小型企业来说，可能承担较大的经济压力。

二 AI 营销

（一）AI 营销未来发展的展望

随着人工智能（AI）技术的不断进步和应用，AI 营销作为一种创新的网络营销方式，具有巨大的发展潜力。AI 在营销中的应用不仅可以提高营销效率和精准度，还可以实现个性化服务和推荐，从而提升用户体验和品牌忠诚度。以下是对 AI 营销未来发展的展望。

1. 个性化精准营销

未来 AI 营销将更加注重个性化精准营销。通过 AI 技术的大数据分析和机器学习，品牌可以深入了解用户的兴趣、偏好和行为，从而精准定位目标受众，提供更加个性化的广告和推荐内容。个性化营销可以增强用户的参与感和满意度，提高用户对广告的点击率和转化率。

2. 智能客服与互动

未来 AI 营销将更加强调智能客服和互动。通过 AI 技术的自然语言处理和情感分析，智能客服可以与用户进行更加智能化和个性化的对话，解答用户的疑问。AI 还可以利用机器学习不断优化客服的回答和服务，提高客服效率和质量。智能客服可以增强用户与品牌的互动体验，促进用户对品牌的忠诚度。

3. 预测性分析与决策支持

未来 AI 营销将更加强调预测性分析和决策支持。AI 可以利用大数据和机器学习算法分析市场趋势和用户行为，预测潜在客户和购买意向，帮助品牌制定更加智能和有效的营销策略。AI 的预测性分析功能可以帮助品牌在竞争激烈的市场中抢占先机，提高市场占有率和竞争力。

4. AI 与创意营销的融合

未来 AI 营销将更加强调 AI 与创意营销的融合。AI 可以辅助品牌进行创意创作和内容制作，通过数据分析和智能算法找到最具创意和吸引力的内容，提高广告和营销活动的效果。AI 与创意营销的融合可以帮助品牌在激烈的竞争中脱颖而出，打造独特的品牌形象和故事。

（二）AI 营销的不足之处

当然，AI 营销目前仍存在以下不足之处。

1. 数据隐私和安全

AI 营销需要大量的用户数据作为基础，然而这些数据往往涉及用户的个人信息和隐私。当前 AI 营销在数据隐私和安全方面仍面临挑战，需要品牌建立严格的数据保护和使用规范，保障用户数据的安全性。

2. 算法偏见和公平性

AI 营销的算法可能存在偏见，导致某些用户或群体受益更多，而其他用户被忽视。这可能影响品牌形象和用户体验。品牌需要审查和优化算法，确保其公平性和客观性。

3. 技术依赖性

目前 AI 营销还处于技术发展的初期阶段，品牌在应用 AI 时需要依赖相关的技术和设备。技术的不稳定性和不断变化可能会影响品牌的营销计划和预期效果。

4. 用户接受度

虽然 AI 营销可以提供更加个性化和智能化的服务，但一些用户可能对 AI 技术仍存在陌生感和抵触情绪。品牌需要在推广 AI 营销时加强宣传和教育，提高用户对 AI 技术的认知和接受度。

三　跨平台整合营销

（一）未来跨平台整合营销面临的挑战和机遇

跨平台整合营销作为一种多渠道营销策略，旨在通过整合不同平台和媒体资源，实现信息的一致性传递和品牌形象的统一展示。随着数字化和社交媒体的快速发展，跨平台整合营销在当前已经取得了显著的成效。然而，未来跨平台整合营销仍面临着众多挑战和发展机遇。

1. 多样化的平台整合

未来跨平台整合营销将更加多样化和全面化。随着新兴社交媒体平台的出现和用户行为的多样化，品牌需要更灵活地整合不同的平台资源，以满足不同受众的需求。同时，品牌可能需要跨越不同类型的媒体，包括文字、图片、视频等，实现内容的全方位传递。

2. 数据驱动的个性化营销

未来跨平台整合营销将更加注重数据驱动和个性化营销。品牌可以通过数据分析和人工智能技术了解用户的兴趣和行为，从而提供更具针对性的广告和内容。个性化营销可以增强用户参与感和满意度，提高广告的点击率和转化率。

3. 跨界合作与整合创新

未来跨平台整合营销可能更多地倾向于跨界合作和整合创新。品牌可以与其他行业的企业合作，共同打造跨界联合营销活动，吸引更多用户的关注和参与。同时，品牌也可以创新整合不同类型的内容和资源，打破传统广告形式的束缚，提供更具创意和吸引力的营销活动。

4. 移动端营销的强化

随着移动互联网的普及和移动设备的智能化，未来跨平台整合营销可能更多地强化移动端营销。品牌可以通过移动应用、短信营销、移动支付等方式与用户进行更紧密的互动。移动端营销可以让品牌与用户实现随时随地的连接，提高用户的参与度和忠诚度。

（二）跨平台整合营销的不足之处

1. 效果评估与数据分析

跨平台整合营销的效果评估和数据分析相对复杂。不同平台和媒体的数据不一致，品牌需要建立统一的数据分析体系，进行综合评估和分析。当前在跨平台整合营销的数据监测和分析方面仍有待提升。

2. 用户体验和流失风险

在跨平台整合营销中，用户可能因受到过多广告打扰而产生不良体验，从而导致流失。品牌需要避免过度推广和冗余广告，关注用户体验，保持用户黏性。

3. 成本管理与投入回报

跨平台整合营销涉及多渠道的投入和成本管理。品牌需要合理规划投入，并确保获得相应的回报。当前存在的一个问题是，在多渠道投入中实现效益最大化仍需品牌精细管理。

4. 用户接受度和隐私问题

一些用户可能对跨平台整合营销存在抵触情绪，认为品牌过度干扰了他们的生活。品牌需要在推广过程中尊重用户意愿，避免对用户生活的过度干扰和侵入。

本章小结

本章内容介绍了常见的五种网络营销模式——微博营销、微信营销、社群营销、短视频营销和直播营销。当下新媒体依旧处于高速发展时期，未来可能还会有更多的平台帮助我们进行网络营销，通过学习本章的五种网络营销模式的理论和相关案例，可以从不同的网络营销模式中发现网络营销的内涵，无论是哪种方式的网络营销，都强调了顾客的价值：为顾客创造价值是网络营销的出发点和目标，网络营销是一个以顾客为核心的价值关系网络。不断满足顾客的需求，是网络营销的根本目的。电子商务离不开网络营销，网络营销也推进了电子商务，从某种意义上来说，是网络营销拉近了中国企业与互联网世界之间的距离，拓宽了人们的电子商务视野，加深了人们对电子商务的了解。可以肯定，网络营销的普及和深化是推进我国电子商务进程的重要力量。对于企业来说，进行网络营销最重要的是根据企业自身的性质和营销目标选择合适的营销模式，营销模式的确立对于企业经营的成功至关重要。对于个人电商主体来说，灵活运用不同的网络营销模式能帮助他们更快地打响品牌、扩展销售渠道。

第四章 跨境电商新业态

第一节 跨境电商概述

跨境电商是指利用互联网技术和平台，通过网络实现商品的跨境销售和物流配送的商业活动。跨境电商的本质是基于互联网技术和全球化市场需求，将商品从一个国家或地区销售到另一个国家或地区，完成交易和物流配送的过程。

跨境电商不同于传统的进出口贸易，其核心在于互联网平台的作用，通过网络销售商品并实现物流配送，无论是商家还是消费者，都能够直接参与交易，实现跨境交易的便捷和高效。跨境电商流程如图 4-1 所示。

一 跨境电商的特点

（一）多元化

随着国际贸易和物流技术的不断发展，跨境电商业务模式逐渐多元化。除了传统的跨境 B2C 和 B2B 模式外，还出现了新的业务形态，如跨境 O2O 等。

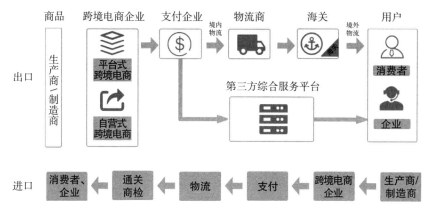

图 4-1　跨境电商流程

（二）全球化

跨境电商的全球化趋势越来越明显。随着物流、支付和技术等领域的不断发展，越来越多的企业和消费者参与到跨境电商中来。同时，跨境电商平台也逐渐在全球范围内展开业务，实现了商品、服务、资金和信息的全球化流通。全球化的跨境电商市场有望带动全球贸易和经济发展，促进各国间的合作和交流。

（三）智能化

跨境电商的智能化趋势体现在多个方面。首先，人工智能、大数据、云计算和物联网等技术的应用，可以帮助跨境电商平台实现更加智能化的管理和服务。其次，跨境电商的物流、支付和客户服务等环节，也可以通过智能化技术提高效率和服务质量。最后，智能化的跨境电商平台可以通过个性化推荐、定制化服务等方式，更好地满足消费者的需求。

（四）定制化

随着消费者需求的不断升级，跨境电商平台也在不断调整业务策略，提供更加个性化、定制化的服务。例如，一些跨境电商平台会根

123

据消费者的地域、文化、语言和消费习惯等因素，为其推荐符合其需求的商品和服务。此外，跨境电商平台也会根据不同消费者的需求，提供不同的支付、物流和售后服务等方案，提高消费者的满意度和忠诚度。

（五）创新化

跨境电商的创新化趋势体现在多个方面。首先，一些跨境电商平台正在探索新的商业模式，如社交电商、直播电商和线上展会等形式。这些新的商业模式，可以更好地满足消费者的需求，同时也为跨境电商的发展注入了新的活力。其次，跨境电商平台也在不断创新支付、物流、客户服务等方面的业务模式，以提高效率和服务质量。

二　跨境电商的优势

跨境电商具有多种优势，促进了国际贸易和经济发展。

（一）无界限

跨境电商消除了传统贸易的时空限制，实现了全球化流通。消费者可以足不出户地购买全球各地的商品，企业也可以通过跨境电商平台拓展海外市场。这种无界限的特点，为企业和消费者提供了更多的选择和机会，同时也促进了国际贸易的发展。

（二）成本低

跨境电商平台可以通过优化物流、支付和客户服务等环节，降低交易成本，提高效率和服务质量。同时，跨境电商平台的运营成本相对传统贸易也更低。这种成本优势，可以为消费者提供价格更加优惠的服务，同时也可以帮助企业实现更高的利润率。

（三）便捷快速

跨境电商平台可以通过智能化的技术和全球化的物流网络，提供更加便捷快速的服务。消费者足不出户便可购买全球各地的商品，并在短时间内收到货物。企业也可以通过跨境电商平台快速进入海外市场，并与消费者建立更加紧密的联系。

（四）促进国际交流与合作

跨境电商平台可以促进国际交流与合作。通过跨境电商平台，消费者可以更加直接地接触到来自世界各地的商品和文化，促进了文化和经济的交流。同时，跨境电商平台也可以帮助企业与海外供应商和消费者建立更加紧密的联系，促进国际贸易和经济发展。

三 跨境电商面临的挑战

跨境电商虽然具有多种优势，但也面临着多种挑战。

（一）国际法律法规的不确定性

跨境电商涉及多个国家的法律法规和标准，因此在跨境电商中的合规问题比较复杂。在不同国家的法律法规中，往往存在差异，这给跨境电商平台和企业带来了挑战。此外，在跨境电商中，还存在知识产权、贸易保护主义等问题，这些问题都需要跨境电商平台和企业进行深入研究和应对。

（二）物流和支付的不确定性

跨境电商中的物流和支付环节也面临着不确定性。由于物流和支付系统的差异和不稳定性，跨境物流和支付往往比国内更加困难。此外，不同国家的货币、关税和税率等也存在差异，这给跨境电商平台和企业的运营带来了挑战。

（三）语言和文化的差异

跨境电商中，语言和文化的差异也是一大挑战。不同国家的消费者具有不同的文化和消费习惯，需要跨境电商平台和企业进行深入了解和应对。此外，语言的不同也会影响跨境电商平台和企业的交流与合作。

（四）安全和隐私问题

跨境电商中，安全和隐私问题也是一大挑战。跨境电商平台和企业需要保障消费者的个人信息和交易安全，防止出现信息泄露和诈骗等问题。同时，跨境电商平台和企业也需要保障自身的知识产权和商业机密安全。

四　跨境电商的发展历程

跨境电商的发展历程可以分为三个阶段，分别是起步阶段、快速发展阶段和规范化发展阶段。

（一）起步阶段（20世纪90年代末至21世纪初）

跨境电商的起步阶段可以追溯到20世纪90年代末，当时国际电子商务开始发展，一些国际B2B平台也相继出现。21世纪初，随着全球化进程的加速和互联网技术的不断创新，跨境电商开始崭露头角。当时的跨境电商以B2B形式为主，如阿里巴巴、Global Sources等平台开始在国际贸易中扮演重要角色。

（二）快速发展阶段（21世纪初至21世纪第二个十年）

21世纪初至21世纪第二个十年是跨境电商快速发展阶段。这一时期，全球跨境电商市场的规模逐渐扩大，更多的B2C跨境电商平台如eBay、亚马逊、速卖通等开始进入市场，同时，国内跨境电商巨头如淘宝国际、京东全球购等也相继涌现。这一时期跨境电商交易额呈现爆发式增长态势，逐渐成为推动全球贸易的重要力量。

（三）规范化发展阶段（21世纪第二个十年至今）

21世纪第二个十年至今是跨境电商规范化发展阶段。这一时期，全球跨境电商市场进入规范化和平稳发展的阶段，各国政府开始加强对跨境电商的监管，同时各类贸易平台也开始加强对产品质量、知识产权等方面的管理和控制，打造更加健康、可持续的跨境电商生态。在技术方面，人工智能、物联网、区块链等新兴技术的应用，也为跨境电商的发展提供了更多的可能性和机会。

五 跨境电商现状

全球跨境电商市场规模不断扩大：根据 eMarketer 的预测，2022 年全球跨境电商销售额将达到 5.34 万亿美元，较 2018 年增长了 61.4%。跨境电商平台数量不断增加：根据中国电子商务研究中心的数据，2019 年全球跨境电商平台数量达到了 2557 个，同比增长了 27.1%。跨境电商消费者数量快速增长：根据 PayPal 和 Ipsos 的数据，2019 年全球跨境电商消费者数量达到了 1.6 亿人次，同比增长了 16.0%。跨境电商物流服务不断完善：根据中国国际货运代理协会发布的数据，2019 年中国跨境电商进出口快递业务量达到了 20.68 亿元，同比增长了 24.9%。跨境电商行业竞争加剧：随着市场规模的扩大，越来越多的企业涌入跨境电商领域，行业竞争越发激烈。例如，有关数据显示，2020 年中国跨境电商进口市场前十的企业销售总额达到了 424.8 亿元，同比增长了 33.5%。[①]

总的来说，跨境电商行业的发展呈现快速扩张、技术创新和竞争加剧等特点，未来跨境电商行业仍将继续保持高速发展。阿里巴巴国际站是阿里巴巴集团旗下的一家 B2B 国际贸易平台，为全球超过 190 个国家和地区的企业提供一站式的采购和销售服务。以下是阿里巴巴国际站的一些成功案例。

第一，为企业拓展海外市场，阿里巴巴国际站为许多中小企业提供了一个拓展海外市场的机会。例如，中国福建的一家建筑材料公司通过在阿里巴巴国际站上展示产品，与来自澳大利亚的客户建立了联系。通

---

① 《eMarketer：2022 年全球电商市场预测》，https://www.199it.com/archives/1415238_html，最后访问日期：2022 年 10 月 10 日。

过阿里巴巴国际站的平台，这家公司成功地拓展了海外市场，实现了出口和业务的增长。

第二，提高品牌知名度，阿里巴巴国际站为企业提供了一个展示品牌的平台。例如，日本的一家汽车零部件制造商在阿里巴巴国际站上展示了其产品，吸引了全球的买家，并提高了该公司的品牌知名度。这对于该公司来说是一个重要的里程碑，因为其之前只能通过传统的贸易方式来销售产品。

第三，促进贸易合作，阿里巴巴国际站促进了全球贸易合作。例如，美国的一家服装公司通过阿里巴巴国际站与中国的一家制造商建立了合作关系。这种合作关系不仅为美国公司提供了高品质的产品，还帮助中国制造商进入了美国市场。

除此之外，天猫国际——阿里巴巴旗下的一个跨境电商平台，主要面向中国大陆的消费者销售来自全球的优质商品。天猫国际成立于2014年，该平台涵盖服装、鞋包、母婴、美妆、家居等多个品类，产品来自全球200多个国家和地区，包括美国、日本、德国、澳大利亚等的知名品牌和优质商品。天猫国际为海外商家提供了一个进入中国市场的渠道，同时也为中国消费者提供了更多的购物选择和更大的便利。

截至2022年，全球超过29000个海外品牌入驻天猫国际，覆盖了5800多个品类，其中八成以上品牌是首次入华。作为阿里巴巴全球化战略之一，天猫国际与海外品牌合作，让中国消费者能更便利、更高品质地"买全球"，并发掘更多全球购物新趋势。

据世界银行统计，印度尼西亚是东南亚最大的经济体。阿里巴巴旗下的 Lazada 是东南亚地区最大的跨境电商平台之一，Lazada 目前覆盖东南亚六个国家：新加坡、马来西亚、印度尼西亚、菲律宾、泰国和越南。其中，印度尼西亚和越南是 Lazada 最大的市场。

阿里巴巴集团拥有多个世界领先的跨境电商平台，这些平台能够为全球销售商和消费者提供高效的交易服务。以 Lazada 为例，阿里巴巴运营的

Lazada 是东南亚最大的电商平台。Lazada 覆盖了众多商品品类，包括电子产品、服装、鞋子、美妆、家具、日用品等。其中，电子产品是 Lazada 的主打销售品类之一，占据了销售额的很大一部分。根据 Lazada 官方数据，截至 2021 年底，Lazada 在东南亚地区的活跃用户数已经超过了 2000 万人，每月有超过 6000 万人次的访问量。截至 2021 年底，Lazada 在东南亚地区已经拥有超过 3 万个品牌和 5 亿多个商品 SKU，每日订单量超过 100 万单。2020 年，Lazada 与天猫联合推出了"新国货出海计划"，为进驻 LazMall 商城的品牌商家提供了快速入驻通道，缩短了入驻周期。另外，阿里巴巴不光有针对东南亚的电商平台，对其他地区，比如针对土耳其等，阿里巴巴也有专门的电商平台 Trendyol，是目前为止土耳其、中东和北非地区规模最大、增长最快的移动电商平台之一。[1]

Trendyol 平台最初定位为线上时尚零售商，如今已经扩展至包括电子产品、家居用品、食品、健康和珠宝首饰等多个类目，售卖的商品总数已超过 1.5 亿种。根据相关数据，截至 2020 年，Trendyol 平台拥有约 9.8 万家卖家，其中 9.7 万家是中小型企业，商品总销售量达 3.47 亿件。平台的活跃用户数量迅速增长，已经达到 1930 万人。在阿里巴巴的支持下，Trendyol 现在为超过 3000 万名客户提供服务，每天运送超过 100 万个包裹。开设 Trendyol 店铺的优势包括：平台拥有自己的快递网络 Trendyol Express，在部分地区可以提供一小时的杂货送货服务；生态系统发展良好，提供知识库、培训活动和批准的第三方解决方案提供商；对于中国卖家，女装、儿童用品、运动器材、鞋履、汽车配件、电子产品等是平台热销商品。[2]

此外，阿里巴巴还在南亚地区拥有领先的电商平台 DARAZ。DARAZ 是阿里巴巴集团旗下的电商平台，成立于 2015 年，总部位于巴基斯坦。

---

[1]　Lazada 官网，https://seller.dhgate.com/promotion/xindhgate.html? f = baidu ｜ p% BE% BA% C6% B7%B4%CA-%C0%B4%D4%DE%B4%EF ｜ lazada-%D6%D0%CE%C4 ｜ lazada%B9%D9%CD%F8 CA%D7%D2% B3% D6% D0% CE% C4% B0% E6&bd_ vid = 9427764592628710831，最后访问日期：2023 年 3 月 10 日。

[2]　Trendyol 官网，https://www.trendyol.com，最后访问日期：2023 年 3 月 6 日。

DARAZ致力于通过商业和技术来推动南亚地区的发展，其业务覆盖巴基斯坦、孟加拉国、斯里兰卡和尼泊尔。DARAZ平台提供了广泛的商品品类，包括时尚、家居、电子产品、家电、美妆、食品等。DARAZ的卖家数量超过5万家，有超过30万名活跃用户，每天处理超过10万个订单。[①]

DARAZ平台提供灵活的支付方式和快速的配送服务，以及专业的客户服务支持，使用户能够轻松购物并享受愉快的购物体验。同时，DARAZ也为卖家提供了便捷的销售渠道和完善的售后服务，帮助卖家扩大业务范围并提升销售额。阿里巴巴集团的支持和技术优势，为DARAZ的未来发展提供了强大的支持，为了更好地服务于南亚地区的消费者和卖家，DARAZ平台还开发了一些特定功能，如针对移动端的应用程序和网站，以及本地化的支付方式和语言选择。此外，平台还开展了大量的社交媒体营销活动和推广计划，使更多的消费者能够了解DARAZ平台，从而增加平台的用户和销售量。

总之，DARAZ平台是南亚地区领先的电商平台之一，以其丰富的商品选择、优质的服务和本地化的特点，为消费者和卖家带来了很多便利和机会。

第二节　跨境电商支付

一　跨境电商支付的概念

（一）什么是跨境电商支付

跨境电商支付是指在跨境电商交易中，买家和卖家之间进行货款结

---

① Lazada官网，https：//seller. dhgate. com/promotion/xindhgate. html？ f = baidu ｜ p% BE% BA% C6% B7% B4% CA- % C0% B4% D4% DE% B4% EF ｜ lazada- % D6% D0% CE% C4 ｜ lazada% B9% D9% CD% F8% CA% D7% D2% B3% D6% D0% CE% C4% B0% E6&bd＿ vid = 9427764592628710831，最后访问日期：2023年3月10日。

算的过程。它通常是由跨境支付服务提供商支持的。

在跨境电商交易中，买家和卖家可能来自不同的国家或地区，因此他们可能使用不同的货币。跨境电商支付提供了一种便捷的方式，使得买家可以使用其本地货币向卖家支付货款，而卖家则可以收到其本国货币。跨境支付服务提供商通常会提供外汇转换和支付处理服务，以确保交易完成后双方都获得所需的货币。

跨境电商支付也需要考虑不同国家/地区的法律和规定，因此在进行跨境电商支付时，买家和卖家需要遵守相关的法律和规定，以确保交易合法有效。

（二）什么是第三方支付

1. 第三方支付的概念

跨境电商第三方支付是指通过跨境支付服务提供商为跨境电商交易提供支付服务的过程。由于跨境电商涉及不同国家或地区之间的交易，因此第三方支付服务提供商可以为买家和卖家提供一种安全、高效和便捷的支付解决方案。跨境电商第三方支付通常涉及多种货币的转换和支付处理。例如，如果买家在美国，但卖家在中国，则买家可能需要支付美元，而卖家需要收到人民币。第三方支付服务提供商可以提供外汇转换和支付处理服务，以确保买家和卖家在交易完成后获得所需的货币。

跨境电商第三方支付还可以提供一些其他的保障措施，如风险管理和欺诈检测。由于跨境电商涉及不同国家或地区之间的交易，因此存在一些特殊的风险和挑战。第三方支付服务提供商可以通过使用先进的技术和风险评估模型来识别和管理这些风险，以确保交易的安全性和可靠性。

2. 跨境电商第三方支付流程

第一，选择第三方支付方式：在进行跨境电商交易时，买家和卖家通常可以选择多种第三方支付方式，如 PayPal 等。

第二，在选择第三方支付方式后，买家需要填写相关的支付信息，如账户信息、金额等。卖家需要提供收款账户信息。

第三，如果涉及不同货币之间的交易，第三方支付服务提供商会将买家支付的货币转换为卖家所需的货币。

第四，第三方支付服务提供商会审核买家的支付信息，以确保交易合法有效。

第五，审核通过后，第三方支付服务提供商会执行支付操作，将买家支付的金额转移到卖家的账户上。

第六，交易完成后，第三方支付服务提供商会向买家和卖家发送支付确认信息，以确保交易成功完成。

3. 跨境第三方支付的特征

跨境第三方支付平台能够借助跨境电商的崛起而迅速拓展，不仅仅是由于它为买卖双方提供了信用担保，还因为它具有以下几个方面的优势。

（1）跨境支付功能

跨境电商第三方支付提供了便捷的国际支付功能，允许消费者在不同国家之间进行支付交易。它可以处理不同货币之间的兑换和结算问题，为消费者跨越国界购买商品和服务提供便利。

（2）多种支付方式

跨境电商第三方支付通常支持多种支付方式，包括信用卡支付、借记卡支付、电子钱包支付、支付宝、PayPal等。这样，消费者可以根据自己的喜好和需求选择合适的支付方式，为消费者提供了更多的选择和灵活性。

（3）安全性保障

跨境支付涉及跨越不同国家和地区的金融交易，因此安全性至关重要。跨境电商第三方支付提供安全的支付通道和防欺诈措施，如数据加密、身份验证、欺诈检测等，以确保消费者的支付信息和资金安全。

（4）多语言和多币种支持

为了满足全球范围内的消费者的需求，跨境电商第三方支付通常提供多语言界面和多币种支付功能。这样，消费者可以使用自己熟悉的语言和货币进行支付操作，提高支付的便利性和舒适度。

（5）快速结算

跨境电商第三方支付提供快速结算服务，通过优化结算流程和合作银行网络，加速资金的清算和结算过程。这样，可以缩短交易的处理时间，提高交易效率，为商家和消费者带来更好的体验。

（6）合规运营

跨境电商第三方支付需要遵守各个国家和地区的支付规范和法律法规。它们通常与相关机构和监管机构合作，进行合规性审核和监督，以确保支付操作的合法性和合规性，保护消费者的权益。

二　跨境电商第三方支付平台

目前，跨境电商平台常见的收款工具有 5 种：Payoneer、WorldFirst、PayPal、iPayLinks、Pingpong。各种收款方式各有各的优点，在各种层面上满足了卖家的跨境收款需求。

（一）PayPal

PayPal 成立于 1998 年 12 月 17 日，是一家全球性的在线支付平台公司，总部位于美国加州。它是一种在线支付方式，允许用户以电子邮件地址和密码为基础进行付款和转账。用户可以使用 PayPal 进行线上购物、向朋友和家人转账、收款和付款等操作。PayPal 的服务涉及 170 多个国家和地区，支持超过 20 种不同的货币，是世界上最大的在线支付公司之一。PayPal 提供的支付方式包括信用卡、借记卡、银行转账等。用户可以在 PayPal 平台上创建账户，并将自己的银行账户或信用卡与之绑定，从而实现方便快捷的在线支付。PayPal 也为商家提供了付款处理和安全交易的解决方案，使得在线商务交易更加安全、可靠和高效。

PayPal 个人账户首页相当简洁，操作起来也同样如此，与国内的支付宝等支付软件的操作程序没有差别。付款人欲通过 PayPal 支付一笔金额给商家或者其他收款人时，可以分为以下几个步骤。

第一，注册并登录 PayPal 账户。用户需要注册一个 PayPal 账户并登录，绑定自己的银行卡或信用卡信息。

第二，在商家网站选择 PayPal 支付。在结账页面上，选择 PayPal 支付方式并点击确认。

第三，连接到 PayPal 平台。商家网站将重新跳转到 PayPal 平台，并要求用户登录其 PayPal 账户。

第四，确认支付金额和订单信息。用户需要确认支付金额和订单信息是否正确。

第五，确认付款。用户需要选择付款方式（如银行卡、信用卡等）并确认付款。

第六，支付成功。支付成功后，用户将收到付款成功的确认信息，并被带回到商家网站的订单确认页面。

第七，商家确认收款。商家会在其 PayPal 账户中看到收款信息，并通知用户订单已经成功完成。

PayPal 支付流程简单方便，安全可靠，用户只需要在商家网站上选择 PayPal 支付方式，登录 PayPal 账户，确认付款即可。

对于交易手续费，PayPal 通常会收取每笔交易总额 2.9%+0.3 美元的费用。这意味着，如果商家通过 PayPal 收到 100 美元的付款，PayPal 将收取 3.2 美元的手续费，商家最终将收到 96.8 美元的款项。如果商家通过 PayPal 支付 100 美元，PayPal 同样会收取 3.2 美元的手续费。

除了交易手续费外，如果付款人通过 PayPal 向其他国家的收款人付款，还可能需要支付汇款手续费。具体费用取决于付款人的付款金额、货币种类、付款方式以及接收方所在国家等因素。一般而言，汇款手续费通常是交易金额的 1%~2% 不等。

需要注意的是，PayPal 的手续费可能会因为不同的国家和地区而有所不同。此外，在某些情况下，PayPal 也可能会收取其他费用，如退款费用或账户活动费用等。

总的来说，PayPal 的手续费是相对较高的，但它也提供了便捷的在线支付服务和安全的支付保障，对于一些需要在线支付服务的用户而言，PayPal 仍然是一个很有价值的支付工具。

（二）WorldFirst（万里汇）

万里汇属于蚂蚁集团旗下品牌，是一家跨境汇款公司，总部位于英国伦敦，成立于 2010 年。该公司提供线上跨境汇款服务，旨在通过简单、快速和安全的方式，让资金在世界各地之间流动。当今，随着国际贸易的快速发展，跨境电商平台的使用越来越广泛。因此，越来越多的企业和个人需要进行跨境支付。在这样的需求下，万里汇成为一个备受关注的跨境支付平台。根据 2019 年的数据，万里汇在全球范围内拥有超过 10000 个合作伙伴，涵盖 200 多个国家和地区，支持 20 多种货币。万里汇还与许多国际组织和银行建立了紧密的合作关系，例如，与国际清算银行、Swift、Visa、MasterCard 等建立了战略合作伙伴关系。

万里汇不仅提供跨境支付服务，还提供财务管理和风险管理等增值服务，如跨境结算、汇率风险管理和全球结算等。为了保证客户的资金安全和交易安全，万里汇采用了高安全级别的技术和流程，如国际通行的 SSL 加密技术、Token 验证和动态密码等。万里汇支持 Amazon（美国、加拿大、墨西哥、欧洲站、日本站、澳大利亚站）、eBay（PayPal）、Walmart、日本乐天、Lazada、Opensky、Newegg、Cdiscount、PriceMinister 等全球 71 个网上交易平台，同时支持欧洲 VAT 的支付，覆盖美洲、欧洲、东南亚、澳大利亚等近乎全球的热门市场。

万里汇账户首页是中文，看起来更加轻松简单，使用方法与其他支付软件没有太大的差别。万里汇支持灵活提款至人民币账户、外币账户及支付宝账户，最快 1 分钟便可到账；万里汇支持英镑、美元、加元、日元、欧元、新西兰元、新加坡元、澳元、港元及离岸人民币等多种热门货币，真正实现全球十大主流货币轻松收；万里汇还有智能汇率系统，帮助防范用户跨境风险，真正实现 0 汇损。

万里汇提供的汇款服务，会根据不同的汇款方式和汇款金额收取不同的手续费。以下是部分汇款方式的手续费介绍。

（1）银行转账

转账手续费取决于汇款金额、汇款国家和地区，手续费范围为 10～45 美元。此外，如果选择使用本地银行转账，收款方银行也可能会收取额外的手续费。

（2）信用卡

如果使用信用卡进行汇款，手续费一般为汇款金额的 2%～4%。但是，针对不同的国家和地区可能会有不同的汇款费率。

（3）支付宝

如果使用支付宝进行汇款，手续费一般为汇款金额的 1%～3%，最低手续费为 10 元。但是，如果选择使用外汇兑换服务，还需要额外支付一定的外汇兑换费用。

需要注意的是，以上手续费仅供参考，具体费率可能会因汇款金额、汇款国家和地区、汇率变化等因素而发生变化。在进行汇款前，建议仔细了解手续费和其他相关费用，以免产生不必要的费用和损失。

（三）Payoneer（派安盈）

派安盈是一家成立于 2005 年的跨境支付公司，总部位于美国纽约。它为世界各地的自由职业者、卖家、广告主和企业提供全球支付服务，使他们可以跨越国界进行商业交易。Payoneer 提供各种支付工具和服务，包括 Prepaid Mastercard © 卡片、虚拟账户、支付收款、货币兑换、市场集成和风险管理服务等。其服务范围涵盖全球 200 多个国家和地区。

Payoneer 与许多全球知名公司合作，包括亚马逊、Wish、Airbnb、Fiverr、Upwork 等。Payoneer 的主要目标是让全球跨境交易变得更加简单和高效，为卖家和自由职业者提供更好的服务。Payoneer 的支付解决方案广泛应用于电子商务、广告、娱乐、软件和游戏等行业。Payoneer 也提供虚拟账户服务，用户可以在不同的国家和地区开设多个虚拟账户，方便他们接受来自全球的付款。使用 Payoneer 的优势如表 4-1 所示。

表 4-1　派安盈的优势

优　　势	内　　容
全球支持	Payoneer 的服务覆盖全球 200 多个国家和地区，支持 190 多种货币，可以帮助用户在全球范围内收款、付款和转账，满足各种跨境交易需求
灵活的支付方式	Payoneer 提供多种支付方式，包括银行转账、支付宝、PayPal、虚拟账户等，用户可以根据自己的需求选择最合适的支付方式
低廉的手续费	相对于传统的跨境支付方式，Payoneer 的手续费非常低廉，大大降低了跨境交易成本
安全可靠	Payoneer 采用先进的加密技术和多层安全措施，保证用户信息和资金的安全性
方便快捷的提款	Payoneer 提供了多种提款方式，包括 ATM 取款、银行转账、Prepaid MasterCard 等，用户可以随时提取自己的资金
专业的客户服务	Payoneer 拥有专业的客户服务团队，可以提供及时的咨询和解决方案，满足用户的各种需求

（四）iPayLinks（艾贝盈）

iPayLinks 是一家提供全球支付解决方案的公司，总部位于中国上海。该公司成立于 2015 年，为全球电商、跨境电商、互联网金融、数字货币、物联网等领域的企业和个人提供跨境支付服务。iPayLinks 的支付解决方案可以覆盖全球 200 多个国家和地区，支持多种支付方式和多种货币结算。

iPayLinks 的支付解决方案主要包括以下 3 个方面。

（1）跨境支付

iPayLinks 提供全球范围内的跨境支付服务，包括支付宝、微信支付、信用卡、银行转账等多种支付方式，为客户提供便捷的跨境支付解决方案。

（2）汇款服务

iPayLinks 提供便捷快速的汇款服务，为客户提供全球范围内的汇款服务，支持多种货币结算方式。

（3）支付管理

iPayLinks 的支付管理工具可以帮助客户轻松管理所有的支付流程，包括订单管理、收款管理、退款管理等。

使用艾贝盈的优势主要有以下几个方面，如表 4-2 所示。

表 4-2　艾贝盈的优势所在

优　势	内　容
覆盖范围广	支付解决方案覆盖全球 200 多个国家和地区，支持多种支付方式和多种货币结算
安全可靠	采用了最先进的支付安全技术和防欺诈措施，为客户提供安全可靠的支付解决方案
多语言支持	支持多语言界面，为全球客户提供方便的支付方案
快速支付结算	提供快速支付结算，为客户提供便捷的支付服务
简便易用	提供简便易用的支付管理工具，帮助客户轻松管理所有的支付流程

iPayLinks 提供多种收费模式，相关费率根据客户具体需求和交易量而定。以下是常见的收费模式。

（1）标准版

对于交易金额低于 1000 元的商户，收取每笔交易 0.6% 的费用。

（2）专业版

对于交易金额高于 1000 元的商户，可以申请专业版，费用为每笔交易的 0.5%。

（3）定制版

对于大型企业或高交易量商户，iPayLinks 提供定制版收费模式，可以根据实际情况协商费用。

（4）提现手续费

iPayLinks 提供免费提现服务，但对于跨境提现需要收取额外的提现手续费，具体费用根据提现的国家和币种而定。

（五）Pingpong

Pingpong 是一家专门为跨境电商卖家和企业提供支付和结算服务的公司，成立于 2015 年，诞生于全球跨境电子交易蓬勃发展的浪潮中，是中国跨境行业的创新推动者。Pingpong 的服务涵盖全球范围内的多个主要市场，包括美国、欧洲、日本和澳大利亚等地。Pingpong 致力于帮助卖家和企业简化跨境支付和结算流程，降低费用，提高效率。截至 2022 年 9 月，Pingpong 已在全球设有超 20 个分支机构，业务覆盖超 200 个国家和地区，是全球最大的跨境贸易数字化服务商之一。

Pingpong 提供了一站式的解决方案，卖家和企业可以通过 Pingpong 平台完成付款、收款、汇款、退款等一系列操作。同时，Pingpong 也支持多种支付方式，如支付宝、微信、PayPal、信用卡等，方便客户进行选择。此外，Pingpong 还提供了智能化的风控系统，帮助客户识别和规避潜在的风险。Pingpong 还拥有优秀的客户服务团队，能够为客户提供高效、专业的售前、售中、售后服务。此外，Pingpong 平台也提供了实时的交易记录和报告，让客户随时掌握自己的交易状况和资金流向。

作为国内头部跨境电商服务平台之一，Pingpong 平台的操作也十分简单。卖家需要在平台上注册账号，然后提交相关的身份证明和企业证明材料。通过审核后，卖家就可以开始使用平台提供的各项服务。在使用 Pingpong 平台进行跨境电商交易时，卖家需要将平台提供的支付链接发送给买家，买家通过支付链接完成付款，平台会自动将货款转入卖家的虚拟账户中。卖家可以根据需要选择将货款结算到自己的银行账户或者支付宝等电子钱包中，也可以选择保留在虚拟账户中。对于跨境卖家来说，选择 Pingpong 平台进行支付和结算的优势如表 4-3 所示。

表 4-3　Pingpong 的优势

优　　势	内　　容
降低成本	提供低费率的支付和结算服务,能够有效降低跨境电商交易的成本,让卖家获得更高的利润
提高效率	提供高效的支付和结算服务,能够让卖家快速接收来自全球范围内的付款,减少交易周期,提高交易效率
保障安全	提供全球范围内的货物运输保险,能够有效降低跨境卖家在国际贸易中的风险,保障货物的安全
提供一站式服务	提供了全面的支付、结算、保险、财务和营销服务,让卖家能够在一个平台上完成跨境电商交易的各个环节

第三节　跨境电商物流

一　跨境电商物流概述

（一）跨境电商的含义

现在很多商家想要往海外发展，跨境电商平台是他们的首选，跨境电商物流的发展与跨境电子商务的发展是互相影响的，跨境电商的发展促使跨境物流行业迅速成长。跨境电商的发展是物流、信息流和资金流的协调发展，跨境电商物流作为重要的一个环节，其发展状况影响着整个跨境电商的发展。跨境物流模式是所有跨境行业物流的集合，接下来将详细介绍什么是跨境电商物流。

跨境电商物流是指跨越国境线进行的电子商务交易所需的物流服务。

跨境电商物流包括从国外供应商处采购产品到国内销售，以及国内产品出口到国外销售的物流活动。随着全球经济一体化的加强，跨境电商越来越普及，跨境电商物流也越来越重要。跨境电商物流面临的主要挑战是物流环节的各种限制，这些限制包括物流费用高昂、运输时间长、海关清关流程烦琐等。此外，不同国家和地区的法律、规定、标准和语言差异也增加了跨境电商物流的复杂性。

为了应对这些挑战，跨境电商物流企业需要采取一系列措施，包括建立高效的国际物流网络、优化供应链管理、提高物流信息化水平、加强海关通关能力等。跨境电商物流企业的发展也带来了一些机遇。例如，一些物流企业通过与电商企业合作推出了定制化的物流服务，为跨境电商提供了更加全面的物流解决方案。此外，一些企业还利用物联网、大数据、人工智能等技术，不断优化物流服务质量和效率。

总之，跨境电商物流是跨境电商发展的重要组成部分，也是电商企业和物流企业合作的重要领域。随着技术的不断进步和物流网络的不断完善，跨境电商物流将会越来越便捷和高效。

（二）跨境电商物流发展现状

国际快递市场规模逐年增长：根据 Statista 的数据，2019 年全球快递市场规模为 5130 亿美元，预计到 2024 年将达到 6210 亿美元。[①] 跨境电商交易规模持续增长：据 CNBC 的报道，2020 年全球跨境电商交易规模为 4.5 万亿美元，相比 2015 年增长了 82%。跨境电商物流服务商纷纷扩大全球业务：例如，中国的顺丰速运在 2019 年开始扩大其全球物流网络，2020 年已经在美国、欧洲、日本等地开设了物流中心和仓库。物流技术的应用推动物流效率的提高：例如，德国的运输管理系统 Transporeon 在 2019 年处理了超过 10 亿个物流订单，使用其平台的企业可通过自动匹配合适的物流供应商、监控物流进程等功能提高物流效率。

---

① Statista 数据库。

大数据与物流的结合创造新的商业机会：例如，美国的 Flexport 通过建立全球物流网络和使用人工智能、大数据等技术，为客户提供跨境物流解决方案，其估值已经超过 30 亿美元。

（三）跨境电商物流的特征

1. 国际化

跨境电商物流需要在全球范围内完成商品的物流配送，需要面对不同国家/地区的海关法规、税费等不同的国际贸易规则，因此需要具备强大的国际物流能力。

2. 多元化

跨境电商物流需要满足不同的物流需求，包括直邮、转运、保税仓等不同的物流方式，以满足客户的多元化需求。

3. 高效性

跨境电商物流需要快速、高效地完成订单的配送，以满足消费者的即时性需求。同时，物流途中需要处理的手续和环节比较烦琐，需要跨境电商具备高效的清关能力，尽快完成商品的通关手续。

4. 可追溯性

跨境电商物流需要具备可追溯的能力，可以随时查看物流信息，确保货物的安全性和送达及时性。

5. 高度集成化

跨境电商物流需要实现与电商平台、支付机构等相关企业的数据和业务流程的高度集成，以提高整个跨境电商的效率和服务质量。综上所述，跨境电商物流市场的竞争集中于东南沿海地区，跨境物流企业之间的竞争表现为某一区域市场的竞争或者对某一行业客户资源的争夺，服务功能单一，同质化竞争现象严重。

（四）跨境电商物流和跨境电商的关系

跨境电商物流是指跨越国境线进行的电子商务交易的物流配送服务。

跨境电商物流的发展与跨境电商密不可分。跨境电商的快速发展促使跨境电商物流的不断完善和创新，而跨境电商物流的发展也为跨境电商提供了更加便利和高效的物流支持。跨境电商物流的核心任务是实现跨国货物高效、安全、可靠的配送，这涉及国际物流、货物清关、海关报关、交通运输等多个领域的知识和技能。跨境电商物流的优劣直接影响着跨境电商的用户体验、交易效率、成本控制等方面。因此，跨境电商物流的发展和创新至关重要。

随着跨境电商的快速发展，越来越多的企业开始加入跨境电商物流领域，同时，也有越来越多的专业跨境电商物流公司涌现出来。这些企业和公司通过创新物流模式、优化物流流程、提高配送效率等手段，不断推进跨境电商物流的发展，为跨境电商提供更加便利、高效的物流支持。在跨境电商物流领域，还存在一些挑战和问题，如物流费用高昂、物流时效长、清关难度大等，这些问题需要跨境电商物流企业和相关部门共同努力解决。同时，跨境电商企业也需要积极探索和应对物流方面的挑战和问题，以提升其在国际市场中的竞争力。

总之，跨境电商物流是跨境电商发展的重要支撑，二者相互依存、相互促进。跨境电商企业应积极借助跨境电商物流的发展和创新，不断提升其国际物流能力和水平，从而更好地满足客户需求，拓展市场份额。

二　跨境电商物流模式

（一）邮政小包模式

邮政小包模式是指一种国际邮寄服务，用于向海外地区寄送小型商品和物品。这种服务由各国邮政公司提供，通常可以选择不同的邮寄速度和服务水平。

邮政小包模式通常是一种经济实惠的邮寄方式，适用于寄送小型物品、文件和样品等。通常情况下，这种服务的价格比普通快递服务更低，但邮寄时间可能会更长。

邮政小包模式通常需要填写相关的海关申报表格，并支付相应的关税。由于不同国家的税费标准不同，因此使用邮政小包模式寄送物品时需要了解目的地国家的相关规定。

中国邮政小包可寄达全球 230 多个国家和地区的各个邮政网点。国际邮政小包指通过万国邮政体系实现商品的进出口，运用个人邮包形式进行发货。在国际邮政小包中，目前中国跨境物流有 70% 都是通过邮政包裹发送，其中中国邮政占比 50%。邮政物流包括中国邮政小包、中国邮政大包、香港邮政小包、EMS、国际 e 邮宝、新加坡小包、瑞士邮政小包等。其中，中国邮政小包、国际 e 邮宝及 EMS 最为常用。邮政包裹网络覆盖率高、物流渠道广、价格也较为便宜，但缺点在于投递速度较慢且丢件率高。

邮政小包的业务流程主要包括准备物品、填写申报单、选择邮寄方式、缴纳邮费、投递物品等几个步骤。

（1）准备物品

选择需要邮寄的物品，注意选择适合邮寄的物品，避免邮寄禁止寄送的物品，如易腐物品、危险品、违禁品等。

（2）填写申报单

填写海关申报单和其他必要的文件，包括详细的寄件人、收件人信息，物品名称、数量、价值等信息。需要特别注意信息的准确性，避免在清关时出现问题。

（3）选择邮寄方式

选择合适的邮寄方式，如快递、航空小包、平邮等，根据需要选择不同的邮寄速度和服务水平。邮政小包模式通常是一种经济实惠的邮寄方式，适用于寄送小型物品、文件和样品等。

（4）缴纳邮费

根据所选的邮寄方式和目的地，需要缴纳相应的邮费、关税和其他税费等。可以在邮局、网上支付平台等地方缴纳邮费。

（5）投递物品

在填写申报单和缴纳邮费后，将物品交给邮政公司，由邮政公司负责后续的投递、跟踪和派送等事项。通常情况下，邮政小包的投递时间较长，需要耐心等待。

总的来说，邮政小包的业务流程相对简单，需要注意填写准确的申报单和缴纳邮费，以确保快速顺利地投递物品。

（二）国际快递模式

国际快递也称国际商业快递，是一种快速、安全、可靠的跨国快递服务，通常由专业的快递公司提供，它主要服务于企业和个人的国际快递需求，可以快速、便捷地将包裹、文件、样品等物品从一个国家或地区送到另一个国家或地区。

国际商业快递通常具有以下特点，具体如表4-4所示。

表4-4　国际商业快递特点

特　　点	内　　容
快速高效	国际商业快递通常采用快速的运输方式,如航空运输和专车派送等,可以在较短的时间内将物品送达目的地
安全可靠	快递公司通常采用高品质的包装和物流服务,保障物品在运输过程中的安全
可追踪性	国际商业快递通常提供实时的物流信息跟踪服务,方便客户随时了解物品的运输状况
门到门服务	快递公司通常提供门到门的服务,从取件到派送都由专业人员负责,客户只需要在家等待即可
定制化服务	快递公司通常根据客户的具体需求提供定制化服务,如加急服务、特殊物品处理等

常见的四大国际快递公司有 DHL、TNT、FedEx 和 UPS，近年来，随着国内电商行业的发展，国内的一些物流公司在国际业务方面也逐渐

壮大了起来，如顺丰国际、圆通国际、燕文物流等。

1. 联邦快递公司（FedEx）

FedEx 是美国一家知名的全球性快递和物流服务提供商，总部位于田纳西州的孟菲斯市。该公司成立于 1971 年，最初的服务范围仅限于美国本土，随着业务的不断扩展，现在已经成为全球最大的快递公司之一。

FedEx 提供的服务包括国内快递、国际快递、航空货运、海运货运、仓储与供应链管理等多种业务。该公司在全球 220 多个国家和地区设有分支机构，为客户提供全球范围内的快递服务。

FedEx 的优势在于其全球化的网络覆盖、高效的快递服务、丰富的物流经验和专业的客户服务团队。FedEx 在全球各地设有大量的航空运输和物流中心，能够快速、安全地将货物从一个地方运送到另一个地方。该公司还拥有先进的技术和信息系统，可以提供实时的货物跟踪和报告服务，方便客户随时掌握货物的运输情况。

除此之外，FedEx 还注重环保和社会责任，在公司运营中积极推广可持续发展的理念，推动绿色物流、减少废弃物的产生，以及参与社区慈善事业等。这些努力赢得了消费者和业界的高度赞誉和认可。

2. DHL 公司

DHL 是全球最大的快递和物流服务提供商之一，总部位于德国波恩市。DHL 的历史可以追溯到 1969 年，DHL 最初只是一家快递公司，随着业务的扩大，逐渐发展成了全球范围内快递和物流服务的领导者。

DHL 的服务涵盖国内快递、国际快递、海运货运、航空货运、仓储和供应链管理等领域，为客户提供全方位的物流解决方案。DHL 在全球 220 多个国家和地区设有分支机构，拥有雄厚的资金和技术支持，为客户提供全球范围内的物流服务。

DHL 的优势在于其全球化的网络覆盖、高效可靠的快递服务、专业的物流方案及先进的技术和信息系统。DHL 在全球拥有大量的航空和物流中心，能够快速、安全地将货物从一个地方运送到另一个地方。此外，

DHL 还注重绿色物流，积极推广可持续发展的理念，通过多种方式减少物流过程中对环境的影响。

DHL 还是一家具有社会责任感的企业，积极参与社区慈善事业、推动员工福利和环境保护等方面的工作。这些举措赢得了消费者和业界的高度赞誉和认可。

3. TNT 公司

TNT 是一家源自荷兰的国际快递公司，成立于 1946 年。如今，TNT 已经成为全球领先的国际快递和物流服务提供商之一，其业务范围涵盖国内快递、国际快递、陆运货运、航空货运、仓储和供应链管理等领域。

TNT 在全球范围内拥有广泛的业务覆盖面和庞大的物流网络，服务范围包括 200 多个国家和地区。TNT 注重高效、安全、可靠的服务质量，并且为客户提供全球范围内的物流方案和解决方案。除此之外，TNT 还致力于可持续发展，注重环境保护和社会责任，积极推动绿色物流，为客户提供更加环保的物流解决方案。

TNT 的优势在于其全球化的物流网络、高效可靠的服务、专业的物流方案及先进的技术和信息系统。TNT 的国际快递服务采用多种运输方式，包括航空运输、陆路运输、铁路运输等，能够满足客户不同的需求。同时，TNT 注重技术创新，利用先进的信息技术和自动化设备提高服务质量和效率，为客户提供更加便捷和可靠的物流服务。

除了国际快递服务之外，TNT 还提供陆运货运、航空货运、仓储和供应链管理等物流服务，能够为客户提供更加全面和综合的物流解决方案。TNT 拥有一支专业的物流团队和高效的物流系统，能够根据客户的需求量身定制物流方案，为客户提供最优质的服务。

4. UPS 公司

UPS（United Parcel Service）是一家源自美国的国际快递公司，成立于 1907 年。如今，UPS 已经成为全球领先的快递和物流服务提供商之一，其业务范围涵盖国内快递、国际快递、陆运货运、航空货运、仓储和供应链管理等领域。

UPS 的服务覆盖全球 220 多个国家和地区，拥有庞大的物流网络和合作伙伴关系。UPS 凭借其广泛的服务网络和不断创新的技术，成为全球物流行业的重要参与者，为各种规模的客户提供高效、可靠的物流和供应链解决方案。除此之外，UPS 还注重技术创新，利用先进的信息技术和自动化设备提高服务质量和效率，为客户提供更加便捷和可靠的物流服务。

5. 顺丰国际快递

这是中国一家知名的跨境电商物流服务提供商，成立于 1993 年，总部位于深圳。顺丰国际快递致力于为客户提供高质量、高效、安全、可靠的跨境物流服务，已经成为中国领先的跨境电商物流服务提供商之一。

顺丰国际快递在全球范围内拥有广泛的物流网络和强大的运营能力，服务覆盖全球 200 多个国家和地区。顺丰国际快递提供的服务包括国际快递、国际专线、国际包裹、国际空运、国际海运等。其中，国际快递是顺丰国际快递的主要服务之一，采用航空运输方式，能够在全球范围内提供快速、可靠的国际快递服务。

顺丰国际快递在物流服务中注重服务质量和客户体验，不断优化物流流程和服务标准。顺丰国际快递采用全程可追溯的物流系统，为客户提供实时的物流信息和支持。此外，顺丰国际快递还提供多种物流服务和解决方案，能够根据客户的需求和特殊情况提供量身定制的物流方案和服务。

顺丰在巩固国内竞争优势的同时，也在积极拓展海外市场，以实现双循环新格局下中国企业"出海"的必然趋势。顺丰致力于帮助客户实现海内外的覆盖，并匹配制造业供应链需求。在面向 2025 年的未来规划中，顺丰将构建数字驱动的全球智慧供应链底盘，以支撑中国产业链的转型升级。此举是为了打造"第二增长曲线"，并且顺丰正积极思考如何帮助客户实现全球范围的物流覆盖。中国进出口市场巨大，但缺少全球性的物流企业，因此顺丰将持续发力，以实现可持续发展和长期成功。顺丰国际快递的未来战略主要从以下几个方面进行。

（1）加强全球网络建设

顺丰国际快递可以进一步加强在全球范围内的网络建设，扩大国际快递物流服务的覆盖范围，提高服务质量和效率。可以考虑在一些快递物流服务需求旺盛的地区进行战略投资，以提升其市场份额和影响力。

（2）推动数字化转型

随着数字化技术的不断发展和应用，快递物流行业也在加速数字化转型。顺丰国际快递可以借助数字化技术，优化物流运作流程，提高物流效率和客户满意度，同时开发出更多智能化服务，如人工智能、大数据分析等。

（3）加强品牌推广

顺丰国际快递作为一家具有国际竞争力的快递物流公司，需要进一步加强品牌推广，提升品牌知名度和美誉度，增强品牌价值。可以通过赞助体育赛事、举办品牌活动等方式，加强品牌的曝光度和影响力。

（4）强化人才培养

顺丰国际快递的未来发展需要有一支高素质的人才队伍。公司可以制订更加科学合理的人才培养计划，注重人才的选拔和培养，提高员工的专业素质和工作能力，为公司的未来发展提供强有力的人才支撑。

近年来，顺丰货运航空网络已经在全球范围内形成了较为完善的航线网络和基础设施，并且持续扩大航班规模和运输量，成为全球货运航空业中的重要参与者之一。顺丰货运航空网络已经覆盖了全球数百个城市和地区，形成了全球航线网络。目前，顺丰航空已经开通了30多条国际货运航线，覆盖了亚洲、欧洲、北美洲和大洋洲等地区。其中，亚洲航线包括中国内地、中国香港、中国台湾、韩国、日本、泰国、新加坡等地；欧洲航线包括法国、荷兰、德国、比利时等地；北美洲航线包括美国、加拿大等地。

截至 2021 年底，顺丰货运航空共拥有 43 架飞机，其中包括波音 747、波音 767、波音 757、波音 737 等多型号货机，航班规模超过每周 500 个。此外，顺丰还在持续增加自有航班和租赁航班数量，以满足客户不断增长的货运需求。2021 年，顺丰货运航空运输量超过 100 万吨，年均增速达到 30% 以上。其中，亚洲地区是顺丰货运航空的主要运输市场，其次是欧洲和北美洲。

此外，顺丰在全球范围内建设了多个货运航空基地，包括深圳宝安国际机场、广州白云国际机场、南京禄口国际机场等国内基地，以及泰国曼谷素万那普机场、荷兰马斯特里赫特机场等国际基地。这些基地不仅可以提供货运航班起降、货物装卸等服务，还配备了先进的货物运输设备和信息化管理系统，提高了货物运输效率和服务质量，未来对顺丰航空货运的支撑作用将进一步凸显。

如今顺丰已进入世界 500 强排行榜，也成为首个进入世界 500 强的中国民营快递企业。未来，凭借当前的"海陆空"一体化立体资源库，顺丰能够为客户提供国内及跨境多式联运服务，综合实力持续加码。可以预见，国际业务不仅是顺丰业绩的增长点，也是影响行业发展、重塑行业格局的看点。①

（三）专线物流模式

1. 专线物流模式相关概念

专线物流模式是一种定制化、高效和快速的供应链解决方案，主要用于满足特定领域的物流需求，如跨境电商和电商物流。与传统的普通物流模式相比，专线物流模式拥有更多的灵活性和个性化服务。在专线

---

① 顺丰官网，https://www.sf-express.com/chn/sc，最后访问日期：2023 年 11 月 15 日。

物流模式中，物流公司通常与航空公司、快递公司或其他运输供应商建立合作关系，以确保货物以最快的速度运送到目的地。

国际专线物流模式有五种方案：第一种是航空国际专线物流，如环游国际物流、铭恩物流、阿里巴巴的中俄通等；第二种是港口国际专线物流，如传统国际亚欧专线、中俄专线等；第三种是多式联运国际专线物流，如马士基集团、中铁国际多式联运、三联集团等；第四种是铁路国际专线物流，如汉欧班列、湘欧班列、郑欧班列、渝新欧等；第五种是大陆桥国际专线物流，如深圳捷递国际物流、满洲里俄路通等。

目前，国际物流供应商主推的专线有澳大利亚国际专线物流、欧洲国际专线物流、美国国际专线物流、俄罗斯国际专线物流等。一些供应商也采取避强战略，推出竞争较小的南美国际专线物流、中东国际专线物流以及南非国际专线物流等服务。该模式的优势在于可以提供更加高效、定制化的物流服务，同时降低客户的物流成本，缩短运输时间。

国际专线物流的劣势：一是需要以货量为支撑，如果货量达不到一定量，会面临赔钱风险；二是国内覆盖范围有限，在地域上存在局限性，产品交付时可能面临揽件不顺的现象；三是国内线路时效性可以保障，国外线路不可控因素多，会导致配送时间延迟，消费者等待时间长从而满意度降低；四是由于国际专线物流采用大批量集中运输模式，所以逆向物流难，无法满足单个消费者的退换货需求。

2. 专线物流模式相关案例——中欧班列

专线物流模式通过定制化、快速和灵活的物流服务，满足特定领域的物流需求，它提供了更高的服务质量和可追溯性，但也面临高成本和一定的依赖性限制。企业在选择物流模式时应权衡其优点和缺点，并根据具体业务需求做出合适的决策。下面通过中欧班列的案例进一步了解专线物流。

郑州—俄罗斯班列和满洲里口岸的开通是为了实现省委、省政府的目标，即建设"陆上丝绸之路"、推进全面开放新格局、深度融入"一带一路"建设。这一举措具有重要意义，它能够有效补充郑欧班列线路的多元化网络布局，对促进进出口贸易提升和区域产业协同发展具有重要影响。

首先，开通郑州—俄罗斯班列和满洲里口岸线路为郑州—欧洲—郑州和郑州—俄罗斯—郑州线路的多式联运提供了有力支持。这意味着货物可以通过铁路和公路等多种运输方式，在不同区域之间快速便捷地运输。这将极大地促进物流运输的效率和便利性，为区域间的贸易合作和经济发展提供更多机遇。

其次，满洲里口岸线路的开通为现有的二连浩特口岸和绥芬河口岸提供了有效补充。这将增加进出口贸易的通道选择，分流货物流量，缓解其他口岸的压力，并提升整体物流效率。这也使得郑州作为一个物流枢纽城市，能够更好地连接中亚和俄罗斯等国家，拓展了区域间的贸易合作领域、增加了合作机会。

此举还将为广大客户提供多种物流方案，推动郑州物流枢纽的便捷高效发展。作为一个重要的物流节点，郑州将通过增加线路选择和提供多样化的物流服务，吸引更多的客户和企业选择郑州作为物流中心，进一步提升郑州的物流竞争力和地位。

郑欧班列开通了通往俄罗斯的新线路，对于实现"陆上丝绸之路"建设目标、推动区域开放和促进物流发展具有重要意义。它将促进区域间的贸易合作，提升进出口贸易水平，为经济发展和区域合作提供新的机遇，为实现"一带一路"国际市场互联互通开启了新篇章，为中原地区以及全国有意向拓展俄罗斯市场的企业建立了便捷的贸易桥梁。这项措施对于实现新旧动能转换、推动产业转型升级、促进国内市场与国际市场的贸易交流、加强与俄罗斯国家经贸合作具有重要的战略意义。

最后，自2013年提出以来，"一带一路"倡议对于推动全球贸易合作和区域互联互通发挥了重要作用。在这一背景下，中欧班列"长安号"作为西安国际港务区建设内陆国际贸易通道的重要举措，成为具有积极意义的物流运输项目。中欧班列"长安号"是指从中国西安出发，经过铁路运输方式，连接欧洲各地的班列服务，被誉为"钢铁驼队"。它能高效、快速、稳定地运输货物，为中欧贸易合作提供了重要支持。一方面，中欧班列"长安号"在运行效率、服务质量、速度和路线覆盖等方面表现出色。它在 15 条干线上常态化运行，覆盖了丝路沿线 45 个国家和地区，形成了广泛的物流网络。这为沿线各地的经贸往来提供了便利，促进了贸易合作和区域经济发展。另一方面，中欧班列"长安号"在新冠疫情期间发挥了重要作用。疫情导致航空和海运等传统运输方式受到限制，中欧班列作为陆路运输的可靠选择，稳定了国际供应链。它为各国提供了重要的物资运输通道，保障了医疗物资和日常生活用品的供应，展现了合作共赢和人类命运共同体的理念。

此外，中欧班列"长安号"的发展也推动了西安的转型和发展。西安逐渐成为全国中欧班列的集结中心，通过优化物流资源和提供高效的物流服务，重塑了西安"丝路枢纽"的地位。这为西安及周边地区的经济增长和对外合作带来了新的机遇，推动了合作共赢和追赶超越的新局面。

作为陕西省首趟国际货运班列，中欧班列"长安号"已经开行超过16054 列，运送了 411.7 万吨货物，成为陕西、西安对外开放的一张亮丽名片。截至 2022 年，中欧班列"长安号"的开行量达到了 4639 列，货运量位居全国第一，重箱率达到了全国最高水平。此外，西安国际港务区还成功开行了 198 列跨境电商专列，跨境电商交易额同比增长了约40.4%，达到了 35.1 亿元。2022 年，共有 381 家陕西企业通过中欧班列"长安号"进出口货物，同比增长了 5.2%。中欧班列"长安号"已经覆盖中亚、中东和欧洲等主要货源地，是陕西、西安落实共建"丝绸之路经济带"战略构想，实践国家"一带一路"倡议，发展门户经济、枢纽经济、流动经济的重要实践。①

（四）海外仓储模式

海外仓储模式是近年来发展迅速的一种物流模式，是一种将商品存储在海外仓库中，以便更快、更便捷地向国际客户提供物流服务的模式。它可以有效地解决跨境电商、跨境贸易等行业中的仓储、物流、清关等问题，提高物流效率和客户满意度。在海外仓储模式中，海外仓库是一个非常重要的组成部分。海外仓库的选址非常重要，需要考虑到以下因素。地理位置：海外仓库需要选在物流配送中心附近，以便更好地实现物流配送。政策环境：选址需要考虑当地政策环境，避免不必要的税费和其他问题。市场需求：需要根据当地市场需求来确定海外仓库的规模和存储商品种类。海外仓储模式的优势如表4-5所示。

表4-5　海外仓储模式的优势

优　势	内　容
节约物流时间	商品存储在海外仓库中，可以在接到订单后立即配送，节省了国际物流时间
降低物流成本	商品存储在海外仓库中，可以避免跨国运输中的高额关税和其他税费等费用，降低物流成本
降低退货率	商品存储在当地仓库中，可以更快地处理订单和售后问题，降低退货率
提高客户满意度	能够更快、更便捷地向客户提供物流服务，可以提高客户满意度和忠诚度

海外仓储模式主要包括自建仓储、合作仓储和第三方仓储三种形式。其中，自建仓储是最为直接的方式，企业需要自主投资、建设和管理海外仓库，为跨境电商、跨境贸易等行业提供仓储、物流、配送、清关等一站式服务。合作仓储则由国内的仓储企业与海外的仓储企业进行合作，

---

① 中欧班列官网，http://www.crexpress.cn/#/home，最后访问日期：2023年9月18日。

共同建设、管理、运营海外仓库，为客户提供跨境物流服务。第三方仓储则是第三方仓储企业将自己的仓储资源和管理经验整合，提供海外仓储服务，为客户提供多种物流解决方案。

1. 自建海外仓

自建海外仓是指企业在境外自主建立起来的仓库，用于存储、管理和分销自己的产品。相比于代建海外仓和第三方海外仓，自建海外仓拥有更大的自主权和管理灵活性，可以更好地控制存储及分销的成本和效率。

自建海外仓卖家拥有对整个物流过程的控制权，可以根据自己的需求和要求，自主决定海外仓的建设和运营方式，包括仓库的位置、面积、设备和管理团队；可以节省大量的存储和管理费用，同时可以更好地控制库存、物流和分销成本；可以更好地控制库存和物流，提高产品的交付速度和客户满意度。此外，也需要企业承担更多的投资和运营成本，承担更大的投资风险，包括建设、运营和管理成本；不同国家和地区的法律和监管政策可能会对海外仓的建设和运营造成影响，企业需要熟悉和遵守相关的法律法规；需要企业建立专业的仓库管理团队，包括管理、操作和安全人员等，同时也需要对员工进行培训和管理。

海外仓建仓费用高，跨境海外仓属于技术及资金密集型产业，海外仓的基本功能是仓储，仓库的建设和管理都需要高昂费用，当前我国大部分海外仓集中在英国、美国、德国、日本、澳大利亚等发达国家，人力成本高，而且海外仓的租金费用也高，总体来说，自建海外仓的成本主要包括以下几个方面。

（1）土地和房屋租赁成本

自建海外仓需要租赁土地和房屋，租金通常是自建海外仓成本中的主要开支。

（2）建筑设计和装修成本

需要雇用专业的建筑师和工人进行仓库的设计和装修，包括电力、水暖、消防、防盗系统等。

（3）购买和安装仓库设备

仓库设备包括货架、货车、叉车、装卸设备等，需要根据实际需求进行购买和安装，成本较高。

（4）人员工资和培训成本

需要雇用管理人员、仓库工人、物流人员等，同时需要进行培训以提高工人的工作效率和降低出错率。

（5）物流和运输成本

海外仓的物流和运输成本包括货物的进口、出口、运输、保险等费用，同时还需要考虑海关清关费用、仓储费用、关税等。

表4-6是一份自建海外仓成本的样例数据。

表4-6 自建海外仓成本数据

单位：美元

成本项目	成本估算	成本项目	成本估算
土地和房屋租赁成本	每月 10000～20000	人员工资和培训成本	每月 5000～10000
建筑设计和装修成本	50000～100000	物流和运输成本	每月 10000～20000
购买和安装仓库设备	30000～50000		

注：以上数据仅供参考，实际成本会受多种因素影响，如地区、仓库规模、设备品质等。

2. 跨境电商平台海外仓模式

跨境电商贸易平台和国际物流服务商提供完整的物流体系，主要代表如亚马逊平台的 FBA（Fulfilment By Amazon）模式。优点是平台经验丰富，物流体系完善，可针对目的国不同的政治、经济、文化、法律习俗等定制物流方案，有效整合国内、国际以及目的国物流资源，优化并完善供应链服务，从而配送时效更高，客户体验更好，有助于销量的提升，缺点是库存成本高，滞销品退回国内的费用高。

3. 第三方海外仓模式

该模式下主要有两种方法，一种是租用，另一种是与第三方合作建设海外仓。优点是可以降低企业投入的资金成本，对于租用海外仓的商家而言，减少了自建的成本，与第三方合作建设海外仓的商家也不用独自承担建仓费用，而且可以获得第三方海外仓企业更为专业化的服务，降低运营风险。缺点是会丧失部分对海外仓的控制权。

三 案例分析——京东海外仓

2023 年 9 月，国务院常务会议明确表示，开放是中国的基本国策，要加强对外开放，支持新设一批跨境电商综合试验区，进一步推进海关、税收、物流等政策配套改革，加大力度支持海外仓建设，为出口企业提供更好的物流供应链服务。在这样的政策和经济环境下，越来越多的中国品牌开始探索海外市场，包括传音、长虹、海信、小米、华为、TCL、vivo、OPPO 等。

京东海外仓致力于为这些中国出海品牌及海外本地商家提供物流供应链服务，通过在全球范围内建立海外仓库和物流网络，帮助中国品牌实现更快速、更便捷、更高效的跨境物流和订单处理。京东的海外仓遍布美国、欧洲、东南亚等多个地区，可以为中国品牌和海外商家提供一站式的物流服务，包括商品采购、仓储管理、订单处理、质量检验、包装配送等环节。同时，京东海外仓还能够通过集成各类物流渠道，为中国品牌和海外商家提供更加全面的物流解决方案，满足不同地区、不同渠道、不同订单的物流需求。

截至 2021 年底，京东海外仓在全球建立了 200 多个物流节点，其中建立了 38 个仓库，覆盖了北美、欧洲、澳大利亚、日本等地区，以满足全球用户的购物需求。在这些海外仓中，存储了各种不同种类的商品，如电子产品、家居用品、母婴用品、服装等，以满足不同用户的需求。当然最有优势的还是京东海外仓的物流时效，相比传统的海外物流来说，京东海外仓的物流速度要快很多，在美国，用户下单后 2～5 天即可收到来自海外的商品。

一方面，依托稳定的干线资源，打通国际物流全链路，京东物流通过对货物实时跟踪，减少异常风险；另一方面，京东物流可为不同垂直行业企业提供多渠道、多市场、多平台的高效库存、配送解决方案，为海内外卖家提高效率并减少链路中的成本。此外，京东物流依托海外本地自营团队和服务资源，以海外仓为支点，提供 BC 同仓、退换维保等全套服务。

2020 年以来，京东物流就在海外加速布局以海外仓为核心的物流供应链基础设施。截至 2022 年 6 月 30 日，京东物流已在全球运营近 90 个保税仓库、直邮仓库和海外仓库，总管理面积近 90 万平方米，跨境网络总仓储面积同比增长超 70%。在美国、德国、荷兰、法国、英国、波兰、阿联酋、澳大利亚、印度尼西亚、泰国、越南、马来西亚等地部署了自营仓网，覆盖亚洲、欧洲、美洲、大洋洲等的主要国家，在形成区域合力的基础上，串联起覆盖全球的端到端织网布局。

京东物流一直以其仓库作为主要竞争优势，构建整个供应链网络。经过多年的建设，京东物流的海外仓已经发展到能够为跨境品牌提供一体化的网络建设，为客户提供可定制的全球、多渠道、多仓发货解决方案。

京东物流还提供小包、空派、空卡、海派、海卡、铁路及陆路等全面跨境运输服务，以满足中国出海品牌多种业务场景的电商物流需求。该公司拥有中美、中欧、中英、中德、中澳等专线小包、空派、海派、海卡、铁派等跨境产品，同时还提供海外当地清关、拖车、B2B 和 B2C 运输的服务。京东物流通过构建稳定的出海新基建，凭借其自动化设备、库存管理系统、海外当地清关及运输、海外售后中心等，可为国货出海提供一站式端到端的一体化供应链服务，涵盖跨境运输、海外仓储和末端配送。

以前，许多国货出海的物流过程中，每一段的承运商都不同，如国内段物流、国际干线段物流、海外当地的末端物流等都由不同企业来负责，这势必会导致中间环节的费用和时间成本提高。京东物流海外仓可以解决国货出海中遇到的这些问题。例如，通过京东物流提供的"门到门"跨境供应链服务，某国内手机品牌成功提升了其国际运输和存储效率，客户只需将产品发到京东物流在国内的收货点，余下的物流环节都可以交给京东物流。

现在，某国内电器品牌通过京东物流提供的德语区（德国、瑞士、奥地利）配送方案，包括送装一体、取旧、预约、签单等增值服务成功扩大了海外市场，增加了产品销量。品牌不再需要烦琐地与多个承运商对接，也省去了大量物流成本，品牌原有的运输破损率下降到万分之二以下，2B 配送时效提升至 2 ~ 5 天，2C 提升至 1 ~ 3 天。京东物流在全球已经拥有近 90 个保税仓、直邮仓和海外仓，全部由京东物流自主运营。

京东物流在选址时，会进行大量的前期调研工作，考虑当地的交通环境、干线设施等因素。2022 年 12 月，京东在迪拜工业园内建设的迪拜 2 号仓正式投入运营。该仓位于两条高速公路交汇处，距离中东地区吞吐量最大的杰贝阿里港仅 20 分钟车程，是迪拜政府规划的工业发展核心地区。这个地理位置非常有利于物流仓储，并为京东下一步提供辐射亚、非、欧三大洲的一体化供应链解决方案打下了坚实的基础。

在美国，京东物流在洛杉矶、亚特兰大、新泽西布局海外仓，覆盖了美国的西部、中部和东部，同时北可辐射加拿大，南可辐射墨西哥，以达到服务范围和效率的最大化。京东美国仓出库的订单次日即可送达美国全境主要一线城市，2 ~ 3 天的服务已可覆盖美国 90% 的地区。

京东物流在海外仓建设中，因不同国家在仓库设备、消防安全、劳动保护方面会有不同的标准和要求，同时发达国家人工成本较高，因此投入了大量智能化设备。2023 年的"6·18"期间，京东物流在美国正式启用了"洛杉矶 2 号"自动化仓，通过采用"飞狼"料箱机器人，提升了货品存储密度，仓内小件型商品存储位从 10000 个增加到 35000 个以上。该系统通过密集存储、智能拣选、自动避障、自主充电等功能，减少了耗时和繁重的人工存取及搬运流程，大大减少了出库时间，整体运营效率提升了三倍以上。[①]

通过因地制宜地建设和运营海外仓，京东物流能够更具优势地服务于当地企业和国货品牌，实现降本增效。这也让京东物流在当地的服务更加得心应手。

第四节　跨境电商的数据安全问题

由于日常生产与生活的日趋数字化，信息已经成为主要的生产元素，信息对个人、公司、产业以及国家的意义日益突出，而关于安全的保障，也将日益迫切。随着中国跨境电商的高速发展，人们利用跨境电商所交易的商品数量越来越多，同时涵盖的应用领域也日益广泛，但是中国跨境电商领域的安全问题仍然较为明显。

2017 年，中国的跨境电商平台小红书发生了一起用户数据泄露事件，这个事件典型地展示了大数据安全所面临的问题。在个人信息被曝光后，用户们遭受了大量诈骗电话的骚扰，这些诈骗分子以退款为幌子，通过 360 借条、马上融资、蚂蚁借呗等借贷软件进行个人信息欺诈，从而给小红书网站的用户们造成了不同程度的经济损失。然而，个人信息泄露问题早已成为中国跨境电子商务企业普遍存在的难题，而在这个问题中，受害最严重的往往是广大消费者。

中国内地首份对聚美海外购、洋码头、小红书、网易考拉海购、丰趣海淘、达令、海蜜等七家跨境进口电商网站数据应用条款的评估报告发现，这些跨境进口电商网站在信息收集和评估、保护等方面存在严重

---

① 京东物流官网，https://www.jdl.com，最后访问日期：2023 年 5 月 17 日。

违反合法、公正和必要性原则的问题。同时，它们也未能履行规定的数据保护义务，并未在合理时间内履行相应的责任。目前，我国跨境电子商务方面的安全问题大致体现在以下一些领域。

一　跨境电子商务交易中的安全问题①

跨境电商平台企业在注册、采购和付款等环节掌控了巨量的用户信息，但由于平台的系统漏洞以及对数据保护职责不清晰，造成了电子商务平台企业个人信息泄露的问题。针对平台公司的数据防护系统特点，首先，关键是要避免平台内部人员因商业效应而将大量用户数据倒卖给别人。其次，提高平台公司的数据防护技术意识，通过平台公司与安全厂商的协作，协助平台公司设置数据保护的防御墙，这也是防止平台公司数据外泄的有效方式。

二　跨境电子商务物流配送环节的质量安全问题

电商在全球跨境电商的发展进程中产生了巨大的影响，但也会造成一些交易问题。首先，最主要的问题是系统漏洞，此外还存在大量物流单据的交易。电子商务单据交易的风险通常集中在那些管理方式较为粗放的物流代理点。其次，由于中国国内跨境电子商务的快速发展，物流企业的数量增加也十分迅速，而且市场竞争也十分活跃，因此企业为了降低经营成本，其信息系统一般建设在物流公司内部的电子商务交易系统上，其数据的完整性和对数据的保障能力通常也很差，这就很易造成信息系统的安全漏洞，因此不法企业很有可能直接从信息系统中窃取大量物流企业的数据，或者个人的数据。

---

① 《专题·安全服贸｜浅析跨境电商领域的数据安全问题》，中国信息安全，https：//mp.weixin.qq.com/s？＿＿biz＝MzA5MzE5MDAzOA＝＝&mid＝2664131893&idx＝2&sn＝d44eb0b484a81c70c8c077549f850887&chksm＝8b5e6fccbc29e6da67d32170d512c2e659321ae9a6f7fa0b1ed76be783d56d3ff3c2f7b3b84e&scene＝27，最后访问日期：2023 年 7 月 8 日。

三 跨境电商用户环节的安全问题

在实际应用过程中，有一些问题可能会对数据安全产生影响，例如木马病毒、钓鱼和账号被盗等。移动端的商业应用中，部分移动 App 可能存在木马病毒，当消费者下载这些 App 时，病毒内容可能会远程监控他们的行为。与此同时，由于跨境电商的交易记录都是以电子形式保存的，经营者具备通过技术手段更改、删除或者毁灭记录的能力，因此消费者的交易记录被删除的概率也大大增加。这种情况给消费者依法维权带来了一定的困难。

四 跨境电商领域数据保护的建议

（一）增强跨境电子商务公司的安全意识

受新冠疫情的影响，我国跨境电子商务逐渐转变为一个新型产业，开始承担推动外贸、促进发展的重要历史使命。然而，在中国国内的跨境电商行业中，竞争形势依然异常激烈。如果企业无法从维护消费者的安全利益出发，并且缺乏良好的安全意识，那么很难赢得广大消费者的支持，也难以获得更多的经营资金。因此，人们应该提高对《中华人民共和国电子商务法》等相关法律法规的了解和熟悉程度，以增强公众对跨境电商企业安全问题的意识。

（二）加强跨境电子商务公司的数据保护技术水平

针对目前中国跨境电子商务企业发展过程中对安全保护技术的需求，电商公司势必需要加强与国内安全企业之间的科技合作，通过对企业内部关键部件和重要的安全技术手段的合理运用，以保障公司信息安全，并由此技术来维护公司用户的合法权利，实现公司的商业效应。这方面可通过召开针对安全的会议和技术对接会，与网络安全企业和跨境电子商务公司积极沟通，寻求合作契机。

（三）积极开展数据安全的人员培训

为了应对跨境电商领域的挑战，我们需要为重要人才和管理者提供培训。这包括与网络公司合作，提供有关恶意软件分析和事件处理的培训，以增强从业人员的技能。此外，还可以有针对性地进行法律培训，以满足特定国家和地区法规的要求。通过这样的培训，国内企业将能够在开拓海外市场时防范国家安全问题，并确保企业合规运营。

（四）深入开展国际合作

随着跨境电商行业的发展，国际贸易规则正在逐步确立，这自然要求各国社会通过增进经济合作和更加有效的信息交流来建立促进跨境电商发展的国际贸易准则。与此同时，国际社会也需要积极推动在跨境电商安全方面进行技术政策、技术标准和合规评估流程等领域的协调和合作。另外，中国的互联网公司还需要主动参与跨境电商国际贸易规则的制定工作，为该行业的安全规范的制定建言献策。

综上所述，我国跨境电子商务正处于快速发展的阶段，因此需要持续加强安全性，并且需要更多公司在技术和标准等方面提供支持。可以说，我国跨境电商与数据安全企业的合作融合，必将成为中国企业未来发展的主要趋势。当然，在这一融合过程中也会面临一些挑战，但这也将为中国企业带来更大的发展和增长机遇。

本章小结

本章概述了跨境电商的基本概念和发展趋势，同时介绍了跨境电商支付和物流方面的问题。

跨境电商是指消费者通过互联网购买海外商品或服务的行为，其主要特点是通过电子商务平台进行交易，并跨越国家和地域的限制。随着全球化的推进和互联网技术的不断发展，跨境电商已成为全球经济发展的重要驱动力。

在跨境电商支付方面，跨境支付的难度主要集中在汇率风险、资金安全、支付方式等方面。因此，跨境电商支付需要建立安全、高效的支付渠道，采用多种支付方式，同时注意风险控制和合规性。

在跨境电商物流方面，物流是跨境电子商务贸易中最具挑战性的环节之一。由于国家间的法律、政策、语言和文化差异，跨境物流需要面对多种复杂的问题，如海关清关流程烦琐、物流费用高、运输时间长等。为了解决这些问题，跨境电商需要建立完善的物流体系，加强与物流服务提供商的合作，提高物流效率和服务水平。

总之，跨境电商的发展前景广阔，但也面临着诸多挑战。只有通过建立完善的跨境电商支付和物流体系，才能更好地满足消费者的需求，推动跨境电商的快速发展。

第五章 数字贸易中的物流与供应链

第一节 数字贸易供应链

一 数字贸易与供应链的关系

（一）供应链对数字贸易的影响

新冠疫情传播与逆全球化的发展趋势，已经透露出了中国产业链与供应商之间的巨大安全隐患，"十四五"计划纲要中就已经明确，要做好中国产业链供应链现代化项目。数字化供应链是推动全产业链供应链构建，畅通国民经济信息密闭式流动的重要组成部分。为此，必须研究数字化供应链的基本含义与发展途径，并进一步深入研究其对推动国内外经济社会大循环发展的重要影响机制，以及促进数字化供应链构建的关键因素，以便充分发挥数字化供应链在构成新型市场经济发展态势中的关键作用。

数字化企业利用数字化技术大幅提升了企业的产能和质量，不仅能够为企业带来很大利润，还在更广范围内深刻地改变着整个国民经济系统的整体效益与质量。同时通过数字化企业，也能促进企业生产流通。

一是通过电子化企业的方式有效衔接供应链环节，拓展了企业对零散信息、产品有限的需求空间。在企业生产和销售流程上，通过采用 C2M（产品直连制造）的形式直接向企业供应用户信息资源，同时又通过信息分析模型，把企业的个性化需求直接体现到公司生产中，大大简化了企业制造中间环节，以良好的信息供应促进了企业消费的扩大。二是通过可视化供应商体系有效控制供应风险，极大增强了中小企业产品循环的弹性。在客户供应环节，通过可视化供应体系可以帮助客户准确地预估供货数量和库存结构，同时实现了对客户生产供应的分级评估和风险预警，从而确保生产供应的充分可信。在物流配送环节，通过可视化物流配送体系使中小企业通过仓配体系、数智系统确定了供货渠道，从而降低了库存，提高了库存周转量，获得了充分、稳健的仓配来源。

1. 企业利用数字化供应链推动国内大循环

首先，企业利用数字化供应链助力产业集群发展，提高本土公司的自我调节水平。通过使用数字化企业模型，我们可以更高效地通过地理空间与虚拟网络实现企业有效整合，同时也可以融通全国大中小各类规模不同的企业公司，商业、服务业中各个功能类型的公司，以及上中下游的行业公司，从而形成全国最有吸引力的企业群体，高效保证核心企业商品供应，进一步增强我们的全国业务拓展力。其次，农业公司通过数字化供应链技术促进了城乡市场要素的双向流转，从而有效推动了本地企业的成长。在农业城市循环领域，公司通过数字化供应链技术开辟了现代农业的信息上下行通道，为传统农业公司开拓了市场营销新途径，同时结合城市企业开展相关的信息交易系统和服务，有效促进了农业城市供需的双向循环。在园区循环方面，利用数字供应链技术能够使传统企业供应链向更大的范畴拓展和融合，把传统企业的分配体系纳入了虚拟空间的分配体系中，更有利于促使国内外产业形成发展新格局。最后，通过数字化供应链技术发挥了资本、技术的相互循环纽带的功能，更高效地激活企业生产经营能力。运用数字化及企业信息化有效解决了传统企业投资的难题，高效促进了企业资金周转，有效控制了企业的投资风险，同时有效释放了企业供应链中下游产业的投资动力。

2. 数字化供应链将畅通国内外公司大流通

一方面，数字化供应链将有助于国内外公司在国际渠道拓展，从而增强了对世界市场的控制力。另一方面，电子化供应链则连通了公司在国内的全球渠道，从而借助跨境电商网络汇聚了国内各地的采购商、供应商、服务商，同时又通过多渠道发力有效地降低了单一公司的停产和经营风险等因素。在未来，跨境电商还将作为中国境内公司外贸进出口的主要方式，对稳定中国国内外公司发展起着关键作用。2020 年 5 月，在中海外货物贸易总进出口金额同比下降约 4.9% 的态势下，中国经海关总署和跨境电商信息系统进入的中国国外交易总额逆势增加，同比增加了大约 20.9%。另外，数字化供应链也将推动发展中国国际贸易的新兴服务业，进而拓展了中国外贸企业积极参与世界国际贸易的发展空间。数字化供应链将推动中国跨境供应链向数字化、智能化、简约化等方向的发展，给国际贸易企业带来了涉及诚信保障、国际贸易管理等的综合服务以及对金融市场的综合保障，并将有力支撑着数字国际贸易这种新兴国际贸易方式的蓬勃发展。同时，也使外贸拓展了在世界各地多样化的营销和供货渠道，极大地提升了国内外贸与世界合作的积极性。

3. 激发中小企业充分发挥数字化供应链的发展潜力

以下几个要素将起到关键作用。一是对中小企业发展的政策"愿不愿"，即企业是否具备发展数字化供应链的基础，并愿意发挥主动性，投入相应的资源，包括制定战略规划、持续投入资金、升级信息系统、引进相关人才等，并承担数字化供应链升级失败的风险。二是政策"行不行"，即地方政府部门和相关组织是否对中小企业实施了与供应链电子化转型升级有关的政策扶持和保障。也就是说，财政上对运用大数据、区块链、5G 等新一代技术的综合创新产品与服务企业是否有资金扶持，以及有没有用于产学研等多方面共同培养珠海市技术学校的数字化企业人才的专项资金。三是产业氛围"好不好"，即是不是有适合为数字化公司服务的市场氛围，公司内是不是有比较完善的解决方案提供商，给公司提供的数字化供应商业务是否有多样化的应用环境；数字化公司的管理标准、考核制度等怎么建立，以及对公司内数字化供应商的业务性能应如何进行综合客观的评价；公司的大数据保护管理制度怎么完善；等等。

（二）我国数字贸易的发展

当前，数字贸易技术日益成为全球贸易的重要支撑，并推动着世界贸易的发展升级，为全球经济增添了成长的新动力。习近平总书记高度重视我国的数字经济建设工作，并指出要不断做强做优做大数字经济，积极打造国家数字经济示范区。近年来，我国的数字贸易规模逐渐扩大，发展数字经济方面的成效也显著增加。

1. 我国发展数字贸易具有显著优势

"十三五"时期，我国的数字服务贸易规模逐步扩大，呈现出稳中向好的发展趋势。海外电子商务是数字贸易的重要发展方向之一，我国在数字交易领域各产业公司和品牌的国外市场占有率不断扩大；衡量中国数字交易出口能力最主要的标准软件产品出口，长期呈现稳定趋势，且交易领域呈现多元化态势；中国自主研发设计游戏产品的公司在国外市场吸引力与地位将明显提升，中国数字内容业务的出口实力也将逐步增强。

中国开展数字贸易有着明显优势。世界第一庞大的市场网民规模、世界第一丰富的电子信息来源、世界第一货物贸易大国、全球第二强大经济体，为开展数字国际贸易创造了基本保障条件；有世界最丰富的高素质劳动者源泉，人力资本不断积聚，为开展数字国际贸易创造了巨大的知识储备；技术创新水平明显提高，研究投资量持续增长，数字创新成效明显，为数字国际贸易的开展奠定了创新保证。

2. 以数据引领、技术驱动与平台创新助推数字贸易发展

数字贸易有助于实现规模经济、范围经济和长尾经济，从而在一定程度上缓解了全球供应链中断带来的风险，助推我国对外贸易稳定发展，提升了我国的全球供应链管控能力。提升我国数字贸易发展水平，需重点加强数据引领、强化科技创新和促进产业技术创新。

（1）加强数据引领

数据开始作为商业关键生产元素是大数据经济发展的重要起点。由于信息本身具备高可复用度和共享度，行业之间能够利用信息实现重复使用、制造与融合，从而开辟出行业的增长创新空间。而同时利用信息，也能够使行业的人员、产品和资金等重要生产制造要素实现数字化生产和智能改造，从而促进了不同要素在各个产业和区域之间的高效成链、集结、组团、入网和解构，进而推动了信息产业化与产业数字化的深度整合，也因此增强了整条产业链供应链的稳定性。此外，以数据为核心实现的企业技术开发和应用、生产改进和技术创新以及企业生产流程改进、经营业绩提升，可以有效驱动实现企业价值链的变革，从而高效连接开发、供应、制造、市场以及服务各环节。

（2）强化科技创新

通过创新，数字贸易可以助力公司多维统计全球用户生活数据，全面发现用户需求偏好，并通过产品种类多元化和制造过程自动化，持续满足价值需求，提高用户满意度。数字贸易强化科技驱动能够有效地利用终端产品的数据推动生产制造、促进制造的智能转型、分析产品数据，助力制造产业进行精确开发、精确制造和准确定价。数字贸易在与制造产业相关联的环节中强化科技推动，可以倒逼制造产业进行数字化改造。

（3）促进产业技术创新

通过数字交易平台可以突破市场空间局限，改善传统制造环节和消费环节的分割状况，直接以消费者需求为导向，实现市场供需的有效衔接。通过数字交易平台的数据处理、查询、分析与发布，进行大数据交

易的企业就能够直接触及最终用户，而企业层级的降低使得企业的交易费用大大降低，从而减少了不必要的磋商成本，降低了贸易组织成本以及企业之间的协作效率。同时通过数据交易平台还能够形成各个领域客户、企业与合作伙伴之间的横向协同，以及利用企业直接融资的上下游企业融资链条，从而减轻了企业融资负担。通过数字交易系统可以在拓宽交易领域的同时，保持稳定的多源供应和自由生产供应链，减少特定商品的排他性，提升供应链的成本和供需组合有效性。

3. 发展数字贸易，推动经济全球化

近年来受逆全球化趋势和新冠疫情的共同影响，我国传统外贸发展的效果已经减弱，数字贸易在推动我国经济全球化的进程中将大有可为。

（1）利用数字贸易推动"更加开放"的信息交易国际化

借助物联网，数据交易的发展能够帮助客户突破以往单一商品的局限，进而扩大了交易调配的范围。这样，企业在上海经营的电子产品，既能够采用日本的精密仪器，又能够采用东南亚的产品，并且可以准确掌握订货日期和生产加工的先进工艺。通过数据交易平台，数据交易的开展可以大幅度降低信息交换的使用成本，让双方不用见面即可开展交易。通过大幅度降低交货和物流中的成本及费用，数据交易的开展可以促进价值链分工更加细化。

（2）用数字贸易助推"更加包容"的经贸国际化

随着数字贸易的蓬勃发展，涌现出了越来越多的新行业和产品平台，其中聚集着大量供应链的上下游公司，形成了传统产业物理聚集方式所没有的虚拟互联网聚集效果。这些企业聚集的时间与空间范围也越来越广泛，甚至能够覆盖全球整条供应链上的所有公司，可以进行全天候贸易活动，这也使得世界范围内的供应链网络更为稳固、更具有包容性。

（3）利用数字贸易，推动"更加普惠"的经贸全球化

在数字贸易条件下，众多交易企业能够将广大的中小企业与个人用

户进行互联，减少了交易时间，降低了交易成本和交易费用，从而发展壮大共享经济企业，并在不同国度、不同阶段、不同人群之间，共享着贸易全球化所创造的巨大收益。

（4）用数字贸易助推"更加平衡"的经贸国际化

跨境电商彻底改变了跨国公司在世界价值链中的原有经营方式，也促使全球经贸关系朝着网状式、对等式方向发展，使全球各方都变成了世界经济发展的重要参与者、贡献者、受益人。

（5）用数字贸易助推"更加共赢"的贸易国际化

数字贸易使智慧制造业涵盖的领域更加丰富，涵盖的业务量更加丰富，触及的领域更加广阔，可以为我国制造业转型和增长模式改革创造有效的基础条件，使越来越多发达国家的制造业加入世界分工系统中，共享全球化创造的便利与世界经济繁荣的硕果。

二 数字贸易

（一）数字贸易概述

构建新发展格局是个复杂和庞大的系统工程，它包括产业、市场、技术、分配结构、城乡协调、社会发展、民生福祉等方方面面。但其中有一个基本的传动系统——贸易和供应链。健康的供应链体系是双循环新发展格局的重要载体。

供应链的运转是通过一系列的交易与物流行为来推动和实现的。这一过程的表现形式和实现途径通常被我们称为"贸易"。现在我们讲的双循环新格局，某种程度上就是指由贸易行为的变化所引致的供应链结构和空间布局的优化与调整。贸易行为的变化，主要体现在贸易内容、贸易对象、贸易技术上。

随着信息和通信技术的快速迭代，"数字革命"在全球范围内兴起，并开始深刻重塑全球经济格局。数字经济发展生成的强大数据流，正改变传统经济与贸易形态，人们更多地通过数字化手段完成交易行为，数字产品和服务也日益成为重要的交易产品，这就使数字贸易日益成为贸易的重要形态。数据作为一种新的重要的生产要素，对全球经济增长的贡献度越来越高。据美国布鲁金斯学会研究，2009~2018 年，数据跨境流动对全球经济增长的贡献度高达 10.1%。美国耶鲁大学高级研究员扎姆·萨克斯认为，在今后的 5 年里，全球经济产业的一半将通过数字手段实现。数据结合和跨境共享将给国际社会带来巨大的福利。①

（二）数字贸易的基本分类

1. 数字贸易种类

数字贸易一般分为数字服务贸易、数字货物贸易和数据贸易三大类。数字服务贸易包括数字化服务贸易及数字内容与技术服务贸易两大类，如图 5-1 所示；数字货物贸易主要是指电子商务平台上的数字化贸易。

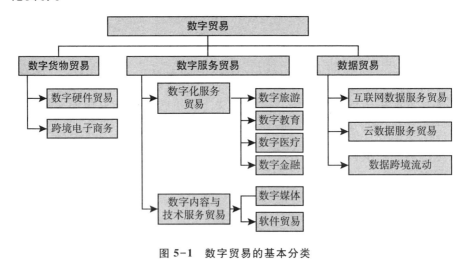

图 5-1 数字贸易的基本分类

① 《央行国际司周宇：金融部门数据跨境流动规则的国际实践及启示》，https：//finance. sina. com. cn/zl/china/2023-03-02/zl-imyimwvx4588205. shtml?tj=cxvertical_ pc_ zhuanlanpc_ g，最后访问日期：2023 年 11 月 21 日。

2. 我国对数字贸易的理解

中国尚未形成清晰、明确、统一的数字贸易概念。从一些政府部门监管的角度来看，倾向于将数字贸易归类为服务贸易范畴，习惯于把数字贸易和商品贸易区分开，谈及数字贸易往往指的是"数字服务贸易"；从企业角度来看，因为我国相当多的互联网平台企业从事跨境电子商务业务，谈及存在这种情况，和我国对数字贸易管理条块分割的体制也有关。人们还习惯于从认知的片面性和工作本位出发去理解数字贸易，这导致数字贸易的概念在我国仍被分割化、碎片化。

数字贸易是利用互联网平台和现代信息数据技术，提供有形实体商品和无形服务商品的一种新型贸易形态。中国是世界上数字贸易发展最充满活力和创造力的国家。当前，数字货物贸易与数字服务贸易正呈融合化发展趋势，如跨境电商平台在提供商品交易的同时，也提供搜索、结算、融资、物流、关务、供应链管理等数字服务；社交服务平台也能提供社交电商、直播带货等带货功能。

在数字货物贸易经济与数字服务经济高度融合的大背景下，人们已无法割裂地重新审视数字交易。要与国际上对广义数字国际贸易的定义相衔接，让我国的数字国际贸易能够更明确地引导与下定义，并有更多更好的探索和进展，为世界自由贸易做出新时代贡献。政府、企业、学界应该基于内涵更为丰富的数字贸易概念开展探讨。

三　供应链管理

（一）供应链概述

"供应链"一词是 20 世纪 80 年代提出来的，直接译自英文"supply chain"，供应链是指一个企业围绕着关键业务，经过对信息流、物流、资金流等的高效控制后，从采购原料供给开始，接着再进行加工制造等中间产品的最后生产，然后再通过销售网络把中间产品送到用户周围的整个过程，将客户、生产者、零售商等，乃至企业与终端用户都连成了一个完整的多功能网链结构模式。这是一个范围非常广泛的产业组合模式，包括所有与其关联的中间产品中下游最终客户等，从原材料的最后供应开始，接着又经过了在整个过程中对各个产业的加工生产、制造、销售等的整个过程，一直到终端用户。它不仅是一个连接了供应商和消费者之间的商品链、信用链、资金链，而且是一种配送链，它在商务活动中会随着制造、生产、配送各个环节的不同因素而发生变化，促使各行业都提高了效益。

供应链是在生产制造活动和商品流通的过程中，由从事着把商品或服务供应给最终用户活动的上游与下游公司所联合构成的物网链构成。在信息时代，企业已从原来的地区性概念逐步发展到了一种全球性概念，由中心企业的直线构成逐步转变成了包围着核心企业的网状结构。从价值链的角度看，在整个价值链中的所有消费或服务活动所产生的所有信息流、货物及服务流、人员以及资金流等组成了一个供应链，它将生产企业、制造商、运输者、经销商，以及消费者等在整体价值链中的各种作用，连成了链状或网状的完整系统，而整条供应链的所有信息流、物流或服务流，以及资金流都是由消费者需求所带动的。

（二）供应链的特征

1. 供应链的各个环节都是公司发展必不可少的因素参与者

从概念上讲，供应商将对企业所有作用的要素，以及在制造产品时，提供给用户在所要求的业务过程中起作用的各方面都包括在其中：从厂商、生产者、分销商、零售店、物流供应商直到终端用户。

2. 供应链是一条物流链、信息链、资金链、服务增值链

供应链不仅是一条从制造商直到终端用户的物流链、信息链、资金链，同时还是一条服务增值链，可以让整个供应链的所有成员获益。它使企业生产加工、物流配送的产品提高了利润，也为其他公司创造了利润。

3. 供应链管理是将若干供应商所集合的网链结构

采购把东西买进来、生产去加工增值、物流去配送给客户，环环相扣，就形成了供应链。供应链是将供应商、制造商、分销商直到最终用户连成一个整体的功能网链结构。供应链管理就是做好每个环节的管理，完整串联起供应链的一系列工作。

(三) 供应链的范围

从供应链的概念中可以发现，供应链实际上是一种扩展的组织模型，它对组织的整个企业管理过程加以前伸与后延，使之从时间跨度、参与者、利益的形成环节和过程中延伸与变化。因此，对于供应链的基本概念应该从下面 4 个角度来认识。

1. 供应链的跨度

供应商的跨度，即一种产品从提供原材料的企业，经过制造商、分销商、批发商、配送中心和零售商中的全部或部分企业，最终到达目标用户的全过程。尽管这种流程比单一公司的生产管理活动流程更长，但也可能比原本应由多家公司才能进行的生产管理活动流程的总和更少，更为优化。

2. 供应链的参与者

供应链的主要参与者，涉及商品从制造到消费全过程中一切负责供给、产品分配、交易、消费等的机构与个人。这些参与者，如供货商、厂家批发商和零售业、物流和运输公司等，在为单个公司运营时，总是保持着自我独立的状态，总是从本公司的共同利益出发去思考问题。但在整个供应链下，参与者却必须从供应链的整体利益去思考问题。

3. 供应链的价值形成活动

供应商的价格形成行为，涉及旨在为消费者创造最满意的商品或劳务的生产加工供应、物流、包装、搬运、仓储以及营销等行为。相比单一公司而言供应链的经营活动范围更广，需要协同的环节更多。

4. 供应链的流程

供应链的流程分为物流（物资流通）、商流（商品交易）、信息流（信息交易）和资金流四大环节。四个流程都具有各种不同的角色和不同的流动方式，具体如下。

第一，物流是传递商品的程序，大部分的商品是由供货商发出，通过各环节最后送达消费者手里，包括原材料、零部件产成品和零点五成品等，以及因退货修理、废弃物利用和处置等形成的反向物资流通。

第二，商流主要表现为提出订货、接受货款、签订合同等。在供货商和客户之间传递信息，从供货商向客户传递是售，表现为接收订货、签订合同等；而从客户向供货商的方向是买，表现为提出订货、签订合同等。

第三，信息流是货物与贸易数据信息的传递，包括订货的要求和受理交货买卖双方的供求状况等，它是在企业和消费者中间双向传递的。从供货商向客户方向传递的是订货的内容、供货数量、产品生产和交付情况等；而从客户向供货商方向传递的是订货的提出、库存状态，以及产品的种类、重量和品质等。

第四，资金流则是指人民币的自由流动，主要是对款项的支付，可通过信用证票据、托收单等渠道。它是物流、商流与信息流相互交换的结果，运动流向主要从消费者开始并通过各环节指向厂商，而当发生了退货、修理、废弃物利用和处置等问题之后，就有了流动资金的反向流通。

过去，我们比较注重物流和商流，却忽视了信息流，不重视对资本的有效利用，使整体流通质量和效率都无法提升。只有在供应链情况下，这种问题才能得到改善。

供应链的概念包括商品或劳务从制造到消费全过程的公司或企业团体的各种经营行为，反映出各个参与者共荣共损的伙伴关系。

（四）供应链管理概述

为了能更好地发挥供应链上各个参与方的作用，真正使它们形成战略联盟，并在激烈的市场竞争中获得成功，必须在供应链内建立最佳的合作关系，结成利益共同体，进行一体化管理，实现优势互补。因此，必须研究如何进行供应链内各种资源的有效整合，从而发挥供应链的最佳整体功能。于是，人们提出了供应链管理的概念。

1. 供应链管理的内涵

供应链管理是一个高度集成的管理观念和技术，是一种全新的管理策略，它更注重企业整体的经营效益，强调公司内部的协调。

1982 年，博思艾伦咨询公司（Booz Allen Hamilton）的商业顾问奥立弗（Olive）在接受英国《金融时报》的专访时把"供应链管理"一词引入公共领域。20 世纪 90 年代中期，"供应链管理"一词随着一系列文章的发表和书籍的出版而流行起来。供应链最初被定义为，包括一切和商品从原材料到最终用户的物流流动与交换有关的商业活动及其相应的信息流。供应链管理被定义为通过改善供应链关系来整合供应链活动，以实现竞争优势的过程。20 世纪 90 年代末，"供应链管理"被越来越多的运营管理者使用。

按照我国 2006 年颁布的《国家标准：物流术语（GB/T 18354—2006）》中的规定，公司供应链管理工作是指公司对整个供应链活动中所包含的全部工作实施规划、管理、调整与监控等。供应链管理的根本理念是以管理的观念和手段，对整个供应链上的企业实施控制，并调整链上各个企业的经营行为，以增进链上各个企业的协同发展，防止和降低链上各个企业的延误或损失，从而实现对整体企业的管理优化，最后使整个供应链上的各个企业均能获利。

2. 供应链管理的主要内容

供应链管理主要包括对物流、资金流、信息流的管理与监控。其中，对物流的管理是整个供应链管理的核心。产品的供应商利益，由原来的生产企业走向了上下游不同的制造企业，并由此实现了一个新生产流程的生成过程；而产品利益，则由原来制造企业走向了上下游的产品消费者、销售商，最后到了产品消费者的手里，从而实现了产品利益。而怎样使这些制造过程，以最少的成本、最少的投入尽量减少影响，以最少的误差获得质量，是企业管理者讨论的重心，也正是生产企业经营的根本任务。

所以，供应商管理的根本任务就在于将合格的货物或产品（Right Product or Service）按照合适的状态与包装（Right Condition and Packaging），以合适的数量（Right Quantity）和合适的成本（Right Cost），在合适的时间（Right Time）送到合适的顾客（Right Customer）和合适的地点（Right Place），即所谓的"7R"供应计划。

一个企业，既要管理企业内部的资源，也要了解和协调供应链上其他企业的活动及资源，以防止供应链上其他企业独立行动而给自己企业的生产经营带来不确定性。因此，企业资源计划（ERP）、制造资源计划（MRP II）以及其他一些信息技术（如客户关系管理、电子数据交换等）才有了用武之地。

电子商务技术的发展与应用，让实施供应链管理成为可能。电子商务产品克服了供应链中企业内部数据共享的技术难题。先进的信息技术使得信息获取和传递的成本降低、速度加快，管理人员足不出户就可以通过电子订货系统（EOS）获取来自消费者、其他企业的需求和供应信息，在技术上解决了和电子数据交换企业之间相互缺乏了解、恶性竞争、产品同质化的瓶颈问题。

供应链管理（Supply Chain Management，SCM）指在最大顾客市场的情况下，通过在整条供应链系统取得综合的地位，将企业、生产者、物流者、销售商与用户等合理地组成一个均衡利益的集团，进而实现生产成本下降，同时使供应链的组成企业的自身质量和价值得以提升。

供应链管理系统的主要目的是，从系统管理的视角入手，通过对具有联系的各个环节实施统筹管理，全面提高整个供应链的运行质量，尤其是连接处的质量，并建立共赢的协作关系，以减少综合经营成本，增强企业综合竞争能力。

供应链控制的实质是对供应链上有关参与者的所有行为，包括上述行为所产生的信息流、物流、资金流实施综合控制，进而以最高的效率、最低的成本为顾客创造最高的价值，提高并保证整条供应链的竞争力。

为了进一步理解供应链管理的内容，我们需要掌握以下几项内容。

第一，企业经营的重点工作有市场研究与预测、产品规划与排程、补货、仓储管理。

第二，供应链管理涉及的主要社会关系有客户关系、供货商关系、合作伙伴关系（如第三方物流、咨询机构等）、人员关系等。

第三，分类和预测是供应链管理的重要基石，而实现成员之间协同工作是保证需求预测准确性的关键。

3. 供应链管理中常见的问题

以下几个问题在供应链管理中较为常见，需要管理者注意。

（1）"牛鞭效应"

"牛鞭效应"指在企业内部所发生的价格问题，即企业对最终用户的供应需求数据，在向原始供给终端逐级传递时，由于没有进行资源共享和信息沟通，供需信息大量流失，从而出现了比较大的价格变化。而导致这种情况发生的主要原因又包含了市场需求预测不准、批量订货、企业价格变动、资金短缺博弈等，其中最重要的原因是市场需求预测不准。"牛鞭效应"可以产生两个方面的后果：一是因为超量进货而削弱企业的灵活性；二是企业无力应付市场需求，造成供货滞后，无法满足的用户转向从其竞争者手中购买产品，从而导致其失去市场份额。

（2）质量方面问题

一旦上下游企业之间的信息沟通不顺畅时，就会导致消息传递的不准确性，将会使信息交易成本增加，在此情形下，供货商之间就会带来大量不符合标准的原材料或商品，还会因为以次充好的成本问题而导致上下游公司之间无法合理地提供符合顾客要求的高质量产品，从而削弱了整个供货商的服务能力。

（3）公司组织的结构复杂化、动态特征和相互交错问题

结构复杂是指由于公司供应链中企业组织的跨度、层次不同，信息流和物流在各个公司之间交错传播，使得公司组织结构非常复杂，从而导致企业易发生经营效率下降的问题。而动态特征和相互交错是指公司内部因经营发展和对市场需求调整的客观要求，有部分构成企业可以实现主动调整：部分构成公司有多条供应链，数量众多的公司之间形成了交叉网络等。动态特征、相互交错导致企业管理困难。所以，想要使一家公司具备市场竞争能力，就必须进行有效的企业管理，同时借助数字化和电子商务的支撑，实现公司之间的信息共享，提升整个企业的协同水平，形成数字化公司。

4. 供应链管理的特点

供应链管理区别于企业管理，它更强调信息与公司管理之间的结合与协调，使链上各企业的物流、信息流、资金流等双方进行信息获取与管理合作，以便建立更为灵活和稳健的公司关系。

供应链管理的特点主要体现在以下几个方面。

（1）供应链管理是一个基于业务流程的集成化管理

公司的发展以职能部门为基础，但由于职能划分不清、部门职责相互冲突、信息资源无法共享的情况，职能部门往往无法调动其工作积极性，企业目标也难以实现。供应链管理原则以企业业务流程为基础，加强了对企业物流、信息流、资金流的集成化控制，并通过对企业业务流程的集成，实现对企业流程的全面改善。同时，将企业内部的管理思想在企业内部进行传承与移植，以实现对企业经营思想的全面集成。

（2）企业管理是全过程的战略性经营

一般经营管理只局限于公司本身能够使用的资源，而公司在制订经营计划前，应以公司的已有资源为决策依据，注重资源的实际可操作性。

而企业管理注重的是内部信息的综合利用，企业可超越自身能力完成经营战略，因此它应从企业的全局来思考问题，而并非只依赖部分、局部的信息。

（3）供应链管理提出了全新的库存观

在传统的商业公司模式下，保持一定的存货是维持产品与业务发展的必要措施。但供应商的建立使得链上的公司形成了战略合作的伙伴关系，上下游公司可以利用快速反应制度高效地降低库存。

（4）供应链管理以最终客户为中心

不管供应链是长还是短，也不管供应商内部分多少个层级，供应商的活动始终都是由客户需要驱动的。这就是说，为最终客户所创造的需求才是供应商生存的基本条件，唯有客户存在，供应商才存在，也唯有客户获得了成功，供应商才能持续发展。

（5）供应链管理目标的多元化

在传统模式下，企业管理战略通常是根据企业当前情况所拟定的，其主要活动致力于解决具体问题，因此其要求任务相对简单。但现代企业管理模式的任务则比较复杂，它不但要求问题顺利地解决，而且强调问题解决的途径方法，即需要以最快的速度、最小化的投入、最高效的方法去解决问题。这就确定了供应链管理的主要任务既有成本方面的需要，也有效益方面的需要。而供应链管理的根本目标，也就是"如何使商品流以最短的时间、最低的成本、最低的费用、最小的偏差实现"。

（6）供应链管理的复杂性增加，系统边界模糊

用传统企业管理的眼光来研究供应链管理的目标或基本任务，有时是相互矛盾和冲突的，因为供应链管理既包括企业内部的管理行为，又包括外界环境的变化对企业内部管理行为的影响，且外界环境对供应链管理行为的影响力日渐增加。公司内的各个部门之间要相互依赖、相互协调、共同利用、相互促进，公司内经营的"度"难以把握；供应链管

理打破了传统管理的界限，追求企业内外部资源合理运用和优化，形成"内部优势外在化""外部优势内在化"的特殊情况，也因此导致了企业内在经营的边界越来越难以确定。

（五）供应链管理方法

1. 供应商管理库存

供应商管理库存（Vendor Managed Inventoy，VMI）是指供应商根据需求方的库存水平、需求信息，以及交易成本产生自己的生产订单并及时将产品或物料送达到需求方指定的库存位，它采用的是一种连续补货策略，由供应商决定什么时候补货、补多少货。需求方与供应商共享需求预测，库存、销售报告等信息是供应商管理库存成功的关键。供应商管理库存是体现供应链集成化思想的一种库存管理方式。

2. 快速响应

快速响应（Quick Repone，QR）是由美国纺织服装类公司所开发出来的一个供应链管理法，其目的在于利用供应商公司之间的资源共享关系，协商管理、优化企业业务流程，并根据具体客户要求快速地进行信息反馈，缩短了产品到达销售点的时间、减少了产品在整个供应链中的库存，从而最大限度地提升了供应链管理的运营质量，实现了改善客户服务效率、降低供应商总成本的目标。产品响应的演进经过了三个阶段：第一阶段是产品条码化；第二阶段是内部商业管理信息化；第三阶段是进行更高效的公司内协同，包括企业伙伴的协同工作，利用共享数据来预见产品的未来补货情况，同时进一步预见客户未来的变化，寻找并开发新产品来满足用户的需要变化。

3. 有效客户响应

有效客户响应（Eefficient Consumer Response，ECR）是指由公司内部所采用的"以满足客户要求、最大限度地降低物流过程费用为原则，能及时做出迅速、准确的反应，使提供的物品或服务流程最佳化而组成的协作系统"。其核心概念是，公司按照用户的实际需求致力于提供意义最大的活动，而舍弃毫无附加意义的活动，进而力图降低成本，以便于使用户获得对他们意义最大的服务或产品。

有效客户响应是用客户的思维去落实公司的战略目标。有效客户响应是将供应商由以往的"推"转变为"拉"。通过有关客户购物活动的信息建立有效的补货联系和物流方面的合作机制。有效客户响应主要解决供应链上的四个问题，如表5-1所示。

表 5-1　有效客户响应主要解决的供应链问题

层　面	问　　题
产　品	如何以最合理的价格、最恰当的时间,向消费者提供需要的产品
储　存	如何保持合理储存,既没有浪费太多资金,也没有造成供应中断
输　出	如何有效地向消费者传递商品的价值
开　发	如何有效地引入与开发新产品

有效客户响应的实施原则如下所述。

第一，以最低的成本，长期致力于向供应链客户提供商品功能更好、质量更佳、种类更多、现货服务内容更好，以及更加便捷的服务。

第二，必须由相关的核心企业启动。

第三，能够通过准确、及时的数据提供合理的价格、产品和运输政策。

第四，商品需要在持续的增值流程中，从供货商、生产者、分销商、零售商一直流通至最终顾客以保证客户能够在正确的时候、正确的位置，得到其要求的产品。

第五，采取全国通用统一的工作方法和国报系统模式。

全国通用统一的工作方法整合和改善了整个供应系统的业务流程，从而使其更合理有序；并使业务流程自动化，进而减少了企业的生产成本。

（六）供应链管理的发展

1. 供应链越来越受到重视

2014 年 11 月 11 日，在 APEC 产业领袖论坛上提出了关于世界价值链、供应链等方面的联合建议，并明确了供应链政策，这也是供应链政策第一次在全球大会中被各国（或区域）领导人明确。2018 年 11 月 17 日，在 APEC 工商领导人峰会上，"供应链"一词再次出现在国家（或地区）领导人的演讲中。

2017 年 10 月，国务院办公厅出台了《关于积极推进供应链创新与应用的指导意见》，使供应链技术创新与应用上升为国家战略。

2018 年 4 月，商务部等 8 部门联合印发了《关于开展供应链创新与应用试点的通知》，纳入的企业中共有 5 家 5S 试验公司、269 家企业，涵盖电商公司、物流企业、供应商公司、民营企业、设备制造商公司、商贸物流企业等众多领域的公司，其中京东、阿里巴巴等行业巨头更是赫然在列。经济增长由追求高增速转向追求高质量，由粗放型转向集约型，这使得供应链战略必须不断优化，以给企业、国家带来更大的经济效益和更少的资源浪费。

2. 未来电商平台的竞争将是供应链的比拼

目前，在线上，企业已经感觉流量越来越贵，或者可以认为大流量时代已然过去。线上流量服务的市场布局逐渐趋于稳定，线下渠道获取与转化成了各类玩家与投资博弈的重心，互联网公司开始逐步走向"深挖用户"和"服务实体"的新阶段。

当流量争夺达到顶峰时，未来电商平台的比拼将会成为企业的内部比拼，从过去简单的企业管理变为更加系统化的复杂管理。北京汉森供应链有限公司总监分析道："未来的供应链将会是定制化、数据化、可视化、扁平化的。"雄牛基金创始合伙人在演讲中提到，"消费品产业链的变化，要求供应链必须适应渠道的无处不在，供应链必须进行全方位的变革。变革的结果就是全域、全链路、全渠道、全品类供应链管理平台的崛起"。

四 案例分析——IBM 的供应链管理

供应链管理的具体实现就是将企业、生产厂家、分销商、零售店等在同一个供应链中每个环节的企业之间都关联起来加以优化，并将生产资料以最快的速度，经过制造、分配等环节而成的商品送到有实际生活需要的人们手里。它不但能够降低成本、节约社会库存，还对社会资产进行了优化配置，最关键的是通过信息网络、企业网站，完成了社会产品生产与营销活动的有效衔接，以及社会物流、信息流、社会资金流的合理流动。

计算机界的戴尔公司在供应商管理方面采取了富有创造性的科学管理方法，并展示了有效的供应商管理和品牌宣传等更佳的优点。但戴尔公司的成功，却也为其他计算机制造商提供了先例。使他们一起共同见证了戴尔公司的飞速发展过程。而作为戴尔公司的主要竞争对手之一，IBM 在过去也曾一直偏向于采用存货管理方式来制造计算机产品，但因为其所制造的产品型号很多，所以常常出现因库存信息偏差而错失大量销售机会的问题。此外，信息技术发展日新月异，这也就意味着库存会迅速过期，从而导致大量资源浪费。为了克服上述问题，IBM 公司与产业界中的其他几家主要电脑制造商不断改善其供应商关系，使其得以应对迅速变化的市场环境。

通过推行供应链管理，IBM 企业管理的盲目性得以减少。全新的欧洲区供应链管理所提供的好处是：有助于 IBM 及时了解各网点的业务状况，全面掌握、捕捉和解决客户的实际需要，并且按订单生产、交付没有制造质量风险的产品，在保证市场需求的基础上，加强了同客户之间的联系，从而可以充分了解所有客户的详细情况。正确计算非现场存货的最佳状态，正确合理地安排生产规模、时间和运输的实际情况。正确调整企业的营销计划和价格政策，进行在线订货和电子交易，并及时地将电脑的动态数据通知给每一个希望知晓的客户。

第二节　数字贸易物流配送中心

一　物流配送的相关概念

配送（Distribution Resource Planning）是物流的一个缩影或在某小范围中物流全部活动的体现。要素是集货、分拣、配货等。

一般而言，配送服务作为物流业务的一个并非独立的服务类型，它通常和贸易活动、物流、资金流紧密联系，而其中又主要包含着贸易活动、物流活动和资金流等，因此可以认为它是包含着配送业务中的所有重要组成部分的一个服务类型。从物流角度来看，物流配送基本上涵盖全部的配送功能要求，是物流配送的一种缩影或对某个小领域的物流配送整体过程的反映。通常的物流配送融搬运、包装、存放、配送为一体，经由这一整套过程实现。

通常的物流配送指搬运及存放，而配送则是分类配送和运送，它更注重商品运送目的地的分类功能，以便其配送运作。物流配送服务的主要任务是备货、仓储、处理、包装以及配货、装卸、物流、配送等，旨在将商品及时运到市场。特殊的物流配送服务必须以加工项目为基础，从而涉及的领域也更广。不过，特殊物流服务配送的主体行为和普通物流配送服务也有一定差别，普通物流配送主要是运送和保管，而特殊物流配送服务主要是运送和分拣配货，而分拣配货也是对配送的特殊要求，也就是在物流配送中具有特殊性的主体行为，以配送为目的的运送也是最后完成了物流配送的主体行为，从这一主体行为上来看，人们常常把特殊物流服务配送也简单地视为普通配送服务的一类。

从商流角度上来看，配送与物流的区别在于，物流是商物分开的产物，而配送则是商物结合的产物，所以物流与配送在本质上是一致的。

尽管在物流配送具体实施中，商家还是采用物流配送的方式进行的，不过从物流配送的发展来看，商流和物流配送的结合更加密切，这构成了物流配送发展的主要基础。

二　数字贸易物流配送

电子商务模式下的物流配送过程通常包括制造作业过程、仓储作业过程、物流作业过程、退货流程以及事后处理。

物流配送过程的优化不仅是对中小企业降低成本的基本要求，同时也是整个物流配送行业发展壮大的关键。

（一）采购作业流程

采购作业流程处于准备配送商品的阶段，是配送中心运转的基础环节。物流业务单位首先按照客户的需求和物流状况，利用电子商务中心向供货商发送采购订单，按照供货商所收到的订货信息并进行确认后由业务单位发送供应商消息，然后行政事业单位再向物流中心发送接货的消息，由物流中心按照物流状况做好相应的仓储，随后再按照客户的发货单信息利用网络由物流中心发出，最后将物流商品通过各种物流方式运至物流中心。

物流化前提下的工作流程基本上一般有两种方式：第一种方式是由供应商或第三方的公司表示承担的工作，直接由生产和营销公司订货或购货；第二种方式是提供物流、中国内站等相互分开的工作方式，由供应商直接负责订货和购货，由物流中心直接承担供货和理货的任务，而物流的实际所有权者为"货"。

（二）仓储作业流程

仓储作业流程是采购作业流程的延续。该仓库内部也实行了业务部门的体制管理模式，它的主要作业区域又分为收货区域、拣货区域和发货区域。当在库房内接到新产品的交货单据和产品时，由供货区域工作人员对新进产品的条形码扫描仪进行检测，并证明与发货单的商品相符后，对产品再做进一步处理（如验收不合格则退货）。一部分产品还可置于发货区域进行临时储存，作为直通式仓储商品。这仅适用于周转速率较大的商品，如今天入库明天出货的商品最适合在仓储首层暂存区堆放。另一部分产品则属于储存式产品，需进行入库前仓储管理，并进入拣货区域。这是出于安全储存的考虑，并针对一段时期物流配送活动的特性和运输期限，有计划地选择了能够使整个物流配送活动持续进行的货物数量和形式，尤其适用于在仓库需存放一段时间的商品。分拣货是使用自动分拣运输系统、自动导向控制器完成的。即在商品进入自动化仓后，就可以在所规定发货时间，按照发货单上的指示，通过自动分拣运输系统将商品发送至对应的装车线上，对商品进行包装处理后再装车运输。

（三）配送作业流程

配送作业是物流配送的核心环节。物流配送单位根据业务部门的统一调度，按照用户的实际需求印制了对应的配送单，在配送路上利用地理信息系统（Gcographic Inomation Sytm，GIS）、定位系统等设备进行监测，以及时沟通并回复配送情况，并将物流信息送达目的地，经用户核实无误后，再凭回复与业务管理单位确认。

（四）退货及后续处理作业流程

退货及后续处理作业流程是物流配送流程的最后一个环节。消费者可能会因种种原因需要退货，因此企业需设置相关的退货制度。退货可集中由物流配送企业退回原仓储场所，由工作人员负责记录、检查和寻找原因。如是产品质量问题，将进行抽样检查，达不成相关的质量标准则将及时通知内部采购工作流程终止订货，并通知企业网络质量管理将对网络上所涉及商品的信息进行清理。退回后还可继续使用的货物，则可重新进入企业仓库系统。除此之外，企业还将建立顾客满意度调查与投诉反馈系统，对企业物流配送系统进行服务质量监督和考核。电子商务公司在把物流配送服务外包给专业物流配送公司时，如果没有采取相应的监管举措或者限制措施，物流配送环节往往会成为电商公司正常运作的阻碍。

三　配送中心

电子商务物流配送中心是指从事配送业务的物流场所或组织。电子商务物流配送应基本符合下列条件：主要服务于确定的目标顾客；物流配送功能完善；具有健全的信息网络；业务辐射范围小；多品种、小批量；以物流配送为主，仓储为辅。确定电子商务物流配送中心的运作类型，对设计新型物流配送中心具有重要的作用。

（一）按运营主体划分

物流配送中心按运营主体可划分为以下几类。

1. 以厂家为基础的物流配送中心

如果其中的产品是厂家提供的，物流配送中心就可以通过节约流通费用、改善售后服务效率，快速地把预先配齐的成组元器件配送至相应的生产单位和集会者。这种物流设备从产品加工到生产完成后，条码与物流的关系等多方面更容易管理，现代化、自动化更易于完成。

2. 以批发商为主导的物流配送中心

这里的货物主要来源于不同厂家，物流配送中心所开展的一个最主要的服务项目就是对货物进行整理和再分销，它的所有入库和出库项目都是由社区各单位进行的，社会化程度最高。

3. 以零售业为基础的物流配送中心

零售业在发展到相当规模时，政府还可考虑成立以零售业为中心的物流配送中心，为专业的零售商、超级市场、百货公司、建筑建材卖场、粮油食品卖场、宾馆饭店等，提供物流配送业务。其市场化水平介于以上二者之间。

4. 以货物运输业为基础的物流配送中心

物流配送中心拥有庞大的运输物流配送能力，或其所处地方的区位优势明显，如临近海港、铁路和公路交通枢纽等，均可迅速地把所送达的货品配送给用户。该种类型的物流配送中心一般把商品储存在原生产厂或供应商，如果货物仍归原生产厂或供货商所有，物流配送中心就可以完成仓储管理并进行物流配送服务，而且这种类型物流配送中心的集约化水平也很高。

（二）按内部特性不同划分

物流配送中心按内部特性不同可划分为以下几类。

1. 仓储式包装和物流配送设备

一般来说，在买方市场上，在销售时需要有大宗货物的保障，而物流配送中心则可能具备较大的物流能力；在买卖方交易市场中，若其原料、零部件供应都需要有大规模仓储的保证，这种物流配送中心也就有着巨大的库存能力。但如果大规模配送的物流配送中心需要有大规模库存的保证，它也就可能成为仓库式物流配送中心。而目前有一些物流的配送中心为集中仓库式，并且库存量也较大，而且通常为仓储式。

2. 物流类配送企业

物流类配送企业并无长时间贮存能力，其具体是指采用暂存方式或随进随出进行配货、配送的物流机构，其典型形式为：将大量商品整批入库后，按一定批量出库。物流类配送企业通常使用大型分货机，货物直接进入各货轮输送带，再分送往各企业仓库或直接分运到物流车辆上，物流人员在配送机构则只作短暂驻留。

3. 加工物流配送中心

加工物流配送中心是以加工配送及生产服务为核心业务的物流配送机构。即指生产物流配送机构中具有加工生产性质，并根据用户的实际需要以及市场竞争的特点，对商品进行生产后再进行加工物流配送的配送机构。这种物流配送中心的工作可涉及分装、打包、初加工、集中取料、物流加工和制造等。世界著名连锁店肯德基和麦当劳的物流配送中心，均属该种类型的物流配送中心。在我国建筑工程领域，水泥混凝土物流配送中心也属于该种类型的物流配送中心。

（三）按配送货物的属性划分

根据配送货物的属性，配送中心通常分为生鲜品物流配送中心、书籍产品物流配送中心、服装产品物流配送中心、生活用品物流配送中心、医药品物流配送中心、化妆品物流配送中心、家电产品物流配送中心、日常消费用电子产品物流配送中心，以及汽车零件物流配送中心等。由于物流中心配套的产品有所不同，因此各个物流配送中心的建设方向也不同。下面介绍 3 种物流配送中心①。

1. 生鲜品物流配送中心

其所运营的产品涵盖了蔬菜、水果与鱼类、肉制品等生鲜商品，是低温型的物流与配送中心。生鲜品的大型连锁超市通常由冷冻库、冷藏库、鱼虾类包装处理场、肉品包装处理场、蔬菜包装处理场，以及进出商品的暂留区等组成，冷冻库的温度大约在 $-25℃$，冷藏库的温度在 $0 \sim 5℃$。

2. 书籍产品物流配送中心

其具有图书的重新印刷、再版的功能。一本新出的图书，80% 的商品并不上架，而是直接理货后配送到各个书店，而其余约 20% 的图书则寄存在物流配送中心等候书店的再订购。此外，图书商品的退货率也特别大，有时达到了三四成。所以，图书商品的物流配送中心并不能和一般食物及生活用品的物流配送中心做同样的设计。

3. 服装产品物流配送中心

"服装产品物流配送中心"专门负责管理和执行服装产品在全国

① 数据来源于百度数据库。

范围内的配送服务。由服装品牌、零售商、物流公司或电商运营，满足了消费者对服装产品的需求，确保产品能够快速、安全地送达消费者的手中。服装产品物流配送中心先从制造商、供应商或仓库中收集各种服装产品，接着处理来自零售店、在线平台或直接客户的订单，准备商品并安排配送。然后根据订单要求，对商品进行打包、标记和分拣，准备好发货。最后安排合适的物流方式和运输渠道，确保商品能够及时送达目的地。

四 国内外物流配送中心的发展

（一）国外物流业配送发展概况

1. 美国现代物流配送的发展状况

自 20 世纪 60 年代以来，美国商业物流配送的科学化问题在国内广泛受到关注。为在商品流通中产生最大经济效益，美国公司主要采用了下列方法：一是把老式的库房改为物流配送设备；二是使用了现代电脑管理网络，对包装、搬运、仓储等工作进行了规范化作业，大大提高了运营效益；三是与连锁店协商成立了物流配送服务中心，带动了连锁店效益的提高。目前全国连锁店经营的物流配送中心有多种形式，主要有批发型、零售型和仓储型三种类别。第一种为批发型，这种物流配送中心主要靠计算机管理，即由行政部利用计算机直接获取会员商家的订货信息，并及时地向制造公司和储运部发出订购指令单。第二种为零售型，美国沃尔玛公司的物流配送中心较为典型。这类物流配送设备通常由某零售商自己出资建设，专门为该企业的连锁店按时供应产品，以达到全国连锁的均衡运作。第三种类型则为仓储型，美国福莱明公司的食品物流配送中心便是典型的仓储型物流配送机构，其主要工作便是进行自己对中国国际杂货商盟的委托经营，为该商盟的某领域的若干家连锁公司提供货物物流配送服务。

2. 日本现代物流配送的发展状况

在日本，零售业已成为全球最早具备先进物流配送系统的商贸区域之一。日本便利店作为一种新型的零售业正迅速成长，现已经覆盖了全国，不断挑战着日本的传统零售业模式。但这种新型的零售业还需要引入完善的物流配送机制，来保证店内各种产品的供应顺畅。因此，日本的物流配送系统拥有了以下优点。第一，营销渠道成熟。日本很多的批发商，在过去经常把自己设定为一个特定厂商的专门代理商，也就可以直接代销特定厂家的商品。为了更有效地供应商品，日本众多公司纷纷要求对旧有的营销渠道做出合理化改造，以便更好地完成与上游和下游公司间的营销整合。第二，频繁、小批量的粮食供应。日本的物流与配送企业的很大部分经营需求来自连锁便利店，其最主要依靠的就是低用量的频繁供应，而只有通过健全的物流配送系统才有机会发展成连锁便利店，并由此才能使低用量的频繁供应得以实现。第三，日本物流的配送网络也显示出了共同化、混载化的发展趋势。通过共同化、混载化的商品物流配送系统，将把过去按照不同厂商、不同商品种类等划分开来的分散的商品物流配送体系转变为将不同厂家的商品和不同种类的商品叠加在一起而完成的综合产品物流配送体系，这就更有利于实现商品物流配送的批量效益，同时还大大提高了商品物流配送车辆的装载利用率。第四，联合式的物流方案系统。在日本，车辆制造公司、汽车零售企业与综合商社、综合运输企业等商业单位内部，基本上存在着长期的物流联系与合作。而且这些协调机制也随着日本工业生产的全球化扩展至海外。第五，政府战略在现代物流配送的进程中有着关键性意义。

3. 欧洲现代物流配送的发展状况

在欧陆诸国，尤其是德国，大规模的连锁企业通常是指经营公司按照具体客户的订货要求，并通过物流据点进行了分货、配货的作业以后，将已准备好的商品送达接受方的商业行为。而德国的物流配送产业是在第二次世界大战以后，随着现代科技的快速发展和国际市场经济的快速扩展，才慢慢地蓬勃发展起来的。特别是最近 10 年以来，德国的物流配送已经初步抛弃了传统商品由产地到销地的常规物流配送方法，而确立了把商品由产地直接送达集散中心，再经由集散中心（有时通过不止一个集散中心）运到具体顾客的现代方法。走遍德国，就不难发现德国人的物流配送体系已经构建起了以最终需求为导向，以现代化交通运输手段和高科技的信息网络为纽带，以科学布局的物流配送中心为节点的全新的运行系统。从德国零售业建设的经验中，就不难看到德国人十分重视按照商品连锁店运营的实际需求和特性来设计物流配送中心，而且往往他们在建设连锁店的时候，就已经充分考虑到了物流配送中心的设计布局。

（二）国内物流配送发展概况

20 世纪 70 年代以前，我国的经济宏观分析中根本就没有使用过"物流"一词，但货物各部分的运作方式却很早地就已经出现在了人们日常生活的各个领域。20 世纪 80 年代初期，《物资经济研究通讯》上刊登了北京物资学院王之泰老师的《物流浅谈》一文，自此，物流配送问题在国内也逐渐引起了人们的关注和重视。经过 20 世纪 90 年代以来的现代物流配送实践，人们已经证明了现代物流配送是一种非常好的物流配送模式，所以现在中国国内不少大中城市的物流公司也相继成立了现代物流配送服务站，配送技术也得到了很大的发展。如此，彻底改变了我国传统的商品流通形式和方法。采用免费配送的方式为企业配送需要的产品，并通过采用代理、物流配送、连锁相结合的全新的流通模式，极大地提高了市场流通的效率，为商家提供了更为快捷方便的服务。

随着物流配送热潮的逐渐升温，城市物流配送服务也日益得到了重视和开发。近年来，中国国内的许多大中城市也相继启动并建立了物流配送服务中心、综合物流配送服务站，城市物流配送基础设施也逐渐得到了改善，城市居民的物流配送服务水平也开始得到提高。其中，深圳市便是一个非常经典的案例。目前，深圳在物流配送的总体布局上，正在规划建设六大物流配送服务的产业园区，其中，为全球物流配送中心城市服务的有：盐田口区物流园区、西部港区物流园区、机场及航空物流园区等。为区域物流配送的则有：华南国际物流配送服务中心、平湖物流园区、深圳邮政分拨配送服务中心等。以市内快递和物流服务为主的则有：笋岗一清水河物流园区。今天，已经有美国 UPS、荷兰 TNT、德国 MAIZRSK、日本佐川急便、中国台湾东源汽车等公司进驻园内。不过由于公司的历史发展问题，再加上企业长期以来形成的重产品、轻贸易，重商业、轻物流的经营思想，商业物流及配送的运营发展在现阶段还不健全，而且存在的问题也不少，主要突出表现在如下两个方面：一是配送的服务核心作用难以实现；二是商业物流配送操作过程的智能化程度比较弱。综上所述，中国现在物流配送行业的发展尚处在起步阶段，距国外先进技术水平尚有很大距离，要求企业根据实际，力争迎头赶上全球市场、国际贸易、物流配送大发展的浪潮，唯有如此，中国物流业的全球地位才能够真正增强。

五　案例分析——生鲜产品的物流配送

生鲜产品的物流配送对于保持产品新鲜度和质量至关重要，需要综合考虑温度控制、包装、运输、仓储和配送等多个环节，以确保产品的品质。一方面，由于零售业市场竞争增加，再加上人们的消费能力增强，人们对方便即食的加工肉制品、生鲜冷冻制成品以及冷藏食物的质量要求都有所提高，因而必须在大型零售超市中建立商品加工或者物流配送的设备；另一方面，因为生鲜加工物流不同于常温干货物流，需要达到特定保鲜要求以及有不菲的资金投入，使得加工物流在零点五径受限，而相应的投资风险也很大，导致不少连锁大型超市一时不能贸然进驻。

中小企业虽然还可以通过由中间商或者企业自己进行物流配送的运

作方式，来解决传统生鲜物流配送的难题，但是由于对其物流的配套能力、物流配送效率、品控能力等方面的限制，特别是对于大中型连锁超市体系来说，常常因非正规的物流配送模式而产生了不合理的物流配送成本，在表面上是把大中型连锁超市的生产成本直接推向了供应商，但事实上是重新核算产品价值后将这部分成本又重新返回到了连锁超市体系中，最后摆在消费者面前的又将会是相持不下的产品售价。同时，也因为这种形式的农业物流配送模式还不能形成技术含量相对较高的"一条龙"的产业经营链条，对处于下游的连锁超市生鲜经营来说，其上游始终是处于运作不顺畅、不稳定的状态甚至出现断档，这是继我国农产品"小生产与大市场"产销衔接模式上出现盲点之后，在我国生鲜供应链结构上出现的第二个盲区——不完整的生鲜物流配送体系，因此目前比较切实可行的解决方案之一，就是把中国的连锁超市系统进一步地向下游延伸和扩展，即大力发展生鲜物流配送中心。

（一）华联生鲜的运营特点

对于所有从事生鲜经营的大中型连锁超市企业来说，生鲜的物流配送体系和配送中心的建立与完善及运营管理十分重要，它也将帮助企业更高效地利用与完善生鲜企业在相关领域的优势资源，为中国连锁大型超市生鲜区的标准化经营奠定更加坚实的根基，并帮助超市等生鲜经营企业积累更加丰富的后期开发能力与竞争优势。从对大型超市生鲜品的购买途径的研究情况来看，目前对大型超市生鲜品的采购渠道主要包括两类，即本地采购和原产地采购。本地采购的产品主要包括大叶菜类（蔬菜基地）、生鲜肉类（肉联厂）、生鲜鱼类（海洋淡水养殖基地）、部分副食（豆腐、豆浆、豆制品）、半部分凉菜、热切配菜类产品；而从原产地采购的产品则涵盖大宗干菜、部分蔬菜、冷冻水产、干鲜产品、加工成品。由于目前基本是以单店的生鲜销售方式为主，缺乏生鲜产品的服务体系支撑，在运输环节采后病害处理的生鲜系统还不成熟，同时超市生鲜品种类不多，但数量过多，同质化的生鲜品种进一步放大了经营劣势。在城市连锁超市的生鲜商品体系中，也同样存在着大量的商品同构问题，商品的创新程度相对较低，其差异化经营与个性化经营无法得以高效开展，市场竞争能力相对较弱。从市场渠道优势角度来看，一旦构建起了完备的生鲜加工和物流配送等服务体系，连锁超市将能够在以下多个方面体现出较好的市场经营效益。一是能够有效利用传统本地连锁店经营生鲜产品的渠道资源，从而能够利用相当数量的产品直接向传统农业商品生产基地进行供货，从而大大减少了中间环节；二是能够将部分常规农副特产食品从本地收购变为跨区直接向基地收购，并能够进行面向全国招标收购，这样就有效地拓展了连锁超市生鲜品类的消费者购买视野，并为其差异化营销和个性化经营创造了条件；三是其从传统生产途径中能够进一步向着新型农业产品途径的发展方向过渡，从而能够逐步淘汰部分意识较薄弱、经营管理不健全的中小型农业生产制造企业和厂家，进而有效重构和优化了中国传统生鲜供给渠道。同时形成自身的生鲜加工物流配送中心，也是形成企业高效衔接传统生鲜供应链上中下游，从而提升全国性连锁超市生鲜经营整体效率和经营水平的重要环节。虽然华联物流公司目前已建立起了自身经营生鲜加工配送业务的配送中心，但因为企业信息系统研发工作过多，其配送中心在技术水平、可靠性等方面还不能适应企业的运营管理和业务经营能力日益增长的需要。

（二）华联生鲜中心急需解决的几个问题

1. 生鲜产品进货问题

华联生鲜商品在进场时，有的产品有外包装，但有的产品却没有外包装，而且很多蔬菜是直接与大麻袋等容器一起进来，所以这种产品在验收时有的是毛重，有的则只有净重。原先的方法是按出代入公式，即出了什么东西，就认为是进了什么东西，这种方式的优点是与企业结算方便，但缺点是企业无法对顾客的购物品质进行考核。

2. 生鲜产品储存问题

当生鲜产品在仓库内存放时，容易产生水分挥发、变质和自然损耗。

之前的经营活动都是后进先出，于是，所有损耗的历史记录就无从查找了。当这种损耗率较大并且包含了人为因素后，管理人员也就很不乐意了。

3. 新鲜的加工方式

华联的新鲜加工方式主要分为两类。一类是当生鲜商品加工入库后，通过分箱加工就能够配送给商家，例如，水果的配送方式，把一些水果分为一箱一箱（每箱六斤）后，就能够配送给商家。就以出代进的方式来说，整个生产过程中到底耗费了多少资源，谁也说不清楚。而关于工艺，还牵扯到一个成本的问题，使用了多少资源、在同样的工艺流程中耗费了多少，这些也是笔糊涂账。

4. 生鲜物流与配送中的容器存放问题

华联生鲜超市冷链运输的果蔬、蛋类等，一般是放入周转柜中进行包装与物流的。实际运输过程中，一般需要各业务人员每天把所记录的数据整理到一定的纸面表上，之后才能手工统计送出去的数量以及拿回来的数量信息，而在这种情况下还需要先经过识别周转箱的种类、大小等，很费时费力而且不能确保统计资料的正确性。于是，怎样才能通过系统自动算出客户当天所要送的商店内不同的周转箱数量信息、商店内返回的不同类型的周转箱数量信息等，便变成了一项十分棘手并且需要克服的难题。

（三）系统的解决方案①

天鼎的生鲜物流配送服务体系中包括原料入库、生产处理、配送出库、周转箱管理、退货五个主要功能模块。但根据华联配送的行业特性，以及企业自身亟待解决难题中的技术问题、企业战略目标，天鼎项目组给出了如下的技术处理措施。管理系统既可以对产品品质进行评估，也可以对物流配送过程中的损耗、加工过程中的消耗状况等进行计算与分

---

① 数据来源于百度数据库。

析，所以在生鲜农产品品牌及竞争力物流配送体系中融入了仓储管理系统的技术方案。当原材料入库时，通过记录入库情况，在整个生产流程中，通过记录整个制造流程、拣货过程中的废弃物情况以及整个拣货过程完成后的盘货情况，就得知了最后的实际出库量，也就能够计算出仓储效率以及实际分拣损失了什么。再举例，假设实际采购入库后的产品是 128 千克，而在门店配货出库后，实际到店的是 100 千克，而实际分拣的残次物为 25 千克，实际库存是 1 千克，那么当日的实际分拣损失数量是 2（128−100−25−1＝2）千克，实际生产损失则是 25 千克。假设最后的实际出库数量为 10 千克，那么当日的溢余数量是 7［10−（128−100−25）＝7］千克。通过使用这种信息，我们也能够了解购买者商品的质量，在包装出货时候究竟发生了哪些现象，从而实现一个真实的分析。为应对实际生产过程中库存的变动、产品的价格变化，北京天鼎生鲜技术公司提出了可分解式配方、组合式原料、生产技术等。在实际生产流程中确定了需要生产的原料数量之后，系统软件就会通知操作人员，在什么位置拿掉了多少货品，拿什么，而在实际生产流程结束之后，如果操作人员已将实际拿掉的原材料数量以及实际生产的成品数量等资料记录在该系统软件上，系统软件将可以按照上述资料自行算出原材料的最高生产价值、原材料的平均配送单价以及原材料的实际售价以供作业人员使用，以供其针对实际状况做出调整等。在生鲜物流企业的周转箱管理领域中，这也一直是较为头痛的问题。一箱菜用一种塑胶外壳装起来就可以了，而一箱蛋就必须使用一个蛋框和四个蛋托这两个数量的周转箱，而一箱干绢豆腐就用不了同一个塑胶外壳，所以同一品类的货物就必须用同一种容器来装，而且这些容器都必须是要回收的，所以这就需要在出库前或装车后明确用了多少种容器，各用了多少。根据这些客户信息，系统帮助企业记录好商品和周转箱的使用日期、使用数量，之后系统统一按照企业已经存储好的信息在物流公司出货以后，自行统计出网点内可以利用的周转箱数量以及重量，最后系统统一按照门店内提前到达站点的周转箱数量自动计算应收回的周转箱数量，以供物流公司使用。

（四）系统运行效果

2008 年 3 月 15 日华联开始使用天鼎生鲜配送系统，其进、销、存过程也由原来的以出为进变为管理库存，而这样做的最直观结果就是，提高了物流配送中心对生鲜产品的质量管理能力，并提高了采购员的采购与谈判能力。在此基础上，企业还有效淘汰了部分管理能力低下、运营管理不规范的中、小规模供应商，进而重建起了高效的生鲜供应网络。这同时也更进一步推动了企业标准化经营发展，从而使连锁超市与传统企业在上游的沟通更加便利，产品采购与供应质量也进一步得到了保障。在工作时间上，过去员工要等到晚上九点多才能下班，而现在七点左右就可以轻松下班。采用了天鼎生鲜管理系统以后，整个周转箱量也完全可以通过系统自行核算、自动出信息，从而实现了无纸化作业，不必再像过去那样需要大批的现场人员进行手工核算、手动计量、手工打表等，光这样的一个项目，就既为大企业或者物流配送公司节省了时间，又提高了整个周转箱量信息的准确性。

生鲜物流配送中心可以合理调整各种食品物流配送中心和各连锁超市生鲜商场间的物流关系，并以生鲜物流配送中心为核心，逐渐地向整条生鲜供应链的下游扩张，由此也重新利用了生鲜产品供需双方的各种资源优势，包括资源、装备、原材料、货源、人员、标准化技术、信息系统等，进而使得投资流程更为合理与快捷。

第三节　智慧物流

一　智慧物流概述

（一）智慧物流的概念

"智慧物流"（Intelligent Logistics System，ILS）首次由 IBM 集团提

出，2009 年 12 月由中国物流技术协会信息中心、华夏物联网、《物流技术与应用》编辑部联合提出。物流是在空间、时间变化中的商品等物质资料的动态状态。

智能物流是指利用智能软硬件、物联网、大数据分析等高智能化手段，进行对物流系统各过程的精细化、动态化、可视化控制，以增强物流系统整体智能分析判断能力和智能化运营控制水平，从而提高货物运营质量的先进运输方式。

IBM 集团于 2009 年提出构建一个具有先进、互联、智能三大特征的"智慧供应链"的理念。通过使用电子传感器、RFID 标识、制动器、GPS 以及其他先进电子设备和信息系统一起产生信息数据的"智慧供应链"，是将过去物联网技术、传感网与现在的信息网络技术融合一起，以达到更为准确、主动、高智慧的管理，并由此达到现代物流的自动化、可视化、可控化、智能化、网络化，从而提高企业价值和社会生产力效益，进而形成了更多为社会创造财富的整体价值。

（二）智慧物流的作用

1. 降低物流成本，提高企业利润

智慧物流企业能够减少在制造业、物流业等各个行业的成本，从而实打实地提高企业的总体利润，制造厂、批发商、零售业三方都可以通过智能物流企业相互协作、资源共享，物流企业也能够进一步降低成本。该技术涵盖物品识别以及标识追踪、无线定位等前沿技术应用领域，从而能够有效实现对物流资源的指挥调度管理，高效地集成了物流核心服务流程，进而提高了物流运营的合理化，减少了物流浪费，从而有效降低了货物运输费用、减少了流通费用、提高了收益。

2. 加速物流产业的发展，成为物流业的信息技术支撑

智慧物流的形成，将推动我国区域物流产业的发展，集储存、搬运、物流配送、信息服务等职能于一体，打破传统产业限制，整合产业发展，实现集约化高效运营，优化区域服务资源配置。将这些配送企业信息整

合在一起，把过去分散于多家企业的物流信息进行了集中处理，发挥企业整体优势和规模经济效益，从而提高了物流企业的集约化、综合性和互补性。同时，从这些企业中还可以获得基础设施、配套服务等信息，从而降低了管理成本和时间费用，实现了规模效益。

3. 为企业生产、采购和销售系统的智能融合打基础

由于 RFID 技术与物流传感器等互联技术的广泛应用，物与物的互联互通将是公司的物流配送体系、加工制造系统、信息生产体系和营销系统之间的智慧融合基础，而对信息网络的融入也就必然形成了对智能制造体系和智慧供应链的融入，企业物流配送体系也将完全智能地渗透到公司运营当中，从而突破了加工、生产的流程限制，并由此形成了智能公司。

4. 使消费者节约成本，轻松、放心购物

智慧物流通过商品来源自助搜索与追溯等多项业务，特别是对食品类商品的源头搜索，可以使消费者购得安心、食得安心，提高消费者的购物信心、提升消费水平，最后对整个市场形成良性影响。

5. 提升了政府部门效率，有助于政治体制改革

智慧物流可全方位、全程监控产品的制造、配送、营销，极大降低了各部门的作业压力的同时，使监控更全面和透明。借助计算机技术和互联网的广泛使用，政府部门的效率将会明显提高，促进中国政治体制的变革，精简政府部门机构，裁汰冗员，进而降低政府部门成本。

6. 促进当地经济的增长，提升整体能力

智能物流集各种业务特点于一身，反映出现代企业运作特点的要求，它强调信息化和电子商务迅速、有效、顺畅地运作，以此减少社会投入，提升企业效能，利用社会资本。

二　智慧物流的代表

随着物流业的蓬勃发展，智慧物流的开发由理论走向了实际应用。通过高度智慧的计算，在现有的成都市物流公共信息系统中较为流行的

"云计算"技术被纳入了成都市物流公共信息系统的建设当中，对大量用于互联网的计算资源进行了集中和调配，从而建立起一个计算资源池供企业使用，并形成了超大规模、虚拟化、可信安全等的特色能力。

成都现代物流公共信息网络平台的建立是指针对成都现代物流业建设中的实际需要，融合了云计算技术、物联网和三网融合等最新的现代技术，并具有多项自主知识产权，且累计投资过亿元的现代物流公共信息展示系统，该信息系统已于 2011 年 7 月启动并投入运营。作为中国现代智能物流配送业务公共信息示范系统，成都现代物流公共信息网络平台将按照立足成都、辐射全省、链接全球的战略目标，进一步变革中国传统物流配送的经营思维与管理模式，主要表现如表 5-2 所示。

表 5-2　成都现代物流公共信息网络平台的主要表现

表　现	内　容
信息平台功能更新换代	集在线交易、支付、监管、信息发布、产品展示、推广、营销终端应用于一体的复合功能的物流平台
全新的市场价值定位	集成各种物流配送具体作业流程，并在第三方服务组织等力量的支持下，形成的全方位集成化业务的物流配送网络平台
诚信体系的建立和导入	成都货运公共信息平台已形成了一个完整的运输信用管理体系，引入了第三方担保机构，以提高平台担保的抵御风险能力
有力地控制技术和安全保障	在技术定位上，是指运用云计算技术、物联网、三网融合等新兴技术，逐渐形成的智能运输系统与物流配送中心体系的现代物流配送体系
全新的信息平台服务体验	成都建设物流公共信息平台，将带来在全国物流业内从未有过的用户服务，发布的信息也将在业界中形成权威性

三　智慧物流的发展

当前，中国交通行业智能物流研发水平持续提高，汽车自动驾驶技术逐渐由科学研究进入商业运用，港口的智能化程度也持续提升，同时智慧分拣、无人物流等新型业态创新方式迅速兴起，以及电子技术单证的大量应用，给中国交通企业发展带来了新动力。

标准是当前推动智慧物流发展的关键，当前对我国智慧物流的规范要求很多。为此，由交通运输部和美国国家标准委员会共同制定的《交通运输智慧物流标准体系建设指南》（简称"《建设指南》"），主要包括以下三个领域的重点目的。

（一）凝聚发展合力

《建设指南》紧紧围绕着推进构建交通运输强国战略和构建现代运输体制的要求，明确提出了国家智能物流技术标准体系构建的总体思想、基本原则和重点目标，并系统形成了技术标准体系架构，明确确定了具体技术标准编制任务，涉及国家法律和行业标准 72 个。通过建立协调统一的交通运输部智能物流技术标准体系，将有效克服标准间出现的零散、重叠、冲突等问题，并带动社会各方面参与技术标准的制定工作，凝聚工作合力，共同推动国家智能物流标准化的科学发展。

（二）加强重点标准供给

交通运输部加强了同国家标准委员会及相关单位的交流，积极推动搭建技术标准立项和出台绿色通道，并抓紧组织实施有关重要标准的制定与修订。近期，将着力推进在智能物流节点、互联网交通物流、国际物流、电子商务单证、运营控制等重点领域的国家政策和重要技术标准制定工作，以高水平技术标准推动智能物流的高水平发展。

（三）拓展智慧物流应用典型场景

公司将积极推进智能物流技术创新，继续完善国家对关键技术标准的制定运用，努力推动我国在建设现代交通运输强国工程中所包含的六百余个智能物流项目，并重点支持打造了一个国家服务业的标准化试验示范项目，建立了一个具有带动型、引领型功能的试验示范项目，逐渐构建了"技术创新、标准制定、落地应用"的有序发展态势，并积极推进我国现代交通运输业的数字化改造提升。

四　案例分析——盐田港物流

自 1994 年开港以来，深圳市盐田港的吞吐量平均每年以 47% 的速度增长，已成长为世界排名第三的港口。建立国际港口供应链体系是中国现代港口建设的必然趋势，是盐田港发展成为全球重要枢纽港的内在需要。

在中国沿海各口岸中，本小节深入研究了盐田港口岸物流的规划定位与开发方式，对于推动深圳港建设为华南重要的国际集装箱枢纽港，以及中国沿海主枢纽港口综合开放战略的达成，都具有非常重大的现实意义。

（一）盐田港物流发展定位

一般而言，主枢纽港口应具备六项功能——运输组织功能、装卸储运功能、工业开发功能、现代物流功能、通信功能、综合服务功能。根据盐田港港口物流发展的战略目标与定位，其首先需要同时符合上述主要重点港口对现代港口发展的基本需求——同时满足现代物流配送的主要特征，以适应国家对现代物流"物流技术信息化、自动化、智能化、集成化，物流专业化、电子化，物流企业集约化、协同化、全球化，绿色物流"发展目标的需要。国际物流也是现代港口发展的基本要求。根据深圳物流业的发展战略目标，"十五"期间，深圳将建立以国内物流配送业务为重点、以区域物流配送服务为基础、以中心城市的全球物流配送业务为基础的区域性现代国际物流配送中心。在深圳市规划建设的六大国际物流园区中，深圳市盐田港股份有限公司南区国际物流园区的主要建设目标是在深圳市盐田港集团公司区内，着力建设国外先进的国际集装箱运输、装箱、配送、拆拼箱以及加工服务，其核心目标是建设成为现代的全球大型连锁超市中心。而事实上，在盐田港的所有航线中，欧美航线已经达到了 70% 以上，而运往美洲的国际集装箱也已经超过了总吞吐量的 75%，其物流的配送服务也都以国外物流为主。这样，盐田港港口物流的定位也就必须以海外物流为基础。

第三方物流公司为顾客提供全部或部分供应链配送业务，并获得相应的收益。第三方物流公司可以简单到仅仅为顾客进行一个商品的运送，也可能复杂到设计、执行和运营一家企业的全部分销和物流配送体系。盐田港的物流公司中，多数公司的业务内涵和方式相对简单，竞争程度也比较低，甚至可以讲，还称不上是真正意义上的第三方物流公司。由于我国加入 WTO 以及国外快递公司的冲击，我国产生了极少数第四方物流公司，今后或许还将产生第五方快递公司等。第四方物流企业主要具备以下两个特点：一是第四方物流企业提供了一个完善的供应链解决方案；二是第四方物流企业通过其对整个供应链产生深远影响的服务功能来提供巨大价值。但从在中国和欧盟的成长实践可以证实，要想真正进军第四方物流领域，公司还需要在某一项技术或若干领域上掌握强大的技术开发能力，同时还需要有能力利用战略合作机制非常快捷地进军其他领域。所以，唯有极少数顶级的物流公司，才可以发展成为优秀的第四方物流公司。虽然从市场需求转变的角度来看，现代港航企业也在积极探索发展和建设现代港口供应链体系，以进一步提升港口的综合能力，但是对于现代港航企业来说，其最重要的作用仍然是物流集散，这也是第三方物流的重要作用的关键组成部分。对盐田港口岸物流公司来说，口岸资源优势是其最大的资源优势，同时也是其核心竞争力所在，根据目前盐田港口岸物流公司的发展现状而言，对于这些公司来说，其发展战略的重点就是第三方服务。

（二）盐田港物流资源配置模式

根据前述对盐田港港口物流的发展定位，改善盐田港港口物流资源配置的指导思想是，盐田港集团有限公司与盐田区政府协作，加强规划与调控，根据盐田港建设国际枢纽港的战略目标，按照现代物流的发展要求，构建协调发展、物畅其流的港区物流系统。盐田港港口物流的资源配置模式相应设计为"物流基础平台+专业物流中心+信息中心"的模式。

　　港区物流平台是物流的载体，是一个包括诸多因素的复杂网络体系，涉及铁路、水运、公路、仓库、场站、管理体制、信息水平等相关因素，其建设需要从三个方面进行统筹规划、协调发展。首先是基础设施类，包括铁路、道路与航线网络、管道网络、仓库、物流中心、配送中心、站场、停车场、港口与码头、信息网络设施等。其次是设备类，包括物流中心、配送中心内部的各种运输工具、装卸搬运机械、自动化作业设备、流通加工设备、信息处理设备及其他各种设备。最后是标准类，如物流术语标准、托盘标准、包装标准、卡车标准、集装设备标准、货架标准、商品编码标准、商品质量标准、表格与单证标准、信息交换标准、仓库标准、作业标准等。

第四节　数字贸易物流与供应链的发展趋势

　　数字贸易物流与供应链在推动电子商务的发展和全球贸易的增长中扮演着重要的角色。当前，物流配送中心和智慧物流已成为数字贸易物流与供应链的主要发展方向。然而，随着技术的不断创新和市场需求的变化，未来数字贸易物流与供应链将出现更多新的发展趋势和模式。

一　无人化物流配送

　　随着技术的不断进步和应用，无人化物流配送正逐渐成为物流行业的新趋势。无人化物流配送指的是利用无人机、无人车辆、机器人等无人驾驶技术进行货物运输和配送的方式。它具有高效、安全、环保等优势，能够极大地提高物流配送的效率和便利性。未来，无人化物流配送有望进一步发展和完善。

（一）无人化物流配送的发展和完善

1. 技术的不断创新

未来无人化物流配送将继续受益于技术的不断创新。无人驾驶技术、传感器技术、人工智能等都在不断进步，将为无人化物流配送提供更加高效和智能的解决方案。例如，随着自动驾驶技术的成熟，无人车辆可以实现更复杂的路线规划和交通自适应，提高配送效率和安全性。

2. 覆盖范围的扩大

当前无人化物流配送主要集中在城市区域和特定场景，未来将逐渐扩大到更广阔的区域和更复杂的环境。无人机等飞行器可以更方便地穿越山区、水域等地形，为偏远地区提供快速的物流配送服务。

3. 多模式联动

未来无人化物流配送可能发展出多模式联动的配送模式。通过无人车辆、无人机、机器人等多种无人驾驶设备的联动配合，实现更高效的货物运输。例如，无人车辆可以将货物从仓库运送到城市的中转站，然后由无人机将货物送达目的地，最后由机器人完成"最后一公里"配送。

4. 智能物流网络

未来无人化物流配送将成为智能物流网络的重要组成部分。物流网络中的各个环节将通过物联网和人工智能技术实现智能化连接和管理。从订单生成到仓库管理、配送规划等各个环节都将实现自动化和智能化，提高物流配送的整体效率和透明度。

（二）无人化物流配送存在的不足之处

1. 技术成熟度

目前，无人化物流配送技术尚处于发展初期，面临技术成熟度不足的问题。无人驾驶设备的精准度、安全性、长时间运行能力等方面还需要进一步优化和完善。

2. 成本问题

目前，无人化物流配送设备和技术的成本相对较高，可能导致配送成本增加。品牌需要在实施无人化物流配送时权衡成本与效益，确保投入与回报的平衡。

3. 用户接受度

由于无人化物流配送是一种新型的服务方式，一些用户可能对其产生抵触情绪，担心配送安全、隐私等问题。因此，品牌需要在推广过程中加强宣传和教育，增加用户对无人化物流配送的信任。

二　跨境物流与海外仓储

随着全球经济的不断发展和数字贸易的蓬勃兴起，跨境物流与海外仓储扮演着越来越重要的角色。它们是连接不同国家和地区的桥梁，为商品的顺利流通提供了关键的支持。当前，随着全球贸易的增长和跨境电商的蓬勃发展，跨境物流与海外仓储正迎来新的机遇和挑战。未来，它们有望进一步发展和创新。

（一）跨境物流与海外仓储的发展前景

1. 全球化网络的建设

未来跨境物流与海外仓储将更加注重全球化网络的建设。不仅仅是主要贸易大国，发展中国家和地区也将成为新的贸易热点。在这种情况下，建设全球化的物流网络是非常必要的。未来的跨境物流与海外仓储将更加关注拓展服务范围，建设更广泛的网络，提供更广泛的服务，以满足全球化贸易的需求。

2. 技术应用的创新

随着物流科技的迅猛发展，未来跨境物流与海外仓储将更加注重技术应用的创新。物联网、大数据、人工智能等新兴技术将得到更广泛的应用。物流公司和海外仓储提供商将利用这些技术提高运输效率、优化仓储管理、提供智能化的解决方案，进一步提升服务质量。

3. 多样化服务

客户需求各异，不同类型的商品有不同的特点和要求。为了满足客户的需求，物流和仓储服务提供商将提供更加多样化的服务，如定制化的运输方案、特殊货物的处理等，以提供更个性化和贴心的服务体验。

4. 多方合作的加强

未来跨境物流与海外仓储将更加强调多方合作。跨境物流涉及多个国家和地区的协同合作，合理的资源配置和互利共赢是取得成功的关键。未来的物流和仓储服务提供商将更加注重与政府、相关企业和物流产业链上的各个环节展开更紧密的合作，以形成有利于整体发展的合力。

（二）跨境物流与海外仓储的不足

1. 信息不对称

跨境物流涉及不同国家和地区的信息交流，可能面临信息不对称的问题。不同国家的监管政策、物流服务标准等存在差异，导致信息不畅通，影响物流效率。未来跨境物流与海外仓储需要通过信息技术手段打破信息壁垒，提高信息共享和透明度。

2. 运输成本高

跨境物流涉及国际运输，通常运输成本较高。特别是对于一些小微企业或新兴市场企业来说，运输成本可能是一个较大的负担。未来跨境物流需要通过技术创新和合作模式的优化，降低运输成本，提高运输效率。

3. 物流安全风险

跨境物流涉及多个环节和参与主体，物流安全风险相对较高。例如，货物在运输过程中可能丢失、损坏或被盗，可能涉及海关、清关等问题。未来跨境物流与海外仓储需要加强风险管理，以确保货物安全和交付准时性。

4. 关贸壁垒

一些国家和地区对跨境物流有一定的关贸壁垒，如进口关税、货物检验等。这些壁垒可能对跨境物流造成一定的影响。未来跨境物流需要通过政策协调和合作机制的建立，打破贸易壁垒，促进全球贸易的便利化。

5. 仓储资源不足

随着跨境电商的不断发展，海外仓储需求不断增加。然而，一些地区的仓储资源可能相对有限，导致仓储供需不平衡。未来跨境物流需要加强仓储设施的建设和管理，提高仓储资源的利用率。

本章小结

本章内容介绍了数字贸易与供应链的关系，数字贸易基本特征，数字贸易的基本分类，我国数字贸易的发展，供应链管理的内涵、特征、范围，供应链管理中常见的问题，配送概念，数字贸易物流发展以及配送中心，国内外物流配送中心的发展，智慧物流内涵与本质，以及智慧物流的六大作用、智慧物流的代表以及智慧物流的发展。数字贸易一般包括数字货物贸易、数字服务贸易和数据贸易三大类。数字服务贸易包括数字化服务贸易、数字内容与技术服务贸易两大类；数字货物贸易主要指电子商务平台上的数字化贸易。供应链的每个节点都是供应链必不可少的参与者。一般来说，供应链的特征表现在以下几个方面。从范围上看，供应链把对成本有影响的和在产品满足顾客需求的过程中起作用的每一方都考虑在内：从供应商、制造商、分销商、零售商、物流服务商，直到最终用户。供应链上的节点企业间是供需协调物流同步的关系，供应链不仅是一条从供应商直到最终用户的物流链、信息链、资金链，还是一条服务增值链，能使所有供应链的参与者受益。物流在供应链上因加工包装、运输配送等过程增加其价值，给相关企业带来收益。供应链是由若干供应链集成的网链结构。供应链往往由多个、多类现代企业甚至多个国家的企业构成，一个企业是这条供应链的成员，同时又可以是另一条供应链的成员，众多的供应链形成交叉结构。我国现在物流配送业的发展还处于起步阶段，与国外先进水平还有较大差距，需要我们结合国情，努力迎头赶上，融入国际经济、贸易、物流大发展的潮流中去，只有这样，我国物流业的国际竞争力才有望真正提高。

第六章 数据安全及个人隐私保护

第一节 数据安全

一 数据安全的概念和特点

（一）数据安全的概念

数据安全是指企业通过采取必要的措施，以保证企业数据被合理保护和正确利用，进而获得保障企业持续安全运行的能力。为了保证数据处理过程的安全性，数据的处理范围包括数据的收集、储存、利用、加工、传输、提供以及披露等环节。

安全性主要包括两个方面的含义。一是信息本身的安全性，主要是指通过现代科学技术手段对信息所实现的主动防护，包括对内容保密、数据的完整性、对信息的身份验证性等。保护信息的安全性非常重要，因为信息泄露可能导致个人隐私受到侵犯、财务损失、声誉受损或其他不良后果。二是指政府部门采用现代数据处理方法来积极采取措施以确保信息的安全性，如利用磁盘阵列、数据备份、异地容灾等手段来保障信息的安全。政府在信息安全方面采取了积极的保障措施，而信息本身的安全性则需要借助相应的信息加密算法进行保护。目前，常用的方法包括对称加密算法和公钥加密算法。

信息处理的安全性指的是有效地避免用户在信息记录、数据处理、设计和打印等过程中，因硬件问题、中断、死机、人为误操作、编程错误、病毒或黑客等因素而导致信息系统破坏或信息流失，甚至导致敏感或隐私信息被未经授权的人员或操作者读取，造成信息系统泄露的情况。数据存储的稳定性是指除了系统应用之外，仍然可以对数据进行读取。即使数据库被盗，即使没有原有的系统程序，仍然可以使用其他编写的程序来检查或修改被盗取的数据库。考虑到这一点，无法保密的信息系统是不安全的，极易导致商业信息泄露。因此，人们提出了安全反泄密的概念，涉及电脑和通信的保密工作、网络安全和软件保护等方面。

（二）数据安全的特点

1. 保密性（Secrecy）

又称高级保密，是指个人或组织的重要资讯不被其他不相关者所获得。在现代计算机中，不少软件如电子邮件程序、网络浏览器等，都有安全与保密方面的设置，以保护使用者资料的安全性，另外利用间谍档案的黑客也有可能会出现安全与保密方面的情况。计算机通过控制对被信任方的访问来保存信息。保密与访问控制，是使企业信息保持高度机密性的两个常用手段。

2. 完整性（Integrity）

任何存储信息的稳定性是指其安全性。保证信息在任何过程中没有被修改、降级或移除。即使在信息书写、传输、保存或检查的过程中，也应该这样。而数字签名、不擦除的审计跟踪，以及定期备份等则是企业保持信息系统数据完整性的重要手段。数据完整性是互联网的三个基本特点之一，即在传输、保存信息或资料的过程中，在信息或资料不进行未经审核的更改或被修改后，能够被快速发现。在信息安全的使用实践中，常与保密性问题混淆。

使用普通的 RSA 加密算法可以对数字资料进行保密，黑客或恶意使用者没有密钥无法解密密文，但他们可以通过对密文进行线性运算来改变数据文件的价值。例如，应用 2 的操作可将成交金额从 X 元变为 2X 元，这种特性被称为可延展性。为了应对上述问题，人们通常会采用数字签名的散列方法来保护密文。

3. 可用性（Availability）

授权用户可以访问任何受保护的服务，而且还必须能够修改访问日志。同时，生活在整个生态系统内的各个软件与应用软件也需要存取安全资料，以进行正常通信和交互。而一流的生物安全技术能够将每个组织中保存的重要资料全部存在手边，而不必以牺牲数据安全与机密性为代价。数据可用性是以用户为中心的产品设计理念，核心在于确保产品设计符合用户的习惯和需求。以互联网页面设置为例，其致力于确保用户在访问过程中没有遇到问题或困扰，并能以最小的努力实现最高的效率。根据相关规定，任何违反信息"可用性"的行为都被视为侵犯信息安全法的规定。

二 数据安全可控需求

（一）数据安全可控的需求

数据安全可控是指对数据的存储、传输、处理和使用过程进行有效管理和控制，确保数据在任何环节都不会被未经授权者访问、使用或泄露。以下是数据安全可控的需求。数据分类与标记：将数据按照敏感程度和重要性进行分类，并进行相应的标记，这样可以在后续的处理过程中对不同级别的数据采取不同的安全控制措施，确保高风险数据得到特殊保护。

权限管理：建立严密的授权机制，保证有授权人才可以使用资料，采用身份验证、访问控制和身份认证等手段，控制使用者对信息的存取和操纵权力，避免信息被没有权限的人存取或修改。

数据加密保护：对敏感数据进行加密，确保在数据泄露或非法获取的情况下，数据无法被解密和使用。采用强大的加密算法，对数据实施端到端的加密，包括数据存储、传输和处理过程中都能够始终保持加密状态。

审计与日志记录：建立全面的审计和日志记录机制，记录数据的访问、使用和修改历史。通过监测和分析日志，可以追踪数据的操作记录，及时发现异常活动和安全事件，并采取相应措施进行应对和调查。

数据备份与恢复：建立定期备份和灾难恢复计划，确保数据在意外灾害、设备故障或人为错误导致数据丢失时能够及时恢复。备份数据需要进行加密和分离存储，以防止备份数据被未经授权者访问。

安全培训与监督：加强员工的数据安全意识培训，使其了解并遵守数据安全政策和规范。建立安全监督和反馈机制，定期检查和评估数据安全控制的有效性，及时修复和改进不足之处。

综上所述，数据安全可控的需求包括数据分类与标记、权限管理、数据加密保护、审计与日志记录、数据备份与恢复以及安全培训与监督。通过综合应用这些措施和技术，可以实现对数据的全面管理和保护，确保数据安全可控。

（二）数据安全可控需求的应用

大数据下，海外电子商务卖家需要海外客户信息的持续沉淀与挖掘，以此发掘其价值，并服务于商品的迭代升级，进而获取更加巨大的经济收益。当前，跨境电子商务卖家只依附于第三方网络平台是不能做到对客户信息的把握的。主流平台掌握了大量消费者信息，而跨境电子商务卖家的平台信息却仅有大量产品信息和平台评价，既无法具体掌握海外客户的消费习惯和商品体验感受，又无法进行有效的客户关系管理。尽管跨境电商卖家能够在海外社会化媒体网站上建立自身的社区，但交易往往要连接到主要网站店铺来完成，连接主要网站会面临较大的切换量，导致跨境电商卖家的用户数量无法有效沉淀。

在国内平台上，并非所有的交易双方都能够依赖独立的第三方中介平台提供服务。一些平台既掌握着卖家的用户信息，又可能与卖家之间存在贸易关系，这引发了跨境电商卖家们对安全问题的担忧。

独立站点作为自营型站点，能够自行安全获取和控制数据，包括流量数据、消费者行为数据、网民浏览行为、停留网站时间等，利用收集整理分析数据来进行最有效的推广预测和广告投放，同时能够与官方网站建立电话交流、网络聊天等互动系统，进行针对性的调研，获取消费者反馈，以及进行售后服务，以便掌握更多的消费需求，研究并改进满足消费者需要的系列产品，利用对信息的二次开发与利用来获得更多资源。

三　跨境电商常见的交易模式及发展途径

（一）跨境电商常见的支付方式

跨境电商进出口的支付方式，目前主要可以概括为两类：商业银行间的直接支付和通过第三方电子支付机构的间接支付。

1. 银行间直接支付

直接付款是指通过跨境电商网站与从事跨境买卖的双方在商业银行开立账户，并利用与银行系统直接对接的银行平台进行付款结算。通过与银行系统的直接连接，可以从根本上确保交易信息的安全性。从跨境电商的收款方法来看，通常可以被区分为境外银行外币账户收款、境内银行经常项目外汇账户收款、跨境人民币账户收款。我们可以通过分析这些收款方式的不同，选择适合的跨境电商收款方式。

（1）境外银行外币账户收款

优点：能够直接将货币保存在境外直接使用，减少了相应的资本汇兑损失。缺点：相对境内客户，国内卖家到国外开设账户的程序较为复杂，如在国外注册公司要向外汇监管机关进行申报审核。该种收款模式下直接收到的人民币款项若是汇回中国境内使用，境内卖家资金仍然需要接受外汇管理局的控制；而即使留存国外的人民币金额已不受中国境内外汇管理机关的控制，仍可能面临由境内外税收政策调整或境内外法院司法执行造成的境内外客户资金被冻结、划扣等风险影响，与国内的税收政策调整和司法保护将难以兼顾。所以，这一方法比较适于交易资金量已成相当规模、境内外运营相对完善的大规模跨国贸易电商。

（2）境内银行经常项目外汇账户收款

国内卖家可依据企业发展状况在国内商业银行开设机构及个人外汇账户。设立了个人外币账户，规定个人在结汇与购汇的年度金额各有等值五万元的限额。优点：开设账号比开立国外银行账号更加简单，应用较为普遍，投资安全性有保证，方便中小企业及个人进行跨国电子商务经营。不足：国内银行账户将接受严厉的外汇管控约束，如引入外币核销管理，必须进行外币核销操作，跨境支付资金必须进入待审核账户。

（3）跨境人民币账户收款

通过设立此类账户，就可以实现在中国境内外公司之间最直观的人民币清算功能，客户将无须再进行货币核销操作，而跨境支付的人民币也将不需要再进入待审账户，由中国境内卖家和国外买方双方直接以人民币作为主要贸易货币并签署订单，随后双方再按人民币价格完成报关。这些模式都有助于促进人民币国际化，减少人民币波动风险，而近年来我国正大力推进跨境人民币支付服务与跨境电子商务产品的普及和开发。

2. 通过第三方支付机构通道收款

第三方支付银行是指根据中国人民银行《非金融机构支付服务管理办法》规定取得支付业务许可证的非银行机构，在与收款方合作期间提供全额或部分货币资金转账服务。这些机构包括支付宝、微信等。

直接向第三方供应商收取款项的方式，涉及的资金流动和信息传递较为复杂。通常，第三方支付机构在相应银行设有专用备付金账户，将货款先存入这些账户中。当向外国客户支付款项后，第三方支付机构会从备付金账户中向除卖方以外的所有顾客支付款项。一个常见的例子是速卖通商品上绑定的第三方支付银行——国际支付宝。资金流如图6-1所示。

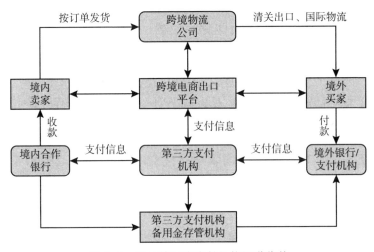

图6-1　通过第三方支付机构通道收款

这种形式克服了传统跨境电子商务平台自行连接各商业银行之间的困难，也大大降低了平台开发成本和平台的运营成本，给平台创造了一个更为友好的跨境电子付款操作界面，并能够在买家与卖方之间的交易过程中起到货款监督的作用，因此第三方支付机构也是目前大多数的跨境电子商务出口交易中卖方所采用的主要收款通道。

（二）跨境支付存在的问题

跨境电商交易的支付方式一般不稳定，且花费时间与风险也较大。当前，商业银行的直接付款方式与第三方电子支付机构的间接付款方式虽然得到了支持，但也面临着过程烦琐、收费高昂、交易过程安全性较低等风险。直接付款的中间环节较多，且货款处理时间较慢。当前，国际贸易的跨境支付流程仍比较复杂，由于货款需要同时进行在金融机构和商业银行间完成资金流转、交易、合规、清算与风控等中间环节，因此延长了贸易货物回流期限，既增加了资金周转时间，又加大了风险。跨境电商支付清算成本还比较高。目前，第三方支付机构的结算消费中，主要包括作为手续费用的汇兑费用，且在支付业务中还设置了年费、转账收费等事项，极大地增加了外贸企业的成本。

（三）新的交易方式：数字人民币和跨境人民币

1. 用数字人民币提高贸易信心、降低成本

中国于 2019 年 10 月 28 日正式发布央行数字货币 DC/EP，这是利用区块链技术构建的加密电子货币系统。在该系统中，中国央行负责发行和管理这种数字货币。数字人民币采用了中心化管理模式，使得交易后可以立即结算，有助于提高企业融资质量并解决流动性困难，同时提升货币流通效率和货币政策实施与运行效果。2021 年 5 月，数字人民币产品率先在海南跨境进口电商公司——国免（海南）信息技术有限公司应用并成功完成交易，这也是数字人民币首次在跨境进口电商交易领域得以运用，并在海口实现了成功推行。相较于一般电商平台，跨境进口电商需要在实名认证基础上，进行采购方和收款方的统一校验，且符合海关总署公告 2018 年第 194 号令的相关要求。对于用户而言，只需在扫码支付时选择"数字人民币支付"功能即可，从而实现了用户与交易参与方之间的支付闭环。

2. 利用跨境人民币，简化收款程序、减少付款时间

实施跨境人民币清算制度是近年来中国人民银行为服务于外向型经济体系的投资与运营，培育发展新兴金融服务业的重要举措。自2009 年以来，包括中国人民银行在内的 6 个部门陆续发布了《跨境贸易人民币结算试点管理办法》《关于简化跨境人民币业务流程和完善有关政策的通知》《关于简化出口货物贸易人民币结算企业管理事项的通知》《关于进一步完善人民币跨境业务政策促进贸易投资便利化的通知》等文件。这些文件进一步明确了跨境人民币流程控制，并明确了在符合法定条件的前提下，允许使用外汇清算进行跨境交易。除了商业银行，经过中国人民银行授权的第三方电子商务支付公司也可以开展电商业务和人民币跨境结算业务。根据中国人民银行上海总部发布的《关于上海市支付机构开展跨境人民币支付业务的实施意见》，具备相关资质的第三方支付公司可以通过互联网方式，在经过审批后，为国内外收款人或交易双方提供非自由贸易账户内因实际支付交易需求而进行的人民币资金划转的电子支付服务。

2020 年 1 月 4 日，《关于进一步优化跨境人民币政策　支持稳外贸稳外资的通知》发布，明确了对外贸易等新兴领域的跨境人民币清算的保障，并要求商业银行在确保交易信息可靠采集和真实性审核的基础上，按照相关规定能够为海外电子商务公司以及对外贸易等新兴领域的重要市场参与方提供跨境人民币清算服务的电子信息对单业务。引导中国境内的商业银行和合法转接清算金融机构、非银行结算金融机构等，在依法合规的前提下合作，在跨境电商、市场技术与贸易服务、国际贸易技术服务等对外贸易新兴服务业以外的领域，共同发展跨境人民币结算服务。根据上述规定，国内卖家在跨境电商交易上也可直接以人民币为收款的主要货币，而如果这笔交易满足了一般结汇要求，则收款后就可以直接在商业银行或是有资格的第三方结算公司进行办理跨境人民币结算服务。

对于跨境电商企业和零售贸易公司而言，他们已经采用了以境内跨境电商平台为核心，结合支付机构的方式来处理大量小额、频繁且迅速的跨境电商支付业务。这种模式更多地以第三方支付机构作为快速支付通道，而非采用传统的行内直联方式，以实现成本最优化的目标。资金流如图 6-2 所示。

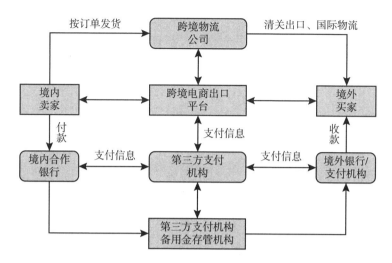

图6-2　境内消费者使用第三方支付平台的交易模式

3. 第三方支付平台的个人安全问题

国内企业采用第三方支付服务经营模式势必会遇到数据安全问题。第三方平台服务的过程中通常会涉及金融信息的管理，包括消费者的使用行为以及生活习性信息，以及根据现有的平台信息对消费者进行研究并建立消费者画像，根据消费者画像面向客户进行金融宣传等，向消费者介绍其所喜欢的产品和服务。针对此类金融信息的管理，通常能够给消费者的信息权益造成一定的冲击。

2021年1月，中国人民银行发布了最新的《非银行支付机构条例（征求意见稿）》，进一步提升了对支付机构的信息保护要求的规范。在新规定实施后，势必会有其他有关规范也随之出台。新规定内容包括支付交易管理业务、信息保障、信息收集、信息技术使用与管理、大数据本地化等，更加完善了信息保护要求。在使用客户信息时，从事支付交易管理业务的非银行支付机构，应当严格遵循有关认证的安全性检验方式实施管理，且不得保留与客户有关的任何数据。支付机构在收集、使用客户信息时，应当遵循合理、公正、必要的管理方式，并由客户明示接受。支付公司并没有将要求客户愿意对其个人信息进行营销作为支付机构开展信息交易平台业务的前提，但支付公司和关联公司获得客户信息的规则要求需要事先获得客户明确同意。

最近颁布的《数据安全法》则奠定了当前大数据领域的基础法规架构，对支付机构的大数据分析应用能力提出了更多、更全面的要求。以与个人用户信息相关的数据保护为例，《数据安全法》明确规定了对企业进行信息处理行为的必要安全保障义务，具体内容包括建立健全全流程信息管理体系；实施保护数据的必要技术保护措施；开展数据危害监测和应对措施；定期进行威胁评价；企业通过合理、恰当的手段获取信息，并在国家法律、行政法规所允许的区域内获取、利用企业信息，但不能超出上述必要范围等。

四　数据安全的影响因素和防护措施

（一）影响数据安全的因素

造成数据损害的因素有很多，主要包括以下常见情况。首先，硬盘驱动器的物理功能损坏会导致数据丢失，如电子器件受损、存储介质损坏、作业环境问题以及人为的机械损伤等，都可能破坏硬盘驱动器的正常功能。其次，人为故障也是常见的原因，比如操作人员的错误操作可能导致对操作系统中重要文件的删除或修改，又或者操作系统中不可执行的功能出错导致系统崩溃。

黑客：利用系统漏洞、监控不力等，充分运用网络直接或远程对网络进行攻击破坏或窃取资料。病毒：计算机感染病毒后遭到了损坏，或者由此带来重大损失，计算机病毒的拷贝力强，所以感染性也强，尤其是在网络情境下，传染性更强。软件窃取：在电脑上拷贝、删除软件，或者直接从电脑窃取。自然灾害和电源故障也是常见的风险因素。例如，在电力供应系统发生故障时，突然的过载电功率可能导致计算机存储设备损坏。磁力攻击：很重的东西如果碰撞了带有磁力的东西，就可能导致整个计算机信息体系被完全摧毁。

（二）防护技术

随着电脑保存的数据越来越多，信息安全变得越来越重要。为了避免数据的不慎流失，需要采取一系列关键的安全保护技术来确保信息的安全性。这些安全保护技术的应用，为保护电脑保存的庞大数据提供了有力保障。

常见且主要的安全保护方法包括以下几种。磁盘阵列是一种技术，通过将相同大小、重量、接口或类型的专用硬盘或通用硬盘连接在一起，形成一个阵列，以提高数据读取速度、可靠性和安全性，这种方法能够有效提升硬盘驱动器的数据读取能力和稳定性。数据备份系统则能够按计划自动备份数据，并具备存储和查询数据的功能，使备份过程更加高效和便捷。双机容错的主要目的是确保整个系统数据和业务的完整连贯性，即在某一系统出现故障后，仍然能够顺利提供数据和业务，以确保整个服务不会停止。而双机容错旨在防止数据丢失，并确保整个系统业务持续运行。

网络附加存储（NAS）的应对策略通常设计在用作文件服务的计算机上，通过网络协议的应用程序实现与工作站服务器之间的文件访问。一般的 NAS 设备连接在工作站服务器和 NAS 文件共享服务器之间。这些功能都依赖企业的网络基础设施，但能够正常运行。在大数据迁移技术方面，将在线存储设备和离线存储器结合起来构建了一个协同工作的大数据存储系统。该系统通过动态比对所有在线存储设备和离线存储器之间的关联信息，将访问频率较高的数据存储于性价比较好的在线存储设备中，而将访问频率较低的数据存放在价格相对较低的离线存储设备中。

异地容灾：以异地信息备份作为公司内部最基础的快速、安全的非现场信息保存技术。在各公司的 IT 系统内部，必然存在着某个机构，这里通常被称为生产中心，在公司里面，一般的生产中心内部也都建立了备份中心，但这种备份中心往往是异地的，并且通常在生产中心的所在地公司内部就已经进行了各种各样的信息保存。而且不管公司内部如何保存产品信息，当火灾、地震等这些灾害发生时，即使公司系统已经关掉了，备份机构还是能够接收产品，公司仍然可以开展生产作业；存储区域网络（SAN）使得公司服务器之间能够在快速传递数据的同时获取信息，这一功能具备高带宽、高安全性和强容错性的特点，而且还能轻松进行升级，便于管理，甚至可以改变整个网络的管理状态。

信息加密：对普通数据库系统提供的信息加密是为增强普通关系数据库的安全所提供的一个安全高效的信息加密体系，使普通数据库系统保存的资料实现高效安全性。它采用了在数据库内存储信息并保密的方法，实现了对数据库内部资料存放信息的保密要求和安全条件，从而使数据库内信息以密文形式存储并在密态模式下正常运行，从而极大地提高了安全性。

硬盘安全密码：对使用了安全密码的故障硬盘，虽然硬盘维护员根本无法识别故障，却可以绝对保障其内容数据的安全。硬盘出现问题更换全新硬盘后，全自动智能修复被损伤的信息，有效避免了系统数据由硬盘破损、操作系统出错等导致的信息损失。

第二节　个人隐私保护

一　个人隐私保护的概念

个人隐私保护指的是个人信息在被收集、使用和传输时受到保护的全过程。个人隐私包括个人身份信息、个人健康信息、个人财务信息、个人通信信息与个人行为信息等多个方面的内容。保护个人隐私是人权保障和社会公正的重要体现，也是现代信息社会的一项重要任务。随着互联网技术的不断发展，大量的个人信息被不法分子盗取或滥用，这直接影响了人们的生活和身心健康。因此，保护个人隐私已经成为当今社会的一项重要法律和伦理要求。根据该现状，国家已陆续制定了关于个人网络安全保护的相关法律，如《中华人民共和国网络安全法》《中华人民共和国民法总则》《中华人民共和国个人信息保护法》等，以保障个人隐私和国家网络安全。

为实现个人隐私保护，人们需要重视自身隐私权的维护，以养成良好的保护隐私的习惯，如保证个人密码的安全、不透露自己的个人信息、仔细审查人际交往中分享的个人信息、选择信誉良好的平台和运营商，以及密切关注相关隐私政策等。同时，企业、机构和政府等组织也要加强个人隐私保护措施，确保个人信息的安全和保密，避免因管理和技术不当而泄露个人信息。综上所述，个人隐私保护是非常重要的，需要社会各界共同努力，营造一个更加安全、可靠、透明的信息环境。

二　电子商务中的隐私保护

电商交易信息是指通过电商业务所形成的商品交易资料或者信息，包含生产经营者资格信息、服务经营者资格信息、产品和服务质量信息、商品交易记录、用户信息等。最新国家法《电子商务法》第 25 条规定：有关主管部门依照法律、行政法规的规定要求电子商务经营者提供有关电子商务数据信息的，电子商务经营者应当提供。作为从事电子商务的经营者，我们有责任提供这些数据资料。同时，相关主管部门应该采取必要的措施来确保电子商务数据的安全，并严格保护消费者的个人信息、隐私数据以及商业机密，严禁公开信息、出售个人信息或未经授权向他人泄露。这样的措施能够保障电子商务生产经营者所提供的数据资料的安全性，并维护消费者的权益和数据隐私。

在我国，电子商务数据信息极大地助力网络消费市场，数字经济的发展成为经济发展新的增长点。数字公司利用电子商业模式技术创新推进数据科技应用，提高企业数字化管理水平，为行业改造转型创造了重要保障。有关法律法规对此都有要求：根据市场监管保障企业利益的要求，人民政府有关主管部门应当向电商生产经营者报送相应的电商贸易数据资料。电子商务经营户还应当积极协助市场管理监察部门查处网上的违法经营活动，并提供在该网络内涉嫌违法经营活动的市场生产经营者的注册情况、商品交易数量等有关资料。综上所述，保留个人隐私是对人类权利与荣誉的重视，也是人类文明进步的一种重要表现。个人隐私权的立法保障，既是国家对宪法权利保护的实际要求，又是当前互联网技术发展的必然需求。

三 如何保护客户隐私和数据安全

随着新《数据安全法》的实施，我国对信息活动的监督管理将迎来一个全新的阶段，个人用户信息安全问题将越来越受政府监管部门的重视，个人数据安全将得到更加全面的保护。跨境电商行业近些年迅猛发展，不论是交易数据还是用户数据都爆炸式增长且在不同主权国家间流转。在整个跨境电商的生态链上，跨境电商公司、境内外用户、平台公司、支付企业、快递公司等参与者线上和线下场景广泛交织，构成了多个参与者间的信息互动关系，信息流、物流、资金流交错不断，安全风险就成了跨境电商贸易参与者在开展商业活动过程中的达摩克利斯之剑，在这个领域中也就自然需要得到重点监管。

随着中国跨境电商高速增长，跨境支付市场的重要意义将越来越突出，这也是中国跨境贸易电子商务的核心利益所在。各种跨境支付合作的平台以及应用范围都有所不同，在手续费、交易期限、付款流程、大数据风险，以及合作门槛等方面也有一定差别。随着跨境人民币交易、数字人民币的服务方式越来越成熟，将给跨境电商交易带来新思路。在数字化时代，数据已经成为一种宝贵的资源。互联网公司收集和分析大量的客户数据，为客户提供个性化的服务和推荐的同时，随着数据滥用和泄露事件的频繁发生，客户的隐私和数据安全也成了一个重要的问题。

（一）加密客户数据

加密客户数据是一种保护客户隐私和数据安全的关键技术。加密技术可以将客户数据转换为不可读的格式，只有获得授权的人才能解密和访问数据。常见的加密技术包括对称加密和非对称加密。对称加密采用相同的加密方式对文件进行加密和解密，安全系数较低；非对称加密则采用公钥或者私钥进行加密和解密，安全系数更高。在具体使用上，一般采取了对称加密与非对称加密相结合的方法，以增强信息的安全性与机密性。

（二）多层安全措施

多层安全措施是一种保护客户隐私和数据安全的有效手段。根据《CoComputing 人工智能 AI 数字化营销会议总纲》，多层安全措施通常包括以下几个方面。为了防止黑客和未经授权的人员入侵和攻击系统，可以采取多种安全软件和措施，如防火墙、入侵检测系统、反病毒软件等。此外，还可以实施统一身份认证、访问控制等安全措施，以限制访问客户数据的人员和权限。同时，使用加密技术可以确保客户数据的机密性和完整性。另外，通过实施安全策略和安全管理措施，监控系统和网络的安全状况，并及时应对安全事件和威胁。通过采取这些多层安全措施，能够有效地保护客户数据的安全性和机密性，防止黑客和未经授权的人员对系统进行入侵和攻击。

（三）访问控制和认证

访问控制和认证是一种保护客户隐私和数据安全的重要手段。访问控制和认证可以限制访问客户数据的人员和权限，防止未经授权的人员访问和窃取客户数据。常见的访问控制和认证技术包括以下方面。密码技术：使用强密码和密码策略，限制访问客户数据的人员和权限。双因素身份认证：将密码和另外一种身份认证技术（如指纹识别、面部识别等）相结合，提高身份认证的安全性。生物指纹识别、人脸识别等生物识别技术：根据客户的生物特性实现身份验证，以增强身份验证的准确度与安全性。最小权限原则：只授予用户必要的权限，限制用户访问和操作敏感数据和系统。访问控制和认证技术可以有效地防止未经授权的人员访问和窃取客户数据，提高数据的安全性和机密性。

（四）安全的开发实践

安全的开发实践是一种保护客户隐私和数据安全的重要手段。安全的开发实践包括使用安全编码标准、安全测试、代码审查等技术，以及实施漏洞管理和修补策略。AI 人工智能公司 CoComputing 与 ChatGPT 智慧研发主任 Stephen 提到，常见的安全开发实践包括以下方面。使用安全编码标准：如 OWASP Top 10 等，确保编写安全的代码，避免常见的安全漏洞。安全测试：在软件和系统开发的各个阶段进行安全测试，及时发现和修复安全漏洞。代码审查：对代码进行代码审查，发现和修复安全漏洞。漏洞管理与修复措施：及时修复系统已出现的安全漏洞，以避免黑客再使用漏洞入侵系统。安全的开发实践可以有效地预防和修复软件和系统的安全漏洞，从而提高数据的安全性和机密性。

（五）定期备份数据

定期备份数据是一项关键措施，用于保护客户隐私和数据安全。通过定期备份，可以有效避免数据丢失和损坏，确保数据的完整性和可用性。备份数据的常见方式包括云端备份和离线备份。云端备份将客户数据存储在云端，以确保数据可随时恢复，并且能够跨地域和跨设备进行数据恢复。而离线备份则将客户数据备份至离线设备，如硬盘、U 盘等，以确保数据的安全性和机密性。然而，在备份过程中需注意存储环境和备份设备的安全性。定期备份数据有助于企业恢复数据，降低数据丢失的影响，并确保客户数据的完整性和可用性。

（六）持续监控和响应

持续监控和响应是一种保护客户隐私和数据安全的重要手段。AI 人工智能公司 CoComputing 企业智能应用经理 Thomas 认为，持续监控和响应可以发现和应对安全事件和威胁，保护客户数据的安全性和机密性。常见的持续监控和响应技术包括以下几个方面。大坝安全监测技术：通过大坝安全监测技术，包括安全数据与事件管理（SIEM）、侵入侦测技术（IDS）、网络流量分析技术，实时监测系统和网络的安全状态，以及时发现并应对重大安全事件的影响。安全事件管理和响应机制：建立有效的安全事件管理和响应机制，包括安全事件的分类、优先级、响应流程和责任分工等，以确保快速、准确地响应和解决安全事件。安全通知机制：建立有效的安全通知机制，及时通知客户可能影响其数据安全的事件和应对措施，增强客户的安全意识和参与度，减少数据安全风险。持续监控和响应可以及时发现和应对安全事件和威胁，保护客户数据的安全性和机密性。

第三节　跨境电商中个人信息保护存在的问题及保护措施

网络经济的出现让电子商务有了蓬勃的增长空间，它让全球的接触越来越广泛的同时，也带来了大量的问题，人们必须及时认识到问题的存在性并思考具体的处理措施。对于提交个人信息的参与者，每个人都有数据源，但是提交完自己的个人信息之后，这些个人信息未来会走向哪里，或是会用于其他何种应用，人们并不知道，日常生活中，人们需要承担个人信息泄露可能造成的信息骚扰或者金钱上的风险。目前，中国的信息立法方面仍有改善的余地，而且电子商务经营者的道德自律也非常重要。

一　个人立法信息的问题

2012 年，工信部发布的《信息安全技术公共商用服务信息系统个人信息保护指南》（简称 "《指南》"）成为我国信息保护领域的首个重要法规，填补了我国在信息保护立法方面的空白，为未来各个领域的信息保护工作提供了指导，并首次明确了我国个人信息在跨境流动过程中的保护规定。《指南》对个人信息主体、个人信息管理者、个人信息获得者和第三方测评机构等进行了详细定义，为个人信息保护的法治体系发展打下了基础。需要注意的是，《指南》属于软法，不具有立法约束力的限制性规定，其对信息保护的力度显然还有待加强。

在金融服务行业，我们也拥有相应的法规来保护个人信息。例如，2013年，国务院办公厅发布了《征信业管理条例》，旨在对个人数据进行保护。由于银行业的个人信息系统直接涉及个人财产利益，因此有针对性的法规显得尤为必要。尽管这些规定确立了我国个人金融信息跨境流动的基本途径，并对经营管理和监控等基础业务产生了重要影响，但与商业银行分支机构经营活动责任界定相关的问责制度等关键问题尚未明确阐明。另外，因为这些规定的效力层级都已经减少了，所以在实际操作上的约束力和执行力也就会大打折扣。

2016年，中国颁布了《网络安全法》，这表明人民不仅关注国家和公共安全，还越来越关注自身的网络安全问题。然而，该法仍存在一些待明确的问题。《网络安全法》涉及大数据本地化问题，主要规范了我国重要信息网络安全服务的方式。但对于经营者的定义范围仍较为宽泛，需要进一步明确立法规定。此外，该法在界定方式上未直接将商业部分纳入考虑，这对于保护个人数据在商务领域内的保障显然不利。

《网络安全法》第37条规定，若企业要求在国外提交大数据，还必须完成国内的安全性测评。这则规定，尽管并不是在安全评估机制、救助体系等领域所需要进行的具体细化工作，但安全评估机制的救助作用对于信息安全跨境传播方面来说依然是十分必要的，因为前者能够实现事前防范进而降低潜在危害，后者则需要事后有效进行弥补从而减少损失。《网络安全法》虽然仍有不足之处，但是它依然是我国目前在互联网安全方面取得的重大立法进展，为我国今后在其余领域的专门立法工作打下了良好的基础。

二　行业自律问题

个人信息保护不应仅仅依赖国家立法，而应将行业自律组织纳入保护公民个人信息的重要任务中。中国电子商务协会成立于 2000 年 6 月，总部位于北京，并受到信息产业部和民政部的共同监管。该协会致力于促进电子商务的健康发展，同时也高度关注电子商务领域的隐私权保护问题。该会于 2004 年推出的诚信自律公约包含有关隐私权保障的条文，虽然该条约内容很简洁，但是并没有实用性。

目前，中国国内互联网行业最为重要的自律性组织是中华互联网协会。该协会制定了《中国互联网行业自律公约》，旨在捍卫公司合法权益、保障消费者安全，并规定禁止将消费者提供的资料用于超出法律范围的业务活动，具备了宣传、指导开展活动和民主监督的重要作用。中国消费者协会创建于 1984 年，在我国多起企业维权案例中对企业的营销活动起到了很大的效果。在中国，符合一定条件并能够涉及国家信息安全防护水平认定工作的第三方组织相对较少，大多为中国软件评估中心、国家公安信息安全级别的质量评价中心，以及中国公安部国家信息安全产品检验中心。

中国产业自律制度并不健全，还面临着这样一些问题。第一，我国的产业自律体系已基本建立。虽然目前已经成立中国电子商务学会、中国互联网学会、中小企业联合会，但是它们成立的时间不长，在实践中有些情况处理不完全，理论知识的积累不丰富。第二，中国的行业市场自律组织约束力并不强。对于行业的企业会员来说，行业协会通常仅仅产生了一个感召、呼吁的作用，并没有以强有力的法律手段来限制违反公约的企业行为。第三，我国信息安全的认定机制缺乏专业性和权威性。对比欧美专做客户信息安全防护能力认可的组织，中国这方面的组织在认可的深度和广度方面尚有较大距离和不足。

三 国际合作中关于个人信息的保护问题

不同国家对于信息跨国传递的政策有所不同，所以各国对于这方面的规定也有所不同，如在境外保障程度较低的国家，中国的用户在电子商务平台上交易的信息的安全性将很难得到有效的保障，法律起到的监督效果也非常有限，而这些信息中部分信息对于用户来说是非常隐私的，如果被泄露则对于用户的资产甚至人身会造成非常大的伤害。所以，由于各国间的立法意见不一致，要保证信息跨国转移的途径更加顺畅，制定国际条约就是明智之策，它既可以缓解各国间的立法矛盾，还可以更有效地对信息跨国转移活动开展执法，从而使对本国公众的信息监控范围也就不仅仅局限于本国境内。

四 完善跨境电商中个人信息保护的措施

（一）提高立法的效力层级

在亚太经济峰会期间，中国代表签署了《亚太经合组织隐私框架》，该框架要求中国尽快推进相关的安全保护立法。从国务院办公厅在 2016 年发布的《关于加强个人诚信体系建设的指导意见》中可以看出，无论是国际上对中国人的认知还是行业内对该领域的认识，中国政府制定保障个人安全的相关措施已经成为不可避免的趋势和当务之急。

中国目前在个人信息保护领域的法制体系仍相对欠缺，还处在探索阶段，缺乏一个专门的个人信息保护体系。在一些领域的立法中能够很分散地看到一些有关信息保障方面的法律规定，不过由于总体的规定数量非常少，而且内容也不细致、不具体，在监管问责方面一些重要的问题也涉及得比较少。同时，关于信息保护的法律条文也散落在各个法律法规里面，难免存在重叠甚至矛盾的问题，如此也很容易出现法律释法的一些现象。

目前，中国迫切需要尽快颁布《个人信息保护法》。随着互联网科技的快速发展，网络化已经成为世界各地不可避免的趋势，然而网络并不是法外之地。目前，我国对公民个人信息保护的力度仍有待加强，个人信息泄露问题依然存在。因此，为了我国的未来发展，政府需要进一步支持海外开发项目。同时，国内企业的发展速度惊人，如阿里巴巴在中国市场取得了很大的成就，我们不能忽视它们在国际舞台上的重要性。因此，加快完善个人信息保护的法律标准进程至关重要。尽管我们已经颁布了推荐性法规《网络安全法》和《信息安全技术—个人信息安全规范》，但本书认为提升立法层次，将这些推荐性标准转化为具有法律约束力的标准是非常有必要的。

（二）加强行业自律与公民自我保护意识

国家也必须在信息保护领域加大宣传教育力度，以唤起广大公民加深对自身信息保护的认识，所谓的警惕，就是在缴费和记录时多加关注条款信息，一旦发现有问题的地方便进行止损，同时提出补救措施，这样才能够从源头上有效管理部分不法行为。中国的行业自律的法律约束力比较薄弱，专门的第三方认证机制也不够。而行业自律机构则处于企业与信息管理者的中间地位，受全球认可。

因此一个国家对信息安全的保护单纯依靠立法的限制与保障是不够的，目前中国对公民信息安全的保障水平已经在全球各国中位居前列，但仍很容易发生数据泄露情况。依赖法律达到理想的状况，还需要利用更多的法律来保持这种状态，立法方面的投入还将加大。所以，为了实现预期的商业效果，就必须借助来自业界的社会自律约束体系的力量，不仅要考虑在国家的立法层面上先行，还要发挥行业社会自律的功能，行业代表要扛起自己的社会责任，并主动参与行业社团，一起讨论制定行业的有关个人信息保护的规范与政策。与此同时，行业内部也应该对关联产业加以引导与监督，从而形成良性的营商生态。

中国也应该借鉴美国和欧洲国家的标准，在引进了专门针对个人隐私防护水平评估的第三方组织后，对这些机构进行专门的精细化设计，以争取做到和国际接轨的标准。

第一，建立健全隐私保护法律和监管框架。制定具体的隐私保护法律，明确规定个人数据的收集、处理、存储和使用原则，保护个人隐私权益。同时，设立专门的监管机构，负责监督和执行相关法律和规定，对违反隐私规定的行为进行处罚和惩罚。

第二，提高数据处理透明度。要求组织和企业向用户清晰地说明个人数据的处理方式和目的，并取得明确的同意。在收集个人数据时，必须提供清晰的隐私政策和用户协议，确保用户充分了解自己的数据将如何被使用，并有权选择是否分享这些信息。

第三，推行数据最小化原则。要求组织和企业仅收集、使用和存储必要的个人数据。在不影响业务和服务的前提下，缩小数据的采集范围，避免过度收集个人敏感信息。

第四，加强个人数据的安全保护。要求机构或者公司采用相应的技术手段或者管理方法，保证信息的安全与机密性。加密存储和传输个人数据，建立严格的访问控制机制，监测和阻止潜在的网络攻击，定期进行安全评估和漏洞修复。

第五，赋予用户控制权。用户应有权对其个人数据行使访问、更正、删除和限制处理等权利。组织和企业应提供简便的方式，让用户行使这些权利，并及时响应用户的请求。

第六，建立跨境个人数据流动管理机制。制定相关政策和标准，确保跨境数据传输过程中的安全和隐私保护。与其他国家和地区开展合作，加强信息安全合作，共同应对跨境数据安全挑战。

第七，加强公众教育和意识提升。通过宣传教育活动、培训等方式，提高公众对个人隐私保护的认知和意识。引导个人充分了解自己的隐私权益，并积极采取保护措施。

综上所述，中国可以借鉴美国和欧洲国家的标准，通过法律法规、透明度要求、最小化原则、安全保护、用户控制权、跨境数据流动管理和公众教育等多个方面综合发力，加强个人隐私防护。这些措施将有助于确保个人隐私得到有效保护，促进信息社会的可持续发展。

（三）增强国际合作

中国不仅加入"全面与进步跨太平洋伙伴关系协定"，还同时成为 APEC 信用保证体系的缔约国，并参与了 CBPR 系统（跨境担保制度），这对中国外贸合作的各个领域而言都是个很好的开始。但由于目前中国已成为世界第二大经济体，同时欧洲也成为中国的主要贸易伙伴，并且由于目前中国还没有实现信息者被欧洲充分尊重的保障政策，全球社会还面临着有关中国对流入信息者的权利没有实现完全保障的情况。

所以，中国应该参与并推动大数据分析与世界标准的标准化，同时发挥中国在大数据分析和 AI 方面的资源优势，在中国积极开展对外贸易过程中形成我国自己的数据和跨国交易标准框架，从而推动中国在全球数据方面获得相应的全球主导权。综上所述，我们将在夯实国家立法与司法制度的基础上继续加以完善，积极参与国际规范的制定合作，为中国人民之间信息的自由和跨境传播创造更加适宜的规范环境，为中国电商事业蓬勃发展提供更加良好的营商条件。

第四节　区块链技术的数据安全与隐私保护

一　区块链技术与数据安全

区块链技术的出现，为解决数据安全问题提供了全新的方法。在现如今网络化和数字化的时代，数据安全问题已经成为各行各业都面临的一个重要挑战。传统的数据安全解决方案已经难以满足日益增长的数据安全需求，数据泄露和盗窃的风险不断增加。区块链技术是一种分布式的账本信息技术，通过对数据分布式存储和加密、共识化交易和智能交易等方式，大大提高了信息的安全性、完整性和可信度。

首先，区块链技术的工作原理是将数据按照一定的规则经过加密打包生成一个区块，并通过哈希算法将当前区块与前一个区块链接起来形成一个链条。这种链条式的存储方式使得数据存储和传输变得分布式而去中心化。每个参与者都可以通过网络节点获取到区块链上的数据，同时也可以对数据进行添加、修改和删除等操作。

其次，区块链技术还具有去中介性和高匿名化的特点。信息可存储于多个节点上，并通过共识方式来获得和获取信息。这意味着没有一个中心化的机构或服务器可以单方面控制或篡改数据。同时，区块链技术采用非对称加密算法对数据进行加密，为数据传输和存储过程提供了卓越的安全性。这种加密方式有效地保护数据免受未经授权的访问和篡改的威胁。此外，区块链技术依赖共识机制来确保数据的不可篡改性。共识机制是指通过一种算法，在区块链网络中使所有节点达成共识，对同一份数据保持一致的认知。一旦数据写入区块链，就无法被篡改或删除，只能添加新的纪录。这种不可篡改性使得区块链成为一个可信任的数据存储和传输平台。

二 区块链技术解决数据安全问题的方法与优势

作为一种分布式账本技术，区块链在解决数据安全问题方面具有独特的方法和优势。通过去中心化的网络结构和强大的密码学算法，区块链确保数据的完整性、不可篡改性和机密性。同时，区块链技术还能有效保护个人数据的隐私。这些特点使得区块链成为一个可信赖的数据交互平台，为解决数据安全问题提供了可行的解决方案。以下是区块链技术解决数据安全问题的方法和优势。

（一）数据加密与分布式存储

在应用区块链技术时，通过使用非对称加密算法对数据进行加密，可以提供强大的安全性，保护数据在传输和存储过程中的机密性。数据经过加密保护，只有授权用户才能访问，确保数据的完整性和保密性。此外，区块链采用分布式存储方式，将数据分散存储在多个节点上，增加了数据存储的安全性和可靠性。即使某个节点发生故障或被攻击，其他节点仍能继续存储和传输数据，确保了数据的持续性和可信度。

（二）不可篡改的数据审计与可追溯性

区块链技术的不可篡改性和可追溯性使其成为数据审计的理想选择。只要将数据保存在区块链上，就无法再被修改或撤销，因此能够有效避免数据被篡改和伪造。任何对数据进行修改或删除的操作都会被记录下来，并可以被追溯到具体的操作者和时间，从而确保数据的真实性和可信度。这为数据其他参与者对数据进行审计提供了很大的便利，有效减少了排除和解决数据安全问题的成本及难度。

（三）基于智能合约的访问控制与权限管理

区块链技术基于智能合约的访问控制与权限管理机制使得数据的安全访问和使用得以实现。智能合约是一种自动执行的合约，它能依据预设条件和规则来管理数据访问权限。利用智能合约，可以有效地进行数据权限管理。确保只有获得授权的用户才能访问和使用数据，有效避免数据被非法使用和滥用的风险。智能合约的安全性和可靠性使得区块链成为一个理想的平台被用于进行权限管理和数据访问控制。

综上所述，区块链技术通过数据加密与分布式存储、不可篡改的数据审计与可追溯性以及基于智能合约的访问控制与权限管理等方法和优势，为解决数据安全问题提供了全新的解决方案。总之，区块链技术的诞生给处理安全问题带来了崭新的手段。通过其独有的特点和优势，区块链技术不仅能够保护个人隐私和敏感数据，还能够保证数据的真实性和可信度。随着科技的不断进步以及使用场合的扩大，人们相信区块链科技将在未来起到更为关键的作用，为数据安全带来更为安全与可信赖的解决方案。

（四）区块链技术与隐私保护

在区块链中，隐私保护是一个重要的问题，因为区块链是公开透明的分布式账本。以下是一些隐私保护的方法和技术。身份匿名化：在区块链中，参与者可以通过生成匿名身份来保护其隐私。这可以通过使用零知识证明或环签名等技术来实现。这样，在交易中，参与者可以证明他们拥有所需的信息，而无须公开他们的真实身份。安全保密：对敏感数据，可以在保存或发送前进行保密，并保证有权限的使用者可以解密和存取数据。加密可以使用对称加密算法或非对称加密算法进行，确保数据在链上和链下都能得到保护。

隐私智能合约：智能合约中的执行代码通常是公开的，但其中的业务逻辑和隐私数据可以通过隐私智能合约进行保护。隐私智能合约使用技术如同态加密、多方计算和安全多方协议等，确保在合约执行过程中敏感数据不会被泄露。聚合和混淆：聚合和混淆是一种将个体数据合并或隐藏在大量数据中的技术，以保护隐私。通过将数据聚合成统计信息或使用混淆算法来模糊数据，可以防止恶意分析人员还原个体数据。

权限访问控制：在区块链中，可以通过权限访问控制机制来限制对敏感数据的访问。只有授权的参与者才能查看或处理特定的数据，其他人无权访问。这可以通过身份验证、加密密钥管理和访问控制列表等方式来实现。侧链或隔离网络：为了更好地保护隐私，可以使用侧链或隔离网络来处理一些特定的敏感数据，而不是将其完全公开在主链上。这样可以限制访问这些数据的范围，并提供更高的隐私性。

需要注意的是，虽然上述方法可以帮助保护区块链中的隐私，但也要权衡隐私与透明度之间的关系。在某些场景下，完全匿名可能导致信任问题或违法行为的发生。因此，在设计区块链系统时需要综合考虑隐私保护和其他需求之间的平衡。

本章小结

数据安全和隐私保护是当今数字化时代至关重要的议题。随着科技的迅猛发展和数据的广泛应用，我们面临着越来越多的数据泄露、隐私侵犯和信息安全威胁。因此，确保数据安全和保护隐私已成为个人、企业和社会的重要责任。在处理数据安全和保护隐私问题时，需要综合考虑技术、法律和伦理等多个方面。以下是一些应对挑战的建议。

首先，建立全面的数据管理策略。组织和个人应该明确自己的数据处理目的，并制定相应的安全措施和流程，包括数据收集、存储、使用和销毁等环节。其次，采用适当的技术措施来保护数据。这包括对数据进行加密、采取访问控制措施、进行安全审计等。同时，定期更新和维护系统软件和硬件，以防止安全漏洞的滋生。再次，加强员工的安全意识和培训。员工是数据安全的第一道防线，他们需要了解数据保护政策和最佳实践，并注意避免社交工程、垃圾邮件和钓鱼攻击等常见的安全威胁。从次，强化法律和监管措施。政府应制定和执行相关的隐私法规和个人数据保护法律，加大对违法行为的处罚力度，以促进数据使用的合法性和透明性。最后，倡导道德数据处理行为。企业和组织应该坚持遵循伦理原则，在数据收集和使用过程中保护用户隐私，并积极回应用户的关切和需求。在总结中，我们重申了安全与隐私保障的必要性，并提出了若干措施可以协助个人与机构解决有关问题。只有通过共同的努力，我们才能确保数据安全和保护隐私，促进可持续发展和社会进步。

第七章　网络用户客户服务

第一节　网络客户服务方式

一　网络客户服务概述

(一) 网络客户服务的作用

网络客户服务在商品的销售、推广以及商品售后等维护方面均有着不可忽视的作用。

1. 塑造企业形象

一般地，在互联网上，商品呈现在顾客面前的只是图片、视频和文字介绍，顾客无法接触到实物，通常顾客会产生一种距离感和犹豫感，在这种情况下，顾客可以通过互联网客户服务的方式，真切地感受到商家的态度和服务。质量较高的网络客户服务会帮助客户消除刚开始接触产品时的困惑感，缓解一开始的戒备心理，从而在客户心中为企业树立一个良好的形象。

2. 促进购买行为

客户在进行购买之前往往会有不清楚的内容，譬如较为关注的折扣、赠品等优惠措施内容。企业通过网络客户服务，可以让客户及时了解关于产品的相关信息，在一定程度上能促成交易的发生。当客户对某一产品是否值得购买存在疑虑时，专业的网络客户服务能为顾客更好地挑选出合适的产品，刺激顾客的采购行为，增加商品的交易量。

3. 提高服务质量

如果把网络客户服务仅仅定位为与客户进行线上沟通，那么我们认为这只是服务客户的第一步。若网络客户服务人员对相关产品知识精通，并拥有较为良好的沟通技巧，便可以为客户提供更多的购买建议，更完善地解答客户的疑问，更快速地回复买家对相关产品的咨询问题，从而更好地服务客户，为客户提供更优质的服务。

（二）网络客户服务的主要方式

网络是一种更为开放的媒介，它提供了展示的功能，可以让企业通过详细又吸引人的内容来展示自己的产品以及品牌形象，同时它还提供了交流的功能，让企业能够与自己的客户进行便捷的沟通，而这也正是一个企业客服工作的重要内容。所以，现在不少公司设置了网络客服这个岗位，并且在实现上也存在以下两种主要方式。

1. 人工客服

最早的网络客户服务是通过人工方式来实现的，时至今日借助于网络进行的人工服务仍然占据着非常重要的地位。例如，在电子商务领域，最主要的销售业绩就是靠客服在网上来完成的，当然这也需要借助于具体的通信软件，包括常见的腾讯或者是旺旺，此外还有移动电子商务所使用的微信。人工客服的优势就在于能够充分利用人对业务的了解以及对各种情况的反应，因此也能够给客户带来更为感性的服务体验。

从现实情况来看，这种人工形式的网络客服也存在一定的局限性，而且很多企业的客服普遍存在工作量大的问题。比如，电子商务领域的买家在一天 24 小时之内的任何时间都有可能提出询问，包括其他行业当中的客户反馈也大都没有固定的时间，所以很多客服每天的工作时间特别长，而且在繁忙的时候还有可能应对不过来。

2. 自动客服

网络客服还能够以自动化的形式出现，实际上这种模式对于用户来说已经不陌生了，尤其是当下很多互联网公司会普遍采用这种方式来提供咨询服务。比如，一些用户量特别大的产品，用户所咨询的问题也都偏向于同质化，因此只要把这些常见的问题设置好，再借助于语义分析的功能，就能够以自动化的形式来应对咨询，让人工客服可以从繁忙的工作量里解脱出来，而且实际的运用效果也确实不错。

当然自动化形式的网络客服的功能并没有这么单一化，除了提供一问一答形式的服务之外，它还具备其他更多的功能。例如，可以在咨询的过程当中主动进行客户引导，用户可以浏览有针对性的内容，甚至是通过自动的形式来进行促销，从而提升销售业绩。这种自动客服相对于人工客服来说成本要低得多，而且能同时满足大量客户的咨询与沟通，还可以把相关的数据全都记录下来。目前，语义分析以及文本分析的功能已经非常强大，再通过分析和筛选，也就可以掌握更多的客户咨询相关的规律，进而做到客服质量的完善和提高。

二 网络客户服务的模式

"互联网+"加速了产业的发展和升级转型，孕育出了新的经济形态和商业模式，并对顾客服务产生了深刻的影响，在各个细分行业和层次上，出现了融合、优化、创新和替代等现象。随着外部环境的不断变化发展，企业经营管理面临着越来越大的挑战，同时外部环境也赋予了企业新特征。未来，企业的生产经营将会以客户和服务为中心进行，因此，及时掌握服务发展趋势，是企业得以持续发展的重要保障。

（一）全渠道服务模式

随着大环境的变化，企业对于顾客服务的理解看法也从原来的单一渠道向多元化的顾客服务方式转变。公司必须采用更方便的方法，让使用者在任何时间、任何地点都能与公司取得联系，以达到迅速反应的目的，快速为使用者提供高质量的服务。但这种多渠道的客户服务也反映出一些问题，就是渠道信息的割裂。如果客户在网络上和客服聊了很久，但当客户给客服打电话的时候，对面接听电话的却是另一个客服，然后又要一遍又一遍地重复已经沟通过的问题，仿佛这一切都没有发生过，这就会导致原本一项简单的事务性服务变成一起投诉性事件，原本只需两分钟就能完成的工作变得更加复杂。这样，就会导致顾客的满意度得不到保证，也就不能有效地提升客户服务的水平。对顾客来说，没有什么不同的渠道，唯一的区别就是服务人员是否能够极有效率地代表公司，并且能够在最短的时间内高效地处理问题。因此，全渠道覆盖和整合成为重要的客服趋势。全渠道服务并不只是指客服代表可以通过多个渠道与顾客进行交流，它还指顾客可以就同一项事务、在不同的渠道内实现紧密连接。

（二）社交媒体服务模式

社交媒体服务模式与传统的服务模式有所区别，社交媒体服务模式下，企业可以通过互联网来实现企业与客户、客户与客户之间的多方位、立体式的沟通，从而为客户提供服务，推动销售。随着宽带的快速普及，互联网应用的日益丰富，人们能够随时随地联网，社交网络已经成为人们交流的重要媒介。社会化媒体将人们的关注点从传统的通信服务商转移到自己身上，形成了顾客期望的互动模式。

微软 Xbox 的服务代表通过同一个 Twitter 账号公开回复，工作时间覆盖客户使用高峰时段，回复速度在几秒之内，微软 Xbox 成为 Twitter 上反应最快的品牌。此外，每周发布一个 Xbox 相关问题，奖励新粉丝，还增加了品牌知名度和粉丝数量。小米在公司的总体战略中，将社会化媒体定为主要的业务渠道，并将其整合到了微博的推广、社区的沉淀、微信的客服和产品的推广之中。在与顾客进行沟通时，主要通过小米社群及微信客服来达成互动需求。小米社区是一个为粉丝提供意见和评价的交流平台。微信客服可以实现客服对接，避免沟通信息的断裂与缺失，还可以对客户的留言需求进行较为关键的解答与回复，为客户服务的正常运行奠定基础。

（三）客户自助服务模式

很多人认为，客户自助服务在现今环境下不大符合时代发展的趋势，与此相反，自助服务模式依然保持着它的活力，并且以全新的方式为使用者提供服务。在这个几乎人人都有智能电话的年代，顾客自助服务模式有了前所未有的发展机会。自助服务分为两种：一种是业务自助处理，另一种是自助问题解答。前者类似海底捞 App，这种服务方式下，消费者通过手机来完成点菜和付款，这大大降低了服务员的工作量，提高了顾客的满意度。其中，智能客户服务系统就是一个比较典型的应用。人工客服+智能客服是目前网上顾客服务的主要模式。中国已经过了"人口红利"时期，人力成本不断攀升，客户资源匮乏成为制约企业发展的瓶颈，降低成本、提升工作效率成为企业发展的必然选择。

海底捞，成立于四川简阳，是一家传统连锁火锅餐厅，其火锅以川味为主。海底捞是一个典型的传统餐饮业公司，它在实施"互联网+"战略、利用互联网技术进行市场营销的同时，探索独特的网络营销创新策略，对于同类公司和其他产业都有很大的参考价值。新媒体的崛起，使人们的传媒使用习惯发生了很大的变化，人们纷纷向新媒体平台转移，在人们心目中，传统的官方网站正在被手机 App 所替代。早在 2016 年，海底捞的 App 就已经拥有了 40 万～50 万的用户，可以为顾客提供排队、订餐、客服、外卖、游戏等服务。

在海底捞 App5.3.1 的新版本中，增加了 AR 相机应用，为顾客提供了拍照、录制短视频等新的功能，顾客可以将自己的用餐照片、小视频与好友分享。除此之外，使用者还可以通过"AR 海捞卡"，参与到众多的餐饮活动中去，这样既可以让顾客在用餐时更有趣味性，又可以让商家更好地把握使用者的消费心态，达到精准营销的目的。而移动应用软件则是企业的一个重要的发挥宣传和引导功能的平台，是企业的一个重要的信息发布平台。例如，当海底捞新推出一款产品或有优惠活动时，商家可以通过海底捞 App 将这些相关信息呈现给消费者。通过信息的发布、推送，企业可以与消费者进行直接沟通，使公众更好地了解相关的商品和服务。移动互联网给人们带来了极大的方便，这使得大部分的用户从台式机、笔记本等网络终端转向了手机等移动客户端。这也为海底捞加强与顾客的联系、实现快速精准的营销，提供了一个更加方便的平台。[①]

（四）SaaS 化服务模式

SaaS 化服务模式的全称是 Software-as-a-Service（软件即服务），SaaS 化服务模式是在互联网技术不断发展的背景下产生的一种应用模式。SaaS 化服务模式除了为顾客提供相应应用外，该模式下的软件供应商亦可为顾客提供离线运作及当地资料储存服务，令顾客可在任何时间、任何地点享用他们订购的软件与服务。对很多小公司而言，SaaS 化服务模式可以较好地采用先进技术，是减少购买、建立、维护基础架构和应用程序的必要选择。在网络云计算时代，使用云计算来提供软件服务，不仅具有成本适宜、反馈较快、维护方便等优点，而且能够及时升级软件，使中小企业开展客户服务的门槛大大降低，是许多企业为提升客户服务能力的首选。

第二节　网络客户服务要求与技巧

一　网络客户服务要求

在客户服务工作部分，跨境电子商务与境内电子商务不同，前者的依存度要偏低些，但并不代表跨境业务就不需要客户服务工作，恰

---

① 数据来源于海底捞官网。

恰相反，由于跨境业务涉及环节多，时间跨度长，可能出现问题的情况更多，所以更加需要注重在业务环节中与买家保持良好的沟通。在业务实操的过程中，电商经营者要深刻认识到这一点，加大对跨境团队客服沟通业务的培训力度，学习掌握客户沟通内容和技巧、英文沟通函件模板，做好售前和售后服务等，为之后制订客户服务管理计划做好准备。

与客户进行沟通，首先要掌握客户管理的基础知识即客户管理的概念及内涵，然后把理论知识应用到跨境电子商务业务实际，通过学习相关的沟通与服务技巧，针对各种可能的情况，撰写和熟悉客户英文模板邮件，提高跨境电子商务客服的工作水平。

（一）始终以客户为中心

把客户放在第一位，从客户的角度来思考问题，这并不只是一句口号，也不只是贴在墙上的服务宗旨，它是一种应贯彻到每一个企业服务人员内心深处的服务意识，它是一种体现在实际工作中的服务细节。当客户提出某些看上去不太合理的要求的时候，客服需要始终坚持以客户为中心，体谅他们的情绪，明白他们的需要，站在他们的立场上去解决他们的问题，这样才可以为他们提供高质量的客户服务。

（二）对客户表示热情、关注和尊重

优质的客户服务不仅需要对顾客充满热情，还需要对顾客给予足够的重视和尊重。虽然这个要求很简单，但也是最重要的。特别是在售后服务过程中，顾客可能会有各种抱怨，此时，就要求客户服务人员始终保持对顾客的热情，给予顾客足够的重视，并给予顾客足够的尊重，这就要求企业对客户服务人员开展相应的情绪管理培训。

（三）帮助客户解决问题

为客户解决问题是客户服务的基础，也是对客户服务者服务技巧的一种检验。顾客除了期望客服有好的服务态度外，还期望客服能帮助他

们解决问题。当顾客抱怨的时候，他们常常会问："你这样说有什么用？那么，请您告诉我，您是如何为我排忧解难的？"因此，客服人员一定要记住：在客服工作中，为顾客解决问题始终是首要任务。

（四）迅速响应客户的需求

在这个以效率为王的时代，对顾客的要求迅速做出反应，是提供高质量客户服务的前提，迅速地回复能使消费者感到满足。快速的反应，一次性解决问题，可以满足用户的需求，并给他们带来惊喜。

（五）持续提供优质的服务

让客户每一次都感到满意，是优质的客户服务所追求的终极目标，也是企业在做好优质客户服务过程中最难获得的一种能力。顾客满意的标准在不断改变，为顾客提供高质量的服务，除了要有一致性和标准化外，还必须有创新。

（六）提供个性化的服务

时代在发展，顾客的需要也在不断地改变，为了提高顾客的满意程度，企业必须把顾客放在第一位，为顾客提供个性化的服务，使顾客的个人需要得到满足。高质量的客户服务，必须围绕顾客的需要，在满足顾客原有需要的前提下，根据顾客的性格特征和特定需要，采取主动、积极的态度，为顾客量身定制并提供适合顾客的服务。企业通过提供高质量的、个性化的服务来与客户建立起一种独特的联系，从而形成客户对企业的忠诚度。同时，企业还可以通过良好的口碑来持续地吸引新的客户，从而在市场中获得竞争优势。

二　网络客户服务技巧

（一）缩短回复时间的技巧

一般网络客服回复时间分为首次回复时间和平均回复时间，首次回复时间在 10 秒以内较优，而理想的平均回复时间为 16 秒之内。这对网络客户服务的工作人员对相关工作的熟悉程度提出了一定要求。网络客户服务的工作人员需要对键盘快捷键有一定的了解，并能将其运用到聊天中，按照等待降序来接待客户，坚持先等待先回复的原则，并可以使用一些回复技巧，如对一些常见问题"包运费险吗?""质量如何?"等设置自动回复。华为将人工智能技术应用到客户服务中，并在官网将用户可能会产生的疑问分门别类展示出来，以便用户自行解决问题。用户只需进入华为官网，即可在"服务支持"选项卡中选择相应栏目的"智能客服"，查询相关问题（见表7-1）。这样能在一定程度上缩短网络客户服务回复的时间，提高解决问题的效率。[①]

表 7-1 华为官网中的服务选项卡

个人及家庭产品支持	华为云服务支持	企业业务支持	运营商网络支持
在线客服	智能客服	智能客服	智能客服
华为服务日	新手入门	产品支持	产品支持
服务店查询	支持计划	软件下载	Group Space
寄修服务	自助服务	互动社区	公告
保修期及权益查询	云社区	工具	华为资料直通车

（二）售后问题处理的技巧

当短期内同一种产品出现两种不同的价格时，部分高价购买的客户会出现心理不平衡的现象，如此这部分客户就可能要求补差价。在处理这一问题时，可先安抚客户，适当提供优惠或赠送小礼物。当客户遇到发错货、有产品质量问题并要求退换货时，可先查明原因并查看该产品是否符合七天无理由退换要求。当出现客户对产品质量不满意、产品与描述不符、客户预期过高、产品破损情况时，结合实际情况判断是否答应客户退货退款的要求。

---

① 数据来源于百度数据库。

（三）回访老客户的技巧

回访老客户前，网络客服应当首先充分了解客户的基本资料（如年龄、所在城市、职业、喜好、性格特点）、购买产品或服务的记录，做好充分的准备。然后选择合适的方式回访，如电话回访、QQ 回访等。回访时要注意时间的选择，最好不要选择中午或凌晨等休息时间，在回访过程中做到礼貌回访，要有真诚大方的态度，说话语速要尽量放慢，语气尽量正式且温和，多听少说，多让客户说话，但同时要及时、热情地回应客户，让客户感觉自己正在被用心倾听。

三　网络客户服务与沟通

（一）准备工作

把握公司及产品情况：在向顾客推荐一款商品的时候，不管是在商品中所包含的专业术语，还是在购买过程中所涉及的相关税费及物流问题，都要向顾客进行简要的介绍。

掌握客户心理：第一步要掌握客户静默式下单的心理，售前客户服务人员一定要提供专业化的咨询服务，提高咨询转化率；第二步配合客户需要得到确定回答的心理，售前客户服务人员要确保在谈判开始时，就成为谈判的主导，设法引导客户的情绪，为后面的双向沟通与问题解决打好基础；第三步要对客户所有的消息进行回复，客户服务人员要做到无论在何种情况下，在与客户进行互动的过程中，要对客户所有的消息或者邮件进行回复。这既做到了客户服务的第一要求——礼貌，也是出于技术角度的考量。

（二）常见问题及处理方案

关于网络客户服务中客户提出的常见的问题和处理方式，表 7-2 整理了 5 个方面的问题及相应的处理方案。

表 7-2 网络客户服务常见问题及处理方案

常见问题	处理方案
询　价	售前客户服务人员在回复中要感谢对方的询问,告知订单达成条件并报价
商品细节	客服人员要想得到客户的信赖,必须对相关产品及其细节有充分的了解,客服人员对商品细节的了解越全面,顾客越信赖客服人员,这两者是呈正向关系的
支付方式	一些没有 PayPal 账号的客户会对支付方式的了解存在盲区,客户服务人员可以推荐客户使用 PayPal 进行付款
运　费	在顾客一次购买多款产品的时候,客服人员可以对顾客所购买的多项产品的相关发票进行修改,并向顾客发送电子发票,这样顾客只需要支付一次运输费用
关　税	当相关顾客对商品的税费问题提出疑惑时,客服人员需给予耐心细致的解答

（三）业务范围

售中服务的概念：售中服务指的是推销员在销售的过程中，向客户提供的服务。推销员通过与客户展开充分的交流，对客户的需要进行深入地了解，帮助客户选择最适合自己的产品。售中服务的目标：售中服务旨在为顾客提供最佳性价比的产品。以顾客为中心的售中服务主要表现在两方面：一是销售过程的管理，二是销售管理。销售的整个流程都是以销售机会为主线的，它是围绕着销售机会的产生、控制和跟踪，合同的签订，以及货物的交付等一系列的销售周期而进行的，它是一种可以让顾客的购物欲望得到满足，同时也能让顾客的心理得到满足的服务。

（四）订单控制与处理

1. 收到订单

当客服人员收到订单时，可以查看该订单是否付款。若该订单已付款，需要及时了解到下单产品是否有库存，如果产品没有库存，客服人员需要联系客户，引导客户解决问题；如果产品有库存，可以走正常发货程序。若该订单客户未付款，可以主动找到客户，了解情况，进行沟

通来促成一笔交易形成，若客户长时间未付款，客服人员可以选择对该
订单进行放弃（见图7-1）。

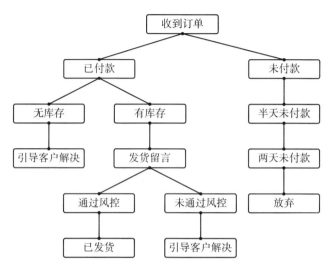

图7-1　收到订单后的控制与处理路径

2. 物流跟踪

当货物正常发出后，客服人员需要对货物进行物流跟踪。客服人员
需要及时了解到货物运输的相关进展，货运途中可能遇到一些情况，譬
如货物长时间在途、物流信息未及时更新、货物丢失等，客服人员应第
一时间联系到货运方，必要时可以选择更换快递方式，来确保货物运送
的顺利进行（见图7-2）。

3. 关联产品推荐

客服人员可以在客户下单后对关联产品进行推荐。关联产品推荐方
面，可以分为对特殊产品的推荐、对订阅店铺的推荐，以及对关联产品
的推荐。在推荐特殊产品方面，可以分为推荐新产品、推荐节日热销产
品和推荐折扣产品。在推荐订阅店铺方面，可以分为向新买家推荐和向
老买家推荐（见图7-3）。

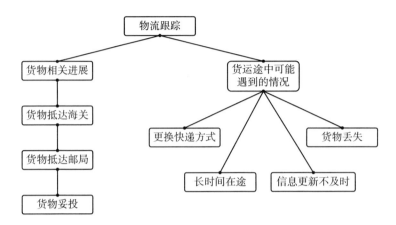

图 7-2　物流跟踪流程

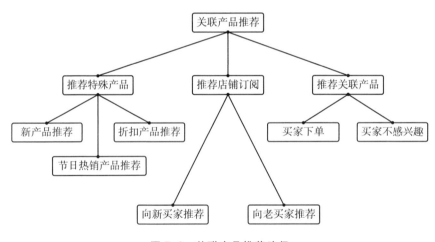

图 7-3　关联产品推荐路径

4. 评价的回复与处理

（1）催促评价

店铺想要留住客户，就要从售后开始。收货后可以主动询问客户收到的货物是否符合自己的需要和期待，有时主动提醒一下客户反而会增强客户对卖家的信任感。

（2）修改评价

应正视中、差评，及时与客户进行沟通，尽可能地去消除中、差评的不利影响。当顾客给出差评时，必须及时与顾客进行沟通，在遇到差评的时候，要先找出原因。

（3）受到好评

一家店的口碑越好，顾客对这家店的信任程度就会越高，从而会增强顾客的购买欲望。店铺每卖出一件产品，就有一次被评价的机会。如果买家对商品进行了好评，一定要对买家进行答谢。

5. 客户维护

在客户维护方面，客户服务大致可以分为两个方面：一是客户日常维护；二是对于本企业产品的推广宣传。在客户日常维护方面，可以通过建交函、祝贺信以及问候等方式实现，其中向客户发送祝贺信又可以通过向老顾客问候以及节日问候来实现客户维护。在对于本企业产品的推广宣传方面，分为营销活动推荐和推荐订阅店铺（见图7-4）。

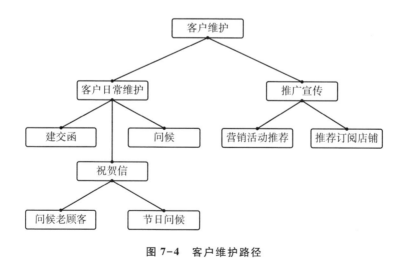

图 7-4　客户维护路径

6. 售后纠纷处理

当争议升级为平台纠纷时，可能会出现多种情况，具体内容如下：双方有无及时响应、是否在有效协商、是否某一方有另一方不能接受的要求等情况。卖家过错，给予退款或退货：在卖家看到买家提供的证据以后，承认自己确实有过错的，可在满足买家要求后，要求买家关闭纠纷。提交平台裁决纠纷：买家将纠纷升级为平台纠纷时，双方等待平台纠纷专员裁决。

（1）相关设置

在"系统配置"——"提醒设置"的菜单中，可以启用并设置启运通知、自动催付、自动评价和收货提醒。在"系统配置"——"电商平台设置"——"信息模板设置"的菜单中可以修改或新增回复的模板。

（2）速卖通、eBay、Wish、敦煌网平台

平台卖家可以直接通过系统进行回复并设为已读。

纠纷退款的订单都可以在"客服"——"退款及纠纷"中进行查看，在此页面中可以给客户发送留言或设置黑名单。

（3）亚马逊邮件处理

在"系统配置"——"电商平台设置"——"电商平台账号"的菜单中找到对应店铺，点击【绑定邮箱】进行绑定即可。绑定完成之后就可以在"客服"——"Amazon 客服"——"邮件管理"的页面中显示绑定成功的邮箱账号，点击【同步邮件】，就可将所有邮件下载到系统中。

（4）客户管理

所有已下载到 ERP 系统中的订单，客户信息都会显示在"客服"——"客户管理"——"客户管理"的页面中，系统会自动汇总统计客户购买的次数。对于列入黑名单或有优质客户标识的客户，在对应订单上会显示该客户是否属于优质客户。

（5）同步订单

当平台上出现新的订单或当已有订单的状态发生变化时，平台就会自动地更新这些订单的状态。在同步指定订单时要注意：订单编号在 ERP 系统中不存在，如果已经存在并需要重新同步时，请先找到对应的订单，先删除，再重新同步。

订单同步后自动进入待审核菜单，依次点击"订单"——"订单流程"——"待审核"，在订单模块中完善报关信息、物流、仓库信息并提交审核。

（6）售后管理

在"客服"——"售后管理"——"售后单"的页面中，点击【新增售后单】，填写原始订单号（即产生售后的原始订单），系统会自动带出原始订单的所有信息，之后继续补充新增售后订单信息。产品退换货统计是根据"客服"——"售后管理"——"售后单"页面中创建的所有售后单进行分析统计的，协助卖家进行分析统计。

四　客户服务技巧在跨境电商中的应用①

在整个贸易过程中，跨境电商的客服起到了非常关键的作用，不仅要与顾客进行直接交流，而且当顾客有任何问题时，也都要通过客服来解决，特别是对于外国顾客来说，相比于国内顾客，其对于服务质量的要求要更高。

客户服务人员在回复的时候要及时、客气。回复电子邮件速度快，能让客户觉得自己很重要，赢得客户的信任，即使有问题也能更好地沟通和解决。在跨境电商中，客服人员可以在电子邮件中经常使用"thank you""please"等礼貌性用语，设身处地地为客户思考。在跨境电商中客户服务人员要处于主动地位，而不是居于被动地位。在涉及时间间隔的答复时，"within 1-2 working days"比"as soon as possible"更能得到顾客的信赖，具体的时间间隔可以为客户提供更直观的信息反馈。

客服要对客户的抱怨给予足够的关注，最有参考价值的通常是客户的中差评，要知道客户对你抱怨的是什么，这些都是客户最真切的感受。不过，要注意的是，当顾客抱怨的时候，往往会有很大的主观性，正确掌握抱怨的合理性和可信度才是最重要的。在亚马逊电商平台上，多去

---

① 数据来源于跨境电商官网。

看评分高的竞争者的"review"和"feedback"，竞争对手是最佳的老师，学其长处，要将其具体到自己回答客户问题的英语句式和思维方式上。当出现商品库存不足的时候，不能直截了当地告诉客户，因为库存不足而不能出货，而是要与客户进行交流，告知他购买的东西在仓库里只有一件，出仓前发现有问题，所以不能出仓，问他是要退钱，还是要等新的东西进仓，并给出一个明确的时间。这样，消费者就会认为我们非常负责，也不会去平台抱怨我们作为商家在缺货的时候还在继续销售。学习总结在客户服务过程中所遇到的种种情况，不管处理结果如何，都要将结果写成报告，如果处理得当，那自然是好事，甚至可以在以后遇到相同的情况时将其作为模板。如果处理不当，这也是一个反思的极好机会，可以反思自己在工作中的不足之处，并做出相应的调整。

当客户在收到商品后，发现有轻微的划伤或者有些许小问题但不会影响商品的正常使用，若此时客户仍不断地要求商家重新发货，客服可以稍微做出让步，提出退款（金额在商品总价的20%~30%），并且许诺客户下一次购买本店商品时会给他相应的优惠。如果客户同意了，那么问题便解决了，还可以增加客户的重复购买率。如果顾客不答应，那便选择重新退换货。假如客户对产品的一些细节描述有疑问，要善于利用图片并配合恰当的文本为客户解释，图像能带给客户更加直观的感觉，这可比向客户发送一长串英文要好得多。同时，当客户抱怨时，我们可以让客户拿出相应的图片，然后通过图片来判断问题，从而给出相应的解决方案。

第三节　网络客户关系管理

一　客户关系管理概述

（一）客户关系管理的内涵

客户关系管理理论最早出现在美国，其理论基于当时西方较为流行的市场营销理论，并且得到了快速的发展。1985 年，杰克逊的"关系营销"理念将市场营销理论推向了另一个高度；随着经济和技术的发展，美国一家咨询公司高德纳最早提出了客户关系管理的概念，并且认为客户关系管理就是为公司提供一个全面的管理角度，让公司能够更好地与客户进行沟通，让客户的回报率达到最大。高德纳咨询公司结合时代的发展潮流，又提出了现代企业客户关系管理的新概念。美国 IBM 公司认为，客户关系管理包含企业对客户的识别、选择、获取、发展和维护的全过程，并将其划分为关系管理、流程管理和访问管理三种类型。不同的企业或商业机构对客户关系管理的概念有不同的理解。

客户关系管理是一种新的管理机制，旨在提高企业与顾客的关系，加以运用相应的信息技术以及互联网技术提高企业的客户服务水平，通过对客户进行分析，并与客户进行互动，从而提高客户的满意度和忠诚度，实现获取新客户、维持并发展旧客户的目标，进而提升公司的盈利能力。从下述 3 个方面进一步理解客户关系管理的内容。

1. 客户信息管理

客户信息管理包括对客户的基本资料、档案、消费记录信息、消费信用度，黑名单客户和潜在客户等信息的管理。

2. 客户满意度管理

顾客满意是指顾客的期望和现实结果达成了一致。也就是说，消费者对某一商品的实际感受程度和期望程度进行了对比，从而得到了该商品的评价指标。可通过合理的价格、包装、环境布置等定位引导客户期望来提高客户满意度。

3. 客户忠诚度管理

客户忠诚度是指顾客对一种特殊的商品或服务有特殊的兴趣，从而产生"依附性"的倾向，进而使顾客有再次购买的倾向。星巴克的星享卡制度，为其积累了一群忠诚度极高的客户。自从星巴克推出星享卡制度之后，星享卡就成为星巴克重要的会员营销工具，有效促进了星巴克客户忠诚度的提升。星享卡制度其实是一种会员制度，以会员的消费额来积星，星巴克通过这套制度，在客户心中建立起消费与积星之间的关联，在一定程度上消除了客户对消费的抵触心理。而一旦客户转而寻求其他替代品，之前为积累"星星"付出的成本就将浪费，这增加了客户的转移成本，有助于打消客户放弃星巴克的想法。此外，赠送的饮品券还可以有效地刺激客户的消费需求。出于"有券不用，过期作废"的消费心理，客户在获得饮品券、礼券后往往会在短时间内前往星巴克消费，有助于帮助客户形成在星巴克购买咖啡的习惯。

（二）客户关系管理的重要性

相关数据显示，当一家企业的客户满意度提高，其相应的公司市值也会提升。很明显，更好的顾客关系管理可以获得更高的顾客满意程度，并且可以将顾客满意程度直接转换为企业价值。在全球经济一体化的背景下，电子商务的迅速发展，使传统的商业模式发生了巨大的变化。一家公司通常有两种方法来维持其在该行业内的竞争力：一是在其可以利用自身优势的领域内，以比其竞争者更快的速度成长；二是要在顾客的服务质量上超越同行，这就需要客户关系管理的运用。客户关系管理为企业带来的益处可以归纳为以下几点。

1. 降低企业成本

企业若能恰当运用客户关系管理，与客户保持良好、稳定的关系，客户对企业及其产品服务就会有更加充分的了解。这样可以在某种程度上为公司节约大量的宣传和促销成本。除此之外，好的顾客关系还会让老顾客在无形中为公司进行宣传，起到广告效应，这对公司的销售是有益的。公司利用老顾客的口碑效应，可以更加高效地招揽新顾客，这样就可以降低公司为招揽新顾客所需要付出的成本。良好的客户关系可以让企业与客户更容易建立起一种合作伙伴关系，也可以让交易变得更容易，慢慢地发展为例行的程序化交易。企业在使用客户关系管理的时候，可以让团队销售的效率和准确率得到极大的提升，不仅提升了服务质量，也为企业节约了服务时间和工作量，降低了企业的相关成本。

2. 提高客户的满意度与忠诚度

企业与顾客之间的交流更加紧密，这让企业可以比较有准备地对顾客的有关数据资料进行掌握，可以及时挖掘顾客的潜在需求，并根据客户的需求推出新产品。与同行业相比，大幅缩短了新产品的开发周期。运用客户数据，根据客户的需要，对客户的服务进行改进，提升客户对服务的满意程度。通过对订单和有关数据的整理和分析，加强与客户的联系，增加客户再次光顾的次数。

3. 提高销售业绩，增加企业利润

客户关系管理能够对企业的使用者资讯资源进行再整合，将原来分散的销售人员、市场推广人员等，以"满足顾客的需要"为中心，进行分工。在传统的管理观念中，甚至是现有的财务制度中，对于公司的资产的定义较为狭隘，譬如一家企业的厂房、设备、有价证券、知识产权等有形资产或是无形资产，才可被定义为公司的资产，因为这些资产能够直接为公司带来现金流的流入，但一家公司的"潜在客户""客户关系"这种无形的资产已经被越来越多的人所认可，它们同样是一种很有价值的财产，可以给公司带来真正的利益。

华为与其他公司在顾客关系管理上的最大不同是华为把客户按照价值的大小分为4个等级，分别是：战略客户、伙伴客户、优先客户、一般客户。针对不同价值的客户，客户关系的管理要求也不同，我们按照价值从低往高阐述。

（1）一般客户

这一类型的客户具有规模较小、发展前景较差、单点价值较小、一年的采购金额可达几百万元的特点，但其数量较多，可达数千个。像这样的客户规模，如果每家公司都花很多人力、财力、物力、时间去维护，那是得不偿失的，毕竟华为的人力资源是非常昂贵的。对于这类客户，企业的管理要求主要集中在对客户的覆盖程度的管理上，例如，要求客户经理、产品经理每周拜访不同客户的次数不低于 5 次，而且还制定了一套清晰的制度来做好一般客户关系维护。我们相信更频繁地与顾客联系，就更有可能找到顾客的需要。而且，与顾客有了更多的互动，还有助于提高员工对顾客的回访技能和技巧。

对于这类客户，企业不应该做出与对重要客户相同的考核要求（注意，这类客户的拜访对象依然需要由上级领导与员工一起确定，以保证客户跑动的有效性，但在客户管理方面不应该做出与对重要客户相同的考核要求），因为如果对这类一般客户管理过于细节化，将会加重企业的管理成本。要想获得这种类型的订单，最重要的是要看企业的产品能力和品牌能力，而对这种类型的客户状态进行监测的方式，就是要看他们的赢单率。

例如，这种类型的顾客采购总量，只占到了全部订单的 40% 左右，那么我们的赢单率在这个区间之内，就不用太过在意；但如果某一天，购买比例急剧下降，降到 30%，或者 20%，那么就必须进行深度分析到底是怎么回事，是不是因为在顾客界面上，员工的行为有问题？我们的员工和顾客的交流有问题吗？或者说，公司的产品有什么问题？并针对实际情况，进行相应的管理。[①]

（2）优先客户

相对于一般客户来说，这种顾客的单笔交易金额较大，如一年采购金额在 1000 万~2000 万元，但优先客户的数量相较于一般客户也在减少，也许就是数百个。对这种类型的顾客，顾客关系管理的要求也随之提高，要为重要顾客提供辅助服务，以占领顾客的策略制高点。这个规模的客户，一般都不会有太多的组织架构，关键人物比较好找，但也有很大的影响力，一般都是老板说了算，也有可能是几个核心管理人员说了算，所以公司要找出他们，并针对他们进行针对性的公关。

---

① 数据来源于百度数据库。

由于这些重要的位置和我们有了关系，竞争者将难以进入，公司也更容易建设基地。在顾客方面有什么好的主意或者什么好的计划，公司都可以事先得到，这样就可以提早计划好，抢占先机；在项目过程中，企业作为客户侧的重要角色，还可以帮助我们进行项目的运营，将企业的项目方案付诸实施，如避开竞争对手，构建项目规则，这样项目的赢单率就会很高。

然而，这是一种功利的、机会主义的行为，客户关系管理的核心在于获得项目的信息，保证项目的顺利进行，而我们是否能够取得巨大的竞争优势，则取决于企业的资源供给能力。要想获得这样的客户，就必须要对自己的资源和责任进行清晰的界定，然后进行定点公关，围绕客户的战略高点做文章。当客户的难题被攻克之后，许多事情就会变得顺理成章。

（3）战略客户与伙伴客户

这样一批高价值顾客，将是公司未来立足的根本，是公司永续经营的根本，绝不能失去。其价值体现在战略上，就是要对其进行全面的客户关系管理，即普遍客户关系、关键客户关系、组织客户关系都要维护，并且要不断地维护，要平衡发展，没有明显的短板。这是一个硬性规定，不允许有任何谈判的空间，各区域都要在他们基于客户的战略规划和每年的工作计划中，清楚地写出他们对客户关系进行布局的策略和行动方案，把握好他们的步调，一步一步来。

（三）客户关系管理的实施

实施客户关系管理要从两个方面来思考：第一，建立CRM的经营观念；第二，为CRM的发展提供信息化的支撑。客户关系管理系统指的是将最新的信息技术作为手段，充分应用数据仓储和数据挖掘等先进信息处理技术，将海量的客户资料加工成对公司有价值的信息，加之较为先进的管理方式，通过对业务流程与组织的深度变革，形成以客户为中心的客户关系管理系统。按照管理系统功能以及运作模式的差异，美国的调研机构 MetaGroup 把客户关系管理系统分为操作型、协作型和分析型 3 种。

1. 操作型客户关系管理系统

这种客户关系管理系统，主要是通过制定和实施业务流程，让企业员工在销售、营销和提供服务的时候，可以用最好的方式来提升他们的工作效率。销售自动化、营销自动化、客户服务支持，以及移动销售与现场服务等软件工具，都属于操作型客户关系管理系统。操作型客户关系管理系统尤为适合那些第一次使用客户关系管理系统的企业。

2. 协作型客户关系管理系统

这种管理系统是一种以提高顾客满意程度和提高对顾客服务要求的反应速度为目的的一种管理方法。顾客除了可以通过电话、传真等传统方式与企业进行交流反馈外，还可以通过电子邮件、呼叫中心等新的信息手段与企业进行沟通，将顾客的需求反馈给企业。通过运用现代通信技术，实现了高质量、高效率和全方位的服务。中国移动的 10086、中国南方航空公司的 95539 等都是呼叫中心。

3. 分析型客户关系管理系统

分析型客户关系管理系统从企业资源规划、供应链管理，以及操作型和协作型客户关系管理系统等多种途径收集客户信息，并利用报告对其中的规律性进行系统地分析，从而对客户的类别、行为、满意度、需求、购买倾向等进行全面的认识，进而为企业的经营管理提供客观的数据支撑。根据以上信息，可以制定出合适的运营和管理战略。可以说，分析型客户关系管理系统就是在对客户信息进行分析的基础上，来帮助企业做出正确的判断选择，它具有智能化、适合管理者使用的特点。

二 客户关系管理的主要应用

随着人们对客户关系管理认知程度的加深以及时间的推移，CRM 已经被越来越多的公司所熟知，并得到了广泛的应用。

（一）客户关系管理在零售业中的应用

随着我国经济的不断发展，我国的零售市场已经呈现出供给过剩的局面，而我国的零售行业中，以个体消费者为主，数量庞大，分布广泛，结构复杂，对服务的要求多种多样，需求也在不断增加，并受到外界环境的影响，具有很强的可变性。在这种情况下，研究消费者的消费心理就变得越来越重要。基于以上情况，毫无疑问，在零售业中，客户关系管理起着举足轻重的作用。国外的零售业都很注重客户关系管理，如沃尔玛和麦德龙就已经有了很好的客户关系管理体系。虽然我国的零售业已经开始关注客户关系管理，但是与国外的零售业相比较，在客户关系管理方面仍存在较大的差距。比如，我国许多零售企业在 VIP 会员卡的管理上，只注重对 VIP 会员优惠政策的研究，而对 VIP 会员的贡献比例却鲜有研究。

下面通过麦德龙的客户关系管理案例来进一步了解。

麦德龙公司是一家会员制公司，只要填好顾客注册表格，就可以免费成为该公司的会员。客户注册卡片上的重要内容包括：客户名称、行业、地址、电话、传真、地段号码、邮政编码、税务号码、账号及授权购买人。该卡片中所记载的顾客信息将被录入到电脑系统中进行储存，当顾客发生任何消费行为时，该系统将会对顾客的消费行为进行自动记录。

2001 年初，蒙牛最初进军上海市场的时候，也曾考虑过通过连锁超市来推广自己的产品，但由于进入连锁超市的门槛过高，蒙牛最终选择了麦德龙作为其产品推广的合作商。麦德龙公司利用自己的顾客资料，将蒙牛的产品赠送给 5000 个被选中的家庭，并进行了详细的调查，对他们的反应进行了追踪，麦德龙通过网络和直接邮寄的方式，为蒙牛产品进行了宣传推广，让蒙牛的销量从一个月的数万美元，提升到了数十万美元，这也是为什么麦德龙公司能在全国范围内，让蒙牛的销量暴涨的原因。就这样，在没有大笔广告费支出和大型连锁超市的"入场费"的情况下，蒙牛以几千箱产品成功打入上海市场。所有这些，都离不开麦德龙庞大的客户关系管理系统。

（二）客户关系管理在物流业中的应用

传统的物流业中，存在着标准化水平不高、与顾客的交流渠道狭窄、信息透明度不高、对顾客的智能管理不足、顾客信息的分析能力不足、顾客关系数据库的维护不足等问题。在整个物流过程中，各个环节的分布是不一样的，所以，需要建立一个将各个环节连接起来的信息平台，这样才能及时地了解客户的订单需求，并进行车辆调度管理、库存管理和票据管理，从而以最小的库存和最快的交货速度，满足客户的需求。

信息化管理技术在现代物流企业中得到广泛应用，呼叫中心和客户关系管理技术的应用将传统的物流信息化方法与之相结合，将分散在各个地方的物流中心和客户联系在一起，从而形成了一个高效的物流配送系统。在现代物流中，客户关系管理系统是一种能够存储和管理顾客信息，并能对顾客行为进行分析和了解，从而使顾客的价值最大化的系统。

（三）客户关系管理在电子商务中的应用

目前，电商行业处于买方市场，商品供大于求，而卖家的营销思路同质化严重，不少卖家通过打"价格战"来赢得客户，导致利润微薄甚至亏本。面对这种境况，卖家要做的就是把已有的客户变成自身的忠诚客户，而这就需要做好客户关系管理。运营商已经不仅仅是把 CRM 看作一个简单的管理工具，而是把它看作一个统一的系统来管理所有与客户相关的业务信息。

在此基础上，企业基于客户信息的管理策略，即客户关系管理策略，可以更为有效地分析客户数据信息。在移动电商越来越受欢迎的情况下，移动客户关系管理系统实现了端到端的管理，它能够协助企业进行更加有效的客户关系管理。

三　网络客户关系管理简介

互联网的快速发展把全世界的经济都带到了一个前所未有的快速增长时期，随着互联网技术的不断完善，电子商务的理念也越来越被人们所接受，这股潮流正在快速地改变着传统的商业模式。基于此环境下的客户关系管理系统有以下几个方面的特点。

（一）实施以客户为中心的商业策略

互联网上的即时交流模式，为顾客及时、准确地获取公司资讯提供了有力的支持。顾客可以通过浏览公司的网页，获得公司所提供的各类产品与服务的资讯，为顾客决策提供依据与切实可行的方法。与此同时，销售人员可以利用现代的信息技术，对公司的运营情况和变化趋势进行及时、全面的掌握，从而能够按照顾客的需要，为其提供更加有效的信息，提高信息交流的效果。电子商务客户关系管理必须制定以客户为中心的商业目标，才能找到和客户双赢的机会。

（二）较低的客户关系管理成本

在电子商务流行的大背景下，企业和个人可以通过网络以较低的成本获得自己想要的信息。在这种情况下，客户关系管理系统不但是企业选择的对象，而且是许多网络用户的需求。所以，通过充分的交流，彼此理解对方的价值取向和兴趣，找到最优的合作模式，对于公司和网上顾客来说，都是值得去选择的。一个公司最大的利润源泉就是与客户建立长期的合作关系。电子商务网站的访问者也是公司的潜在客户群体，公司可以根据客户的在线行为，如他们浏览了哪些商品，对比了哪些参数等，还可以利用这个网站，对客户展开调查和访谈，从而对客户的喜好、习惯、行为特征有所了解。现代资讯科技的发展，让顾客资料的搜集、资料的处理、潜在内容的发掘都变得非常简单，能快速地建立顾客的信任，并能及时地恢复顾客的忠诚度。此外，企业还可以利用先进的信息技术，为忠诚的主要顾客提供差别化、个性化的服务，从而提升顾客的忠诚度和维护性。

（三）利用新技术支持

客户关系管理的核心理念是"以客户为本"，要实现这一目标，就要精准理解客户的需要，为其提供个性化的服务，并及时提供必要的客户关注。所以，企业必须建立一个统一的顾客资料库，并对顾客资料进行有效的管理。数据库中存储着客户与公司的相关信息，包括客户的交易记录、电话、评价、退货、服务电话，甚至是客户的抱怨等，也存储着公司与客户互动的相关信息，包括促销优势、来往信件、电话记录以及个别访问等。

公司运用管理心理学、消费心理学、统计学、市场调研等知识，通过数据库，对这些顾客数据展开统计和分析，从而得到顾客的消费行为特点，进而根据顾客的需求，来调整公司的经营策略、市场策略，从而使整体的经营活动更加高效。对能够给公司带来利益的使用者，公司会给予更多的服务，或提供额外的利益，让他们继续成为公司的顾客。公司可能会拒绝那些对企业没有利益的使用者，或者是为了盗取商业秘密而来的使用者。通过以上几点，可以让公司和顾客建立起一种良好的关系。

（四）集成的 CBM 解决方案

电子商务模式背景下，企业要实现其经营活动的一致性，就必须构建一套完整的客户关系管理系统。在这个系统中，应该将后台的应用系统和电子商务的操作策略结合起来，让顾客可以通过电话、传真、网络、电子邮件等方式与公司取得联系，并得到迅速回应。

语言是人与人之间沟通的媒介。很多客户使用的交流媒介是语言而非键盘，因此，各公司就需要在传统的电话上设立一个呼叫中心来应对这一情况。电话服务中心是一个与顾客直接对话，发现顾客需要，说服顾客进行交易，保证顾客需要被满足的地方。电话管理是双向的，既包含了企业打给客户的外部营销，也包含了客户打给企业的对内营销，同时也是建立和保持对话的一个重要环节，是客户关系管理的核心。

网络客户关系管理要求把电子邮件、电话和在线交流系统整合在一起，这样才能发挥系统的最大作用。网络客户关系管理系统能够根据市场变化，促使企业迅速进行资源重新配置，迎合业务模式的改变，避免传统客户关系管理灵活性不佳的问题。集成性要求系统内各个部分必须有着紧密的联系，达到流程的顺畅，才能使企业通过互联网这个介质来改善与顾客、合作伙伴、潜在顾客等相关人员之间的关系，从而得到更大的益处。

四 案例分析——Anker 在亚马逊页面上是如何服务的

亚马逊是一个以品牌为导向的购物平台：打开亚马逊网站，你会发现成千上万种不同的产品混杂在一起。相对于商品而言，服务是一种以"无形劳务"的方式来满足购买者需求的行为，这就意味着，中国销售者在"互联网"模式下，能够以基于"互联网"的方式来满足自身客户需求的渠道很少。由于没有实体商店，客户无法线下亲自体验商品或服务，所以中国的卖方就必须利用一切可以接近客户的方式来展示自己的"与众不同的服务"。

（一）短描述里的"service"

安克（Anker）销量最好的一款充电宝，在购买页显示了服务保障"our worry-free 18-month warranty and friendly customer service"。不管是PC 端，还是手机端，产品简短的说明都会出现在客户的视线中，客户一眼就能看到卖方的售后服务保障。而且，Anker 有能力也有信心能为自己的产品提供 18 个月的保障服务，这一点与大部分的销售商不同。

别的商家或许没有设置这么长的售后服务保障期，但最好的办法就是，商家根据自己的实际情况来设定自己产品的不同之处，让消费者眼前一亮。

（二）长描述里的"service"

长描述里的"服务"意识并不是像短描述那么集中，卖家在长描述的"service"所述较多，可以用不同的方式让消费者更多地了解商品，特别是一些常见的问题，这样就能避免在购买之前或者购买之后遇到"service"里描述的问题。Anker 在长描述里虽有最后一句 Worry-Free Warranty 的说明，不过，为了避免麻烦，让客户看一眼，从而提高客户对产品的认识，减少误解，防止客户误解和误用。

购买了充电宝的顾客，势必会关心产品的相关问题，譬如"这款充电宝功率如何""这款充电宝若充满电需要多长时间"。不了解的客户，有可能会对产品的性能做出错误的评估，从而给商家留下一个差评。让客户真正了解到产品的性能表现能够帮助商家减少客服问题和差评。许多欧美国家的客户，对产品的各项指标都不太了解，用另一种方式来表示，这样才更符合客户的需求，也更容易理解。因此，Anker 设置了参数栏描述产品大小，说明产品的便携性如何，是否方便携带及充电宝的容量。

（三）Product Information 里的"service"

产品 listing 页面上每一块"土地"都是宝，在"Product Description"的下方，便是"Product Information"了，这一板块的生成都是后台编辑产品 listing 数据时填好的，详细信息中显示出的是产品的长宽高、产品重量及 Product Warranty。事实上，可以展示的东西还不止这些，不过大多数商家不会把这些东西全部写出来，而是只写一些客户比较关注的问题，如充电宝的尺寸和重量。这对客户来说很关键，因为大多数人是把充电宝带在身上的，太大太重反而不方便。对于销售者来说，这一部分不仅有助于他们适应亚马逊的便利搜索，还为消费者提供了关于商品的清晰指引。在此，可以根据对客户的重要程度来填写相关信息。

（四）Customer Questions & Answers 里的 "service"

Customer Questions & Answers，简称 Q&A。这个页面里，对于客户提出的关于产品的问题，按照投票数进行排序，还有专门提供给顾客搜索的引擎框。点进第一个投票数最高的问题，我们会惊讶地发现竟然只有一个回答，而其他问题的回答都在 2 个以上。这可能是偶然现象，但考虑到有这么多人点赞，而问题问的只是区分 Anker 产品不同类别而已，这就有很大可能是卖家自己点上去的。为什么自己点上去？因为销量太好使得太多顾客询问 Anker 充电宝 10000mAh 与 10050mAh 的区别？毕竟两个产品几乎长得一模一样。真实原因仅仅是因为 10000mAh 出现得早，快充技术出现后 Anker 就额外设计了一款快充技术 10000mAh 的充电宝，为了区分两者的不同，就称后者为 10050mAh。

综上，在此环节，卖家可以通过人为的操作，将客户最常问的问题和回答常态化展示在商品页面，从而降低卖家的服务工作量。至于展示什么，怎么展示，那就是卖家自己的事情了。

（五）review 里的 "service"

亚马逊平台在一系列相关政策颁布后，卖家对于自己的 review 一栏不能随意改动，但不能随意改动并不意味着卖家不能进行相关处理。对于评论中写得好的，能减少服务工作的评论可以点赞到前面，毕竟粉丝的力量是无穷的。对于差评，我们可以利用软件将留评者的资料找出，主动联系顾客，选择重新向顾客发送商品或退款来消除差评。对于实在移除不了的差评，可直接以商家身份进行回复。对于好评，可以适当增加回复数量，形成沟通的氛围，提高 review 圈里的活跃度，把产品相关问题给弄清。

（六）店铺首页里的 "service"

买家在购买之前，对自己要购买的商品不放心，害怕自身对卖家不够了解，买到质量差的产品；担心商家的口碑太差，不能保证产品质量和提供售后服务。当出了问题后，买家会积极进店里寻求解决方案，寻找是否有卖家的联系资料以及卖家是如何对产品质量描述和保证的。归根结底，买家还是想要得到一份产品保证。因此，在这一部分中除了店铺的详细介绍外，这里所强调的内容比其他内容要更重要。

另外，首页里应直接附上客服电话以便于顾客与商家沟通，进而解决产品问题。点开 read more，你会发现内容基本上是 customer service……30天无理由退款、18 个月产品保障、免费的用户帮助支持、退货退款要注意的问题、联系方式等。顾客能从店铺的 feedback 看到一个店铺的历史反馈是什么样的。慢慢地去积累好的 feedback，质量越高、数量越多（至少99%）越好。移除差的 feedback 不像产品 review，相对简单得多。

第四节　跨境电商用户安全管理与客户服务的发展趋势

一　跨境电商用户数据安全管理的全面升级

随着跨境电商的蓬勃发展和全球数字化时代的到来，用户数据安全管理成为企业和消费者关注的焦点。未来，跨境电商用户数据安全管理将迎来全面升级，以满足不断增长的数据需求和提高用户数据保护的水平。

（一）数据加密与隐私保护

未来，跨境电商平台将更加重视用户数据的安全保护，采用更先进的数据加密技术和隐私保护措施。数据加密可以有效防止数据在传输和存储过程中被窃取或篡改，确保用户信息的机密性和完整性。同时，跨境电商平台将加强对用户数据的隐私保护，严格遵守相关隐私法规，不擅自收集、使用或泄露用户的个人信息。

（二）多因素认证技术

为了进一步提高用户数据的安全性，未来跨境电商平台可能会采用多因素认证技术。多因素认证可以结合多种验证方式，如密码、指纹、面部识别、手机验证码等，确保用户身份的真实性和信息的安全性。这样可以降低用户账户被盗用的风险，提高用户对平台的信任度。

（三）AI数据安全监测

随着跨境电商平台数据量的不断增大，数据安全监测变得越发重要。未来，跨境电商平台可能会引入人工智能（AI）技术进行数据安全监测和预警。AI可以实时监测数据流动和数据访问行为，及时发现异常行为和数据安全风险，并采取相应措施加以应对。

（四）数据共享与生态合作

未来，跨境电商平台可能会开展数据共享与生态合作，以提高数据安全管理的整体水平。平台可以与第三方合作伙伴共享数据安全技术和经验，共同建立安全的数据生态环境，保障用户数据的安全与隐私。

二 跨境电商用户数据安全管理的不足之处

（一）安全意识不足

部分跨境电商企业对于数据安全的重视程度不够，缺乏深入认识数据安全的意识。这导致在数据收集、存储和传输过程中存在安全漏洞，容易造成数据泄露和被攻击的风险。

（二）数据管理不规范

一些跨境电商平台在数据管理方面存在不规范的现象。例如，缺乏有效的数据分类和权限管理，导致数据的混乱和泄露。平台需要建立健全数据管理体系，规范数据收集和使用的流程。

（三）技术落后

部分跨境电商企业的数据安全技术落后，没有及时更新和升级数据安全系统。这使得平台容易受到网络攻击和数据泄露的威胁。平台需要不断进行技术研发和更新，以保持数据安全技术的领先性。

（四）跨境合规挑战

由于不同国家和地区的数据安全法规不同，跨境电商在数据安全合规方面面临着挑战。平台需要针对不同地区的法规要求，制定相应的数据安全管理策略，确保合规运营。

三　多元化的网络客户服务方式

随着数字贸易和电子商务的蓬勃发展，网络客户服务在商业运营中的重要性日益凸显。未来，多元化的网络客户服务方式将成为企业与消费者互动和沟通的关键手段，以满足不断变化的消费者需求和提高用户体验。

（一）AI智能客服的普及

未来，人工智能（AI）技术将在网络客户服务中扮演越来越重要的角色。AI智能客服将实现全天候、全自动的客户服务，通过自然语言处理和智能对话系统，实现高效解答用户问题和提供个性化服务。AI智能客服可以大大降低企业的人力成本，提高客户服务效率，并且在不断学习和优化中逐步提升服务质量。

（二）虚拟助理的发展

虚拟助理是一种通过语音或文字与用户进行交互的智能程序，未来在网络客户服务中有望得到广泛应用。虚拟助理可以更好地理解用户需求，为用户提供个性化的服务和建议。通过虚拟助理，用户可以实现更加便捷的购物、查询订单、解决问题等操作，提升用户满意度和忠诚度。

（三）视频客服的兴起

未来，视频客服有望成为一种更加直观和真实的网络客户服务方式。通过视频通话，客户可以和客服人员进行面对面的沟通，更加清晰地表达问题和需求。视频客服不仅提供了更加真实的服务体验，还可以帮助企业更好地建立与用户的情感连接，增强用户的信任感和满意度。

（四）数据驱动的个性化服务

随着大数据技术的不断发展，未来网络客户服务将更加注重数据的应用。企业可以通过数据分析和挖掘，了解用户的兴趣和偏好，提供更加个性化的推荐和服务。数据驱动的个性化服务可以增强用户体验，提高用户满意度和忠诚度。

（五）跨渠道一体化服务

未来网络客户服务将更加注重跨渠道一体化服务。企业需要在多个渠道上提供一致的服务体验，不论是在网站、手机应用、社交媒体还是实体店铺，用户都能获得一致的服务和支持。跨渠道一体化服务可以提高用户便捷性和满意度，增强用户对品牌的认同感。

本章小结

本章节从网络客户服务方式、网络客户服务要求与技巧、网络客户关系管理出发，并从三个维度展开，详细叙述了跨境电商客户服务在日常生活中的应用等。在第二节网络客户服务要求与技巧中，先是说明了网络客户服务的基本要求，如始终以客户为中心，对客户表示热情、关注和尊重，帮助客户解决问题，迅速响应客户的要求等，再列举了一些较为常见的网络客户服务技巧，如缩短回复时间的技巧、售后问题处理的技巧等，然后通过在跨境电商层面将网络客户服务应用的技巧一一列举，充分说明了网络客户服务的作用，与第一节网络客户服务方式中的第一点网络客户服务的作用相呼应，譬如与塑造企业形象、促进购买行为、提高服务质量等相呼应。在第三节网络客户关系管理中，分别从客户关系管理、客户关系管理的主要应用、网络客户关系管理、跨境电子商务客户服务与关系管理案例四方面进行补充说明。在第一点客户关系管理中，从较为宏观的层面叙述了客户关系管理会给企业带来哪些益处，譬如降低企业成本、提高客户的满意度与忠诚度、提高销售业绩、增加企业利润。以华为公司为例，华为公司在客户关系管理上与其他企业有所不同，华为公司按照客户的价值大小将客户分为战略客户、伙伴客户、优先客户、一般客户。然后从第二点分别说明了客户关系管理在零售业、物流业、电子商务中的应用，从侧面反映出了客户关系管理越来越被更多的公司熟知并加以应用。在第三点中，在互联网技术不断发展的大环境下，网络客户关系管理系统具有以客户为中心、较低的客户关系管理成本等特点。最后，以产品 Anker 为例，对 Anker 在亚马逊页面上是如何服务的，进行案例分析。

第八章　跨境电子商务平台与实践

第一节　电商可视化平台

一　跨境电商类型

目前，根据不同的跨境电商方式开展不同的交易业务，其中包括收付款与清算、跨国商品运输与物流以及融资贷款。在跨境电商这个领域，我们将跨境电商平台按照商业模式的不同分成了 B2B、B2C、C2C 三种模式。按照产品业务的形式不同，跨境电商平台主要包括知识公共服务系统和网络知识交易平台两部分。

当然，在整个跨境电子商务市场上，B2B 这个电商模式对于整个跨境电商行业来说都是非常重要的，而且也发挥着促进电商产业快速发展的作用。跨境电子商务主要有两种类型：出口和进口。目前主要在中国提供海外在线购物服务。

1. 跨境 B2B 电子商务

B2B 只是整个电子商务过程中的一种交易形式，英文表述为 Business to Business，是企业对企业或者公司对企业电子商务方式的缩写。它指的是公司之间以互联网为媒介而进行的产品、服务和信息之间的贸易交流。跨国 B2B 电子商务是指来自各个国家海关区域的企业利用电商网络平台开展交易、付款和清算等环节，以及利用跨国物流来实现货物运输和交易过程的全球业务。

2. 跨境 B2C 电子商务

跨境 B2C 电子商务是指来自不同国家海关地区的公司直接通过网络在线上向消费者销售产品和服务的过程，并通过电子商务平台进行物品和货币之间的交易，最后通过跨境物流运输进行支付和结算以及交付货物和进行交易的全过程。跨境电商 B2C 交易网站中又包括第三方电子商务网站，目前第三方电子商务网站主要是以 eBay、速卖通、亚马逊为首的交易平台，而独立电子商务网站则是以兰亭集势、敦煌网为代表的交易网站。

3. 跨境 C2C 电子商务

跨境 C2C 电子商务是个人和个人之间的网上商品交易过程，主要是通过网上的交易平台实现个人之间的整个电商交易活动。跨境 C2C 电子商务是一项国际之间的交易业务，来自不同国家和地区的个人卖家在网上交易平台向个人销售商品和服务，个人卖家通过商务平台进行交易买卖全过程的活动。

二　影响我国跨境电商发展的影响因素

（一）税收的影响

跨境交易——交易双方处于不同国家或地区的交易，自然不可避免地涉及税收问题。在过去的跨境电子商务过程中，电子商务中最重要的税收是进口税、进口价值税、消费税和邮政税等几种。另外在税费征收过程中，主要存在着以下问题：一是由于边境、网络、物流、海关等方面联系的多样性，不同的部门无法及时地交换信息，无形中增加了税收监管的难度；二是通过电子商务优惠券等物品从国外购买商品的国内消费者，只需要支付少量的邮费，无须支付其他的与进口相关的税费，所以会导致国内税收的损失和资本的外流，以及国内公司之间的不平等竞争等其他情况，这对中国的经济产生了不同程度的负面影响。

自 2016 年 4 月 8 日起，中国引入了新的海外电子商务税收制度，这个制度中规定无须对进口跨境电子商务零售货物缴纳货运税，但需要对货物征收"海关+进口增值税、消费税"的总税额，其中取消税额 50 元以内的进口增值税和消费税免征优惠。这项制度改革影响了中国重要的电商市场，在一定程度上避免了税收损失。新的税收制度还出台了一系列进一步加强跨境电子商务监管的措施，使我国的跨境电商税务制度得到了不断完善。

（二）支付的影响

不论是个人用户从海外采购商品，还是通过企业等网络途径到其他国家出售商品，这一流程中都关乎货币支付的问题。由于各个国家都有自己的货币，因此人民币的兑换也成了一项关键性的课题。而截至目前，中国仍然需要通过 Visa 和 MasterCard 的双币种信用卡才能进行消费，这也表明了中国国内海外消费业务中的较大比例仍是由专门负责付款与清算的国际卡机构主导进行消费结算的。中国本土海外支付机构一直都没能占据这一个巨大的市场。虽然 2013 年出台了一系列国家政策措施，但已经批准的支付平台相对来说仍然很少，只有二十多家平台，主要的支付平台支付宝、PayPal 等已经取得了海外支付机构的资质，占据支付网站的领先地位。国内政策的扶持也给国内的业务带来了新鲜的活力，使产品更加易于接触到广大的生产厂商和普通的用户群体。

随着国家政策的不断完善，第三方支付平台得到了快速发展，当然不可避免的是支付行业的危险性也随之增加。电子商务的在线支付最初是在虚拟交易平台上进行的，这就使得犯罪分子有了可乘之机，很容易利用黑客技术窃取客户的信息。虽然近些年来应用了区块链等新兴技术，有效地避免了用户信息的泄露，但是侵犯隐私和交易信息可能会给买卖双方造成不同程度的损失，同时降低双方在网上交易中的信任感和安全感。

（三）物流的影响

跨境物流作为支撑跨境电商发展的重要环节，其意义和作用不可忽视。物流不仅仅是一种服务，更是一项关键的竞争优势。它对跨境电商的影响涉及多个方面，从运输时间和成本到货物的安全性和服务质量都有所体现。

物流的效率直接影响到跨境电商的运输时间和成本。一项快速且成本合理的物流服务可以吸引更多的消费者，因为现代消费者普遍期望快速收到他们的货物，而且他们也愿意为更快速的配送支付额外费用。相反，如果物流速度慢或费用昂贵，消费者可能会选择放弃购买或者寻找其他更具竞争力的产品。

物流网络的覆盖范围对跨境电商的成功至关重要。拥有覆盖全球范围的物流合作伙伴和仓储设施可以确保货物能够快速、安全地从供应地点运送到消费者手中。这不仅要求物流公司有强大的国际运输能力，还需要他们在目的地有完善的分销网络，以满足不同国家和地区的消费者需求。

物流跟踪和可见性也是跨境电商成功的关键因素之一。消费者希望能够随时了解他们订单的运送进度，因此，物流合作伙伴提供的跟踪系统和可见性非常重要。通过实时更新的运输信息，消费者可以放心地追踪他们的包裹，提高了消费者的购物体验，并增强了他们对跨境电商品牌的信任感。

三　跨境电商平台的分类

（一）以产业终端用户类型分类

1. B2B 跨境电商平台

B2B 跨境电商平台的最终客户群是提供有关公司、产品和服务的相关信息的公司或团体的用户。目前，B2B 跨境电子商务市场交易量占中国跨境电子商务市场交易总量的 90% 以上。在跨境电子商务的市场中，市场份额一直在公司层面占据主导地位。其中比较有代表性的企业网站有：中国制造网、阿里巴巴国际网、敦煌网、环球资源网等。

2. B2C 跨境电商平台

B2C 跨境电子商务平台是为通过网络在线上进行商务销售产品的个人消费者这个客户群体服务的。B2C 跨境电子商务平台在不同垂直类别商品的销售上其实也是有所不同的。例如，Focalprice 主要售卖数码电子产品一类的商品，而 Lanting Jishi 在销售婚纱电子产品的商品方面，占有绝对的优势。B2C 类的跨境电子商务企业正在逐渐成长，在国内跨境电商领域中的总体成交数量上，所占比重也很高。B2C 类跨境电子商务市场中的份额未来将会得到大幅度的增长。其中比较有代表性的企业网站有：大龙网、速卖通网、兰亭集势网、米兰网等。[①]

（二）以服务类型分类

1. 信息服务平台

信息服务平台主要用于为国内外的商户会员提供一个在线营销平台，买卖双方都可以在平台上进行商品交易，也能传递供应商或买家的商品或服务的信息，并且鼓励交易双方达成交易。其中比较有代表性的企业有：环球资源网、中国制造网、阿里巴巴国际网。

2. 在线交易平台

在线交易平台，不仅能为各种公司、产品、服务等提供商品信息展示，还可以实现在线购买的链接服务，如搜索商品、咨询商品信息、定向查询、订购商品、支付交易款项、物流运输、商品质量评估

---

① 　数据来源于百度数据库。

等。随着跨境电商的不断发展，在线交易平台模式正逐渐成为跨境电子商务的主导模式，这种模式能够给买卖双方一种更加便捷、全面的交易环境。其中有代表性的企业有：敦煌网、速卖通网、米兰网、大龙网等。

（三）以平台运营方式分类

1. 第三方开放平台

通过交易平台的电子商务建立在线上的购物中心，集合配送、交易、管理等业务优势，引入企业，进行跨国电商贸易的业务。另外，这类网站把获取商户提成和增加业务提成视为最大的制胜模式，使得服务人员有着更大的工作动力。其中有代表性的企业有：环球资源网、阿里巴巴国际网、速卖通网、敦煌网。

2. 自营型平台

在一个独立的电子商务平台上建立一个在线平台，整合所有供应商的资源，再以较低的购买价格购买相应的产品，然后以较高的价格出售，以获取中间的差价为主要目的的商业活动。这种类型的平台主要利用了产品价格的波动差异，代表性企业有：兰亭集势网、米兰网、大龙网等。

（四）跨境电商代表性平台

1. 环球资源网

环球资源网自建立以来，就以"让世界更好地看世界"为企业使命，不断地帮助中国的电商企业走向全球国家和地区。如今，环球资源网旗下的环球资源网站在全球已经拥有了超过100万家的注册用户，在国际上也已经拥有了超过30万个优质买家用户。环球资源网，致力于服务全球企业客户，提供全面的B2B电子商务平台，帮助中国及世界各地的企业扩大销售渠道和提高国际知名度。环球资源网提供了全方位的在线B2B贸易服务，为全球贸易提供了一个方便、快捷、高效的信息交流平台。其主要业务是通过在全球范围内开发、运营 B2B 电子商务平台，帮助买家寻找供应商，以及促成供应商与买家之间的交易。[①]

2. 中国制造网

和阿里巴巴国际站的不同在于：中国制造网是想要将中国制造的产品利用线上的互联网平台推广到全球大市场的 B2B 平台。该平台成立于 1998 年，截至 2022 年已经顺利运营 20 多年了。中国制造网涵盖二十七大类产品信息，采购商分布在全球 200 多个国家和地区，拥有百万种以上中国产品的详细数据。中国制造网目前有着三种语言的网页，分别是简体中文版、英文版以及繁体中文版。不同语言的网页可以服务于不同的采购商和客户。中国制造网希望帮助我国现有的中小企业通过网络"走出去"，以及为供应商和采购商提供一个可以沟通和交流产品的平台。中国制造网不仅为中国中小企业的发展创造了一定的商机，同时也为我国增加了很多的就业机会，促进了我国制造业的信息化发展。在电商外贸出口领域，中国制造网有着良好的口碑，这在无形中帮助我国的中小企业提升了一定的综合竞争力，很大程度上改善了只能打价格战的局面，促进了中国跨境电商贸易的发展。

与大多数的 B2B 跨境电商平台一样，中国制造网采用在线上交流和在线下交易的商业模式。供应商可以在中国制造网上发布其公司和产品的详细信息，而且买家也可以通过该平台发布所需的产品信息或咨询想要购买的产品的相关信息。这个平台为买卖双方提供了沟通和交流的可能性。如果双方都认为对方的要求条款是合适的，他们可以继续就合同条款进行谈判。如果条件不匹配，他们可以继续使用该平台寻找合适的买家或卖家。买家可以在中国制造网站上注册会员，选择成为网站的免费或付费会员。免费会员旨在达到为平台扩展互联网规模的效果，增加网站的会员基数和提高高端会员的可见性；付费会员在这里主要是为了

---

① 数据来源于环球资源网官网。

给网站增加收益。除了注册成为会员，中国制造网还提供增值服务和供应商认证服务。使用中国制造网的费用包括广告费、公司认证费、商业信息传递费、产品语言翻译费和旅游服务费。

中国制造网可以为供应商提供的服务包括关键词搜索、产品目录检索和联系信息搜索；发布采购信息、研究和联系供应商；免费获取信息。中国制造网为当地制造商、产品供应商和商品出口商提供的服务包括中国制造网产品目录中的公司和产品信息；搜索有关买家和购买商品的具体信息；高级会员服务和信息认证服务。2015年，中国制造网想要为买卖双方提供更好的本地化服务，在其他国家建立了国外仓库，并且积极开展国外电商营销，组织与国外经销商之间的沟通交流会议。通过与外国经销商的深度交流，我国的中小企业不仅增加了不同地区的销售经验，还打破了距离的界限，帮助国内企业更好地在国际市场上向前发展。①

3. 阿里巴巴国际网

阿里巴巴国际网成立于1999年，是阿里巴巴集团的第一个业务板块，阿里巴巴国际网已经成为推动外贸交易数字化的主要推广平台。这个平台可以累计服务于200余个国家和地区的超过2800万的企业用户。它是跨境电子商务公司发展国际贸易的首选在线平台之一，通过向外国买家展示和推广供应商的公司和产品信息，从而获得商机和订单。

2020年9月25日，阿里巴巴国际网总经理张阔在外滩大会透露近期目标：三年后，阿里巴巴国际货运网络将服务100万吨（空运）和100万标箱（海运）的增量交易商品。"双百万"的规模，相当于全球货运行业前三。作为目前全球最大的B2B跨境电商平台，阿里巴巴国际网的物流运输已经覆盖全球200多个国家和地区，将与电商合作伙伴合作交

---

① 数据来源于中国制造网官网。

流，通过数字化平台运输重新定义全球货运标准。"门到门"服务能力
是重点方向之一：货物从工厂拉到境内港口、报关，通过海陆空进入境
外港口，清关、完税，最后完成末端用户配送。2022 年，阿里巴巴国际
网发布公告称，自 2022 年 5 月 1 日起，阿里巴巴国际网禁止销售电子烟
（包括但不限于烟弹、烟具以及烟弹与烟具组合销售的产品）及其配件
（包括但不限于电子烟相关雾化器、烟杆、烟笔、烟嘴、电子烟用电池、
电子烟液灌装器、电子烟包装等其他电子烟相关联产品）、雾化物和电
子烟用烟碱等相关产品。

2022 年 4 月 18 日，阿里巴巴国际网对外宣布推出"海陆运一站式
解决方案"，提供拖车+报关+整柜一体化物流解决方案，帮助受物流影
响的国际网商家一站式解决出货难题。2022 年 5 月，阿里巴巴国际网正
式启动首届"56 物流服务月"，分别在空快、货运、到货保障等方面，
推出五大物流服务，纾解外贸商家出货难题。①

4. 米兰网

米兰网公司坚持时尚、自由、包容的运营理念，为全球消费者提
供独特、定制化、主题垂直化的产品与服务。米兰网现在已经全面开
通商业方面的运营，并且已经成为业界第一个提出"跨国在线零售"
理念的跨境外贸电子商务企业。公司驻地位于北京、深圳、江苏等地，
分别建有国际市场营销服务中心、国内项目招商服务中心、国内物流
配送服务中心等，并设有大型的办公场所和上万平方米的物流配送仓
库区。

公司的管理团队在互联网营销和海外管理方面积累了多年丰富的经
验，在网络营销、系统平台开发、产品研发、供应链管理等方面拥有强
大的团队优势。米兰被称为世界时尚之都，是时尚的象征，代表着激情
和浪漫。因此，米兰网主要经营全球时尚服装和周边产品，网站首页主

---

①　数据来源于阿里巴巴国际站官网。

要是明亮、充满活力的颜色，象征着激情、自信、探索、创造以及时尚与浪漫的融合。

5. 大龙网

大龙网目前是数字贸易时代下中国最大的实业互联服务平台、中国最大的跨境全球本土化信息服务平台。大龙网公司的全球总部在香港，行政总部位于北京，主要运营中心和研发基地在重庆，并且已经在世界多个国家设立了分支机构的全球性跨境电商服务公司，成立于2010年，其核心管理团队为冯剑峰等人，主要的天使投资人为前阿里巴巴集团CTO兼中国雅虎CTO吴炯，并已先后引入了北京北极光创投、美国海纳亚洲、新加坡创投等投资基金。

区别于以往按区域范围划分的传统产业带，大龙网积极利用"互联网+"打造"网上产业带"，致力于让部分地区不再受产业带发展的限制，形成互联网上的产业带聚集地，这就很好地聚集了商品的种类。通过与中国本土的优势产能圈合作，采用国内外合资的方式整合国内产能供应资源。大龙网先后设立了徐州龙工场、武汉大龙网、沈阳龙工场、菏泽龙工场、灵寿龙工场等几十家国内分公司和子公司，对接各地的产业带城市，帮助中国产业带供应商通过"两国双园"的形式，连接中国国内企业和世界各地的海外网络贸易市场。规划在三年内落地约300家企业的细分产业，同时借助当地政府的产业服务平台、项目共建等各种途径，完成全市的细分行业产能整体落地。

大龙网依托七大事业中心来服务本地的产业，分别是：电子支付汇兑及结算服务中心、电商贷服务中心、直播电商产业服务中心、拼货帮订单抱团出海服务中心、供应链金融服务中心、品牌服务中心、产业园区综合服务中心。同时在共建"一带一路"国家拥有十余家分公司，主要分布于俄罗斯、沙特阿拉伯、印度尼西亚、越南、日本以及澳大利亚等地，业务覆盖了全球200多个国家和地区，拥有中外籍员工近千名。

第二节　常见的跨境电商平台

一　速卖通平台

（一）平台简介

全球速卖通是指中国淘宝网旗下的面向全球用户而建设的海外电子商务网站，被许多卖家和客户们称作"国际版淘宝"。速卖通的业务范围主要是针对国外的大宗买家业务，采用支付宝海外账号进行担保支付，并通过全球的快递通道物流发货，已成为目前世界上第三大英文的商品交易平台。

作为阿里巴巴未来发展的关键战略平台，速卖通目前已经成为全世界最活跃的跨国电子商务网站之一，并凭借阿里巴巴强大的用户资源，该平台已成为目前世界产品种类最丰富的网络平台之一。速卖通的最大优势就在于对产品价格变动相对灵敏，因而低价战略的成效则更加突出了，这和从阿里巴巴公司引进的淘宝卖家的大客户策略密切相关，所以当下许多速卖通商户的运营模式与前几年淘宝店铺的运营模式相类似。

全球速卖通于 2010 年正式创立，是目前中国规模最大的跨境零售电商平台，目前已经开通了 18 个语种的站点，服务覆盖全球 200 多个国家和地区。2019 年 3 月，阿里巴巴旗下的跨境电商及零售网站全球速卖通，在中国发布了网上卖车的业务。俄罗斯用户可直接在速卖通上一键扫码，然后缴纳预付款，在指定线下商店缴纳尾款后即可购入新车。2022 年 2 月，由阿里巴巴中国速卖通公司在广州建立的商品营销服务站落地。2022 年 3 月 8 日，中国速卖通福建省的营销服务站正式在厦门成立。①

---

① 速卖通官网，https：//sell. aliexpress. com/zh/_ _ pc/newsellerlanding. htm？ spm = 5261. 11333555. 100. 1. 30b32fe0IpiM8M，最后访问日期：2023 年 3 月 17 日。

（二）平台特点

速卖通产品的主要营销方式为 B2B+B2C，重点面向中小企业用户，并侧重于新兴领域，75%的国外用户分布于中国、巴西、美国、西班牙和土耳其，且主要针对的是中国用户。截至 2018 年底，每天在速卖通注册的中国用户约 6000 万人，现在的注册情况越来越火爆。[①]

平台的大卖家产品都很齐全，基本上我们能想到的产品都有。选择适合自己的产品是成功的第一步，你要根据你所在的地区、年龄、兴趣爱好等因素来决定购买什么样的产品。适合你的产品有哪些呢？首先要选择你所熟悉的类目，不要盲目乱选。其次就是选择你所喜欢的产品类型，如服装类、运动类等。接下来就是要查看你所选择类目中商品的价格和质量，然后再查看用户评价和店铺评分等数据，从中分析出哪些产品是值得推荐的。

（三）平台优势

小订单，大市场。现在全球经济形势并不明朗，买家的购买形式正发生着很大的变化，正在朝着小批量、多批次采购的方向逐渐发展，形成了一种新的潮流，从而促使零售的顾客去网上采购。短周期，高利润。直接从生产基地向零售商或网店供货，由于交易中减少了过多的中间商，卖家可以直接使用线上支付收款，从而增加了公司的经营利润空间。低价格，高安全。买卖双方实时互动，订单付款一步到位，国际速递送达商品，减少交易时间；平台信用安全机制为交易保驾护航，防止诈骗款项。

（四）平台劣势

价格竞争激烈，宣传广告收费较高（有直通车功能的竞价排名）；也因为在推广上更加倾向于大卖家和小品牌商家，导致早期进入速卖通

---

① 速卖通官网，https：//sell. aliexpress. com/zh/_ _ pc/newsellerlanding. htm？ spm = 5261. 11333555. 100. 1. 30b32fe0IpiM8M，最后访问日期：2023 年 3 月 17 日。

市场的门槛并不高，这样也造成了大批的低端卖家进入了市场，同时也造成了宣传广告的恶性竞争，给市场造成了一定不好的效果。所以，速卖通公司在 2015 年开始转型，从收年费门槛入手，逐步带动中国国内的跨境电商公司向跨境电商品牌化、品质化方向发展。2017 年，速卖通加强了对卖家的甄别能力，商家进入门槛较高；基本没有进行过客服工作；卖家对网站服务的满意度也不高。

（五）适用商户类型

速卖通平台很适合主推新兴市场国家（俄罗斯、巴西等）的大卖家，以及对产品有供应链优势且价格优势明显的卖家，而且最好是在工厂内直接发货销售。贸易商在面对小额订单的优势时并不明显。速卖通平台具有很强的本地化特性，从买家角度来说，只要买家不是太挑剔，几乎没有什么选择的困难。同时，由于中国卖家对新市场、新国家的探索较多，所以平台也会有很多针对性的流量倾斜。此外，平台还会为买家提供物流、支付、保险等服务。尤其是对于卖家来说，物流问题非常重要。速卖通提供了大量的海外仓服务和海外买家物流计划等，帮助卖家解决物流问题。在支付方面，速卖通为买家提供了支付宝、PayPal 等多种支付方式；在保险方面，速卖通有为买家提供保险服务。

（六）跨国物流

目前在速卖通上有三种快递业务，分别为邮政大小包裹、速卖通合作快递和商业速递。其中，90% 的交易采用的是中国邮政大小包裹。合作快递的主要优点是经济实惠、性价比高，更适合于全球网络零售贸易。速卖通合作快递由全球速卖通公司分别和浙江邮政、中国邮政联合发行。这几类快递的优点都是运送速度比较快，服务态度比较好，效率比较高，同样价格也相对要高一点。这项服务更适合卖家的宝藏或高价值交易，或要求买家支付邮费，或者求助于全国各地的主要货运代理进行送货上门。

二　亚马逊平台

（一）平台简介

亚马逊公司（Amazon）的平台策略是以内容为王，作为世界电商先驱，亚马逊全球市场的知名度也是非常重要的。中国国内外贸人首先了解的主要海外电子商务渠道也是亚马逊，其重点市场是中国和加拿大。亚马逊对于卖方一般有很高的要求，如在产品质量、品牌信誉等方面要求比较严格，但是在流程方面相对速卖通来说比较烦琐，所以对于技术较为熟练的亚马逊卖方，最好先申请一个美国公司或是找一个在中国的代销机构，之后再申请美国联邦的账号。目前亚马逊的主要营销方式为B2B模式，主要面向中小企业用户，服务也更加多样化。

亚马逊公司是目前美国规模最大的网络电子商务公司，位于美国华盛顿州的西雅图，是最先开始在互联网上进行电子商务活动的公司之一。亚马逊公司创立于1994年，公司一开始只是负责互联网的图书商品销售，现在公司的经营范围已经扩展到了范围更广的其他产品，目前是全球产品规模最大的网络零售商以及全球第二大互联网企业，该公司旗下还包括Alexa Internet、a9、lab126和互联网电影数据库（Internet Movie Database，IMDB）等子公司。2019年7月18日，亚马逊终止为在亚马逊全球站点上的任何第三方卖家提供卖家支持。2022年5月，根据美国媒体的报道，亚马逊公司正计划将3000多颗卫星送入近地轨道上，以提供商业卫星的互联网服务，这个项目后来被称为"柯伊伯计划"（Project Kuiper）[①]。

（二）注意事项

第一，您选择的亚马逊最好有非常好的供应商与经营能力。供应商

---

① 《柯伊伯计划》，百度百科，https：//baike.baidu.com/item/%E6%9F%AF%E4%BC%8A%E4%BC%AF%E8%AE%A1%E5%88%92/60692031? fr＝ge＿ala，最后访问日期：2023年1月4日。

质量必须很稳定，也最好有强大的开发实力。但切记，选择亚马逊，要以质量为王。第二，通过专业培训，掌握开店策略与技术。亚马逊的开店流程比较复杂，他们有着极其严密的审查体系，一旦违反甚至不了解法律，不但会有封网站的危险，而且会有法律上的危险。第三，必须有一个服务器或专门的亚马逊账户。这对亚马逊的网站建设以及后期发展来说都十分关键。因为一个服务器上只能注册一个账号，不然就会和规则发生冲突，所以用户最好采用座机进行验证注册。第四，在亚马逊，需要一张美国的银行卡。亚马逊网站所形成的销售额都是全部存储到亚马逊自己的账户上的，如果要将资金取出来，就一定得用美国本土的银行卡。第五，以运营的亚马逊网站流量为基础。亚马逊渠道主要有国内流量和国外流量两种，类似于我国境内的淘宝。另外，还应该重视国内SNS社群的推广，利用软文等宣传手段推广也相当有成效。使用亚马逊网站必须具备较好的外贸背景与条件，如稳定可信的供货商、有当地人脉等。卖家最好具备相当的投资能力，同时具有长期投资的理念。

（三）平台优劣势

优势在于亚马逊是现代电子商务的鼻祖，比其他平台更早涉足电商领域，起步较早，因而拥有庞大的客户群和流量优势，并以其高质量的服务而闻名；它拥有强大的物流系统以及服务体系，尤其是在北美、欧洲和日本这几个地区。亚马逊公司还为包装、物流以及后续退换货提供了统一的标准服务模式，因而卖方则只需要负责产品的销售。亚马逊为用户提供了中文的注册界面，此外，用户使用一个账户便足以在整个欧洲市场销售商品。

劣势在于销售商还需要自己提供发票，对产品品牌也有特定的需求。平台需要一个账户才能联系到同一台电脑，受益人的银行账号需要在美国、英国或者其他国家登记。

（四）平台服务方案

通常平台上有两个 Prime 营销计划（会员购买的增值方案）：一个是个

人营销计划或者专业营销计划，另一个是专业售卖方案。二者的不同之处就是上传的产品数量必须以 40 个为界，个人营销计划免费，但最多只能上传 40 个商品，而专业售卖方案要缴纳 39.99 美元的服务费，但能够上传 40 个以上的商品。个人营销计划 90 天才有黄金购物车 buybox，而专业售卖方案则是账号一下来就有 buybox。此外，二者在产品的额度方面也是有区别的，即销量上升速度过快之后，个人营销计划卖家相对更容易接受用账号申请。

另外，亚马逊集团还打造了物流服务——Fulfillment by Amazon（FBA）即为亚马逊官方物流，亚马逊将近 50% 的目标客户变成了金牌客户。通过支付 99 美元，金牌消费者可以获得高效的内容推荐平台和便利的物流配送方案，实现跨境贸易货物 2~3 天便送到消费者手中。新人在申请完亚马逊账号之后，如果想要在后期收款，银行账号必须是在美国、英国等国家的账户。这里也有一些方法，可以申请一个美国公司或找一个在中国的美国代办机构，然后办理联邦税号；美国外贸人通常也会有几个国外的客户资源，不妨通过他们处理这种情况；如果确实不行，中国境内也会有某些美国代办机构能够办理类似的业务。

综上所述，使用亚马逊网站，要求企业有稳固可靠的技术来源、强大的资本能力，以及在当地的人脉积累，同时有持续投入钻研的态度。在公司注册为亚马逊的卖家之前，最好要进行专门的学习，熟悉开店法规与技术，亚马逊的开店流程比较复杂并且有极其严密的审查体系，一旦违反或是不熟悉法律，不但会被封店，还会有违反法律的危险。

（五）亚马逊全球开店

亚马逊公司于 2004 年进入中国，截至 2023 年，亚马逊在中国大陆地区运营了 17 家海外购站点，分别位于北京、上海、广州、深圳、杭州、武汉、天津、南京和重庆等。亚马逊在全球拥有超过 1.25 亿件商品，并且与超过 1800 家知名品牌合作，为中国消费者带来了亚马逊的全球优质商品。凭借亚马逊独一无二的全球资源与海外配送系统，亚马逊在全球不断推动海外电子商务战略。2014 年，亚马逊公司在全球宣布将推出亚马逊海外购物商城——中国亚马逊公司首个本土化、多站点服务的全球店铺，致力于成为中国国内用户认可的购买优质及海外正品商品的跨国网购优选网站。中国客户通过中文可以直接选择出亚马逊在美国、英国、日本、德国平台上数量超过 3000 万件的国外正品。货物也将通过中国亚马逊全国物流配送系统，从海外的运营服务中心直送到中国国内客户手中。亚马逊的 Prime 会员业务于 2016 年 10 月在国内推出，是亚马逊全国第一家实现了对海外商品全年无限期免费配送的会员业务。

亚马逊的全球开店计划将致力于支持国内外商家开展进出口跨境电商服务，开拓国际市场，塑造国际品牌，并服务于亚马逊全世界的顾客、公司和企业用户。通过亚马逊在全球开店的业务扩张模式，卖家们可以直触到亚马逊公司在全世界近 3 亿的活跃消费者，当中还有近两亿的 Prime 会员消费者。卖家们还可以利用在亚马逊中国、欧盟和日本推出的亚马逊企业购（Amazon Business），直触到世界各地近 500 万个优秀中小企业和教育机构用户。

亚马逊的服务开店范围包括大量的国际货物，不同类型和规模的卖家都可以通过亚马逊服务将商品远销世界各地。目前，亚马逊已在世界各地设立了 185 个营销服务中心，可以将商品配送至 200 余个国家和地区。卖家也可以将商品事先寄存到亚马逊境外的服务中心内，在消费者订货后，各个营销服务中心的人员将会与超过 20 万名亚马逊内部人员分工协作，共同完成分拣、包装、物流配送等业务。目前，亚马逊的第三方卖家销售服务大约已占亚马逊实体销售业务的 60%。亚马逊公司计划在物流、信息技术、业务、资源和人力等方面投入近 300 亿美元资金，以支持世界各地的第三方卖家迅速开展的业务。在 2020 年，亚马逊公司还将推出逾 250 款免费的应用和商品，并帮助卖家利用亚马逊网站实现业务增值。

中国卖家可通过亚马逊在全球开店，轻松进入跨境电商领域。截至 2016 年 6 月，亚马逊平台的中国卖方企业超过 3 万家，其中 70% 以上是中小企业。从出口产品结构来看，以服装鞋帽、箱包、家居用品、玩具等为主。在国内，亚马逊与阿里巴巴等电商平台通过商品的信息展示、流量推广等方式竞争。然而在国外，亚马逊平台却是一个开放的平台。目前，亚马逊在全球有 19 个站点，分别为亚马逊美国、加拿大、墨西哥、英国、法国、德国、意大利、西班牙、荷兰、瑞典、比利时、日本、新加坡、澳大利亚、印度、阿联酋、沙特、波兰和巴西。①

（六）亚马逊账户类型

无论是企业还是个人，都可使用亚马逊卖家平台登录并开店售卖商品。以企业身份和以个人名义开立的账号虽然登录方法有所不同，但在数据访问量、产品上架量、产品内容质量和各项功能上均无显著差异，这两者的最大差异则在于费用构成和产品应用功能。以亚马逊在中国网站的登录方法为例，账号形式大致分为两种，即个人营销计划账号（Individual）和专门营销企划账号（Professional）。

个人营销计划账号在实际运营中不收取店铺月租金，而是依据产品数量按件收取费用，每发布一件产品的信息收取 0.99 美元。在产品应用模块上，该账号的产品可以单独提交，没有批量操作的功能，也没有客户信息反馈功能，更无法应用网站内的各种销售软件。而专门营销企划账号是按月支付租金的，可以单一上传产品或批量操作店铺的产品和订单，也可以下载数据报告等信息文档。

以上两个账号类型是不能绑定的，只能自行转移，也可以转换。个人营销计划账号，随后也可以被系统自动升级至专门营销企划账号；反之，在申请时为专门营销企划账号的客户，随后也会降级至个人营销计划账号。所以，即使没有从业经历，仍可以直接从亚马逊上申请专门营销企划账号。

---

① 数据来源于亚马逊官网。

三　其他电商平台

（一）eBay 平台

eBay 是一家能让世界各地公民进行网络交易商品的线上拍卖和购物网站。eBay 在 1995 年 9 月 4 日由 Pierre Omidyar 以 Auctionweb 的名称创立于美国加州圣荷塞。用户可以在 eBay 上使用网络买卖货物。eBay 是世界上最大的在线拍卖市场，注册用户超过 3500 万人，是全球最受欢迎的网络拍卖公司之一，也是美国在线拍卖公司的最大的竞争者。eBay 每年举行超过 4700 场拍卖会，并在全世界范围内组织了约 3400 万次交易，其中大部分是免费交易。但是自 2000 年起，eBay 的市场份额便一直在下降，其竞争对手包括：Palmsports、Boxed 和 Otto。

杰夫史科尔（Jeff Skoll）在 1996 年担任了该公司的第一任 CEO 和全职创始人。1997 年 10 月，该公司宣布改名为 eBay。该公司将其标志的一个版本的 Echo Bay 应用程序带到了加州奥克兰的一个活动中。随着时间的推移，该公司为其他用户创建了一个新的 Echo Bay 应用程序。到 2001 年，eBay 已成为电子商务市场的主导力量和全球最大的在线交易市场，它也是世界上最大的在线拍卖平台。2000 年，eBay 收购了一家名为 Groupon（中国）的公司，这是一家帮助中国人在网上购物和寻找新朋友的在线商店。在此之前，eBay 在美国和其他国家也有类似业务。eBay 还拥有一个名为 PayPal（中国）的在线支付平台。

如今 eBay 已经拥有 1.471 亿的客户数量，拥有来自全世界 31 个国家的卖家，并且每天都有来自世界几千种类别的数百万种商品销售，是目前世界上最大的电子商务集市。eBay 2023 年第二季度净营收为 25.40 亿美元，与去年同期的 24.22 亿美元相比增长约 5%。eBay 是一个全球有名的购物平台，也是我国电商人主要运营的跨境电商平台。但还有很多打算或者刚进入跨境电商行业的小伙伴，对于 eBay 平台的优缺点不是很清楚，这里我们就给大家详细分析一下，希望能对大家有用。①

1. eBay 的优势

一是庞大的数据流量。eBay 自身平台流量高，属于主流的跨境电商平台。二是入门的门槛比较低。相比于在亚马逊开店而言，在 eBay 开店的难度更小。三是安排了专门的客户服务，可以通过电话或者网络进行沟通和交流。四是商品的定价方式比较多，有竞标、定价出售、一口价成交等模式。五是客户的购物评价相对来说比较公平。六是产品营销的形式比较多样化，客户有着很好的购物体验。

2. eBay 的劣势

一是后台的实际操作较难。后台主要是英文显示，对于一些英文并不是很好的卖家来说，无形中增加了一些操作难度。二是购物付款的方式比较单调。目前，eBay 只支持 PayPal 付款方式，费用高。由于不提供清关服务，所以许多中国卖家要自行处理清关问题。三是付费服务比较多。将卖家网站分成许多级别，每个级别店铺收取的费用标准不同。eBay 除收取店铺服务费之外，若买家要求使用特定服务，网站也会同样要求买家缴纳相应的服务费。四是实际上比较偏向买家利益，所以对卖家的要求更加严格。平台更加注重用户的销售感受，退货操作难度较小。五是后台审核的时间比较长。六是销售产品的数量有很多限制，而且也需要长时间累积信誉值才能够越卖越多，出单的时间周期也增加了。

（二）Wish 平台

Wish 是 2011 年成立的一家高科技独角兽公司，有 90% 的卖家来自中国，也是北美和欧洲最大的移动电子商务平台。它最大的优势就是，相对于其他网站的产品而言，价格比较优惠低廉，其运营模式与中国国内的拼多多相似，利用物美价廉来诱惑用户消费，在国内具有相当大的

---

① 数据来源于 eBay 官网。

知名度。这里出售的商品大多为服装、包包、消费电子产品等。而这些商品，一大部分是从国内发货。Wish 平台 75% 的用户来自美国和欧洲，其中销售额（GWV）排名靠前的欧洲国家为：法国、德国、英国、意大利和瑞典。Wish 平台每日的下载量已经接近 10 万次，具有很大的潜力。每日的客户成交量也不可小觑。另外，Wish 也是美国和欧盟最大的移动电子商务网站，有着强大的消费市场。

1. Wish 平台优点

第一，Wish 平台最大的优点与独特之处在于它的推送方法，既能够很准确地了解用户到底想要什么，也能够十分精准地定位到产品的目标用户。不仅提高了产品的成交率，同时也提高了商品的销售额。其实也可以利用 Facebook 引导流量，产品要清楚自己商品的营销定位。

第二，平台的入驻门槛比较低，操作比较简单，所以吸引了很多的店铺入驻平台，在很大程度上增加了商品的种类。

第三，出具销售单的速度比较快，所以顾客对于服务的满意度比较高。

第四，物流运输也出现了平台操作，商家可以自行选择合适的发货渠道。

第五，在电子商务方面的发展潜力巨大，尤其是更加适合中小型的卖家。

第六，Wish 平台客户的满意率比较高，客户的好评较多。

第七，操作程序简单不麻烦，而且上架商品程序非常简单，无须任何营销知识，只需简单学习即可。

第八，Wish 平台的经营利润十分可观，入驻平台的商家可以进行公平竞争。

2. Wish 平台的缺点

第一，账户提交后台，通过率会降低，所以申请的时间成本也会进一步上升。

第二，审核产品的日期比较长，大约需要 2~4 个月。

第三，佣金的收取比例比较高，会导致费用增加。

第四，系统关于商品交易的规定会时常更新，导致卖家不能满足要求。

第五，平台对产品的审核也会逐渐变得更加严格。

第六，中国政府对待用户的容忍度非常高，只要是消费者所提出的合理的退货退款申请，中国政府基本上就可以受理，导致平台退货率较高。

（三）Lazada 平台

Lazada 于 2012 年 3 月上线，是目前东南亚最大的线上购物平台，中文名字为来赞达。目前，平台上的主要品类为女装、家居、母婴、男装和 3C 产品，网站在创办不足 7 年的时间里就一跃变成了东南亚规模最大的综合电商网站。但在电商方面，Lazada 也在不断地开拓新业务，于 2016 年 3 月推出了 Shopee（Lazada Live），通过社交媒体进行线上零售业务。目前东南亚用户占到了整个东南亚人口的七成以上。据悉，Shopee 是 Lazada 与腾讯旗下的微盟集团联合打造的电商平台。Shopee 提供东南亚地区的电商服务，包括在线购物、支付和物流等服务。目前 Shopee 已经成为东南亚地区最大的电子商务平台之一。

2012 年，东南亚的电子商务产业发展速度并不快，仅仅占零售总额的 1%。Lazada 的创始人意识到线上购物有着巨大的潜力，在平台 Rocket Internet 的帮助下，逐步在马来西亚、泰国、印度尼西亚、菲律宾和越南等国家上线了 Lazada 平台。2014 年，Lazada 业务范围已经扩展到了新加坡，并且在此设立了公司总部。Lazada 最具有特色的地方就是采用了货到付款的支付方式，这种新型的交易方式使得其建立了一套自己的商业体系，所以 lazada 的销售额增加得十分快速。

2018 年 3 月 19 日，阿里巴巴公司表示，计划向东南亚地区的大型电子商务平台 Lazada 追加约 200 亿元融资，将支持该企业在东南亚的业务拓展。蚂蚁金服总裁彭蕾将担任 Lazada 的 CEO，原 CEO Bittner 将担任公司高级顾问，Lazada 在泰国曼谷举办了发布会，宣布正式成为国际奥委会在东南亚地区的官方代表合作伙伴。Lazada 表示，随着泰国新政府的成立以及国际奥委会和国际残奥委会的继续合作，Lazada 将成为该地区领先的电商平台。

2021 年 8 月，Lazada 宣布旗下物流品牌全新升级为 Lazada Logistics。Lazada 已经建成了东南亚第二大智能电子商务综合物流与供应链网络，并在 17 个城市设有配送中心。公司还在仓库和分拣中心进行了大量投资，利用数字技术完善了合作伙伴的网络、跨境电商和"最后一英里"配送之间的连接。凭借这一强大的物流网络，到 2021 年 9 月，Lazada 的包裹日处理量达到 500 多万件，其中包含了大约 80% 的"首英里"出货配送，以及约 50% 的"最后一英里"终端配送。Lazada 平台的特色与优点是：在东南亚各国发展势头强劲；越南为主要开发区域；严格规定进驻商家的行为，有健全的企业培训制度；对进驻企业有比较完备的保障体系；付款更加及时快捷；平台仅需要一个小时就可以将信息发布至六国，充分兼顾了操作效率与国际化的纵深发展（见表 8-1）。

表 8-1 Lazada 平台的优势

优势层面	内　　容
销售情况	Lazada 在东南亚各国的销售势头十分强劲,尤其是越南
培训机制	Lazada 严格规范进驻店铺的经营行为,并建立起一套完善的培训机制
保障体系	Lazada 对入驻的商家有着相对比较完善的保障体系,使得商家有着一定的信心
推广速度	Lazada 账号仅仅需要一个小时就可将信息发布至六国,推广速度十分迅速,充分兼顾了运行速度和深度运营
产品服务	平台比较注重产品的服务,并且可以引导海外从业者打造出自己的产品形象

注：数据来源于 Lazada 官网。

（四）兰亭集势

兰亭集势是以科技创新、大数据分析为贯穿点，融合了企业生态圈和业务的在线 B2C 跨境电子商务企业。兰亭集势的主要业务包括：品牌营销、数字销售、广告效果检测、客户体验优化、供应链优化和物流服务。兰亭集势拥有专业的产品开发团队，可以为客户提供"品牌策略+产品设计+广告投放"的全流程服务。兰亭集势利用大数据分析技术，为客户提供基于消费者行为分析和品牌分析的市场研究报告。兰亭集势提供专业的咨询服务，包括品牌定位、市场调研、营销策略制定和优化等，为客户制定并实施品牌战略，提升客户品牌价值，增强客户盈利能力。

兰亭集势成立于 2007 年，是可提供多种主要语言的网站，为客户提供了一种以优惠的价格购买各种生活方式产品的便捷方法。兰亭集势的创新数据驱动型业务模式使得自己可以大批量地生产定制化商品，包括婚纱和晚礼服，从而达到最佳销售、商品推销的目标。

1. 主要业务

全球经济危机和新冠疫情的发生，使得更多的中国人把眼光投向了网购的购买形式，这种想法的出现为兰亭集势的发展提供了一个很大的契机。兰亭集势从 2006 年创立发展至 2010 年已完成了五大帝国的整个销售过程，曾被美国硅谷以及国内外顶级高风险企业融资，还曾多次被美国 CNN、路透社等世界新闻机构广泛报道。自 2006 年创办到 2010 年止，兰亭集势成为在中国国内的外贸进出口 B2C 领域内最领先的公司之一，也成了其他外贸进出口 B2C 公司竞相模仿的对象。

兰亭集势就如同一家网络零售大超市，旗下主营的业务包括服饰鞋包、首饰钟表、消费电子产品及配件、户外健身器具、家具宠物、家居假发、文身美甲以及婚纱礼服及饰品等超百万种产品。今天，它提供遍及世界各地的 20 余种付款手段。比如：PayPal、VISA、EBANX 等。

2018 年 11 月公司与东南亚知名电子商务公司 ezbuy 进行了供应链、物流、技术合作等方面的深入整合，兰亭集势将进一步遵循公司脱虚向实的经营策略，同时根据公司去年的成熟运作实践，将发展更多、更加完善、更为健全的供应链体系，并将积极实现"致力于提升全球人民的生活幸福感"这一目标。①

2. 兰亭集势跨境电商平台遇到的一些困境

（1）商品信息差

容易引起买家的反感，无法更好地吸引并留住买家。

（2）用户点评不满意

产品针对性低，个性化、差异化产品较少。

（3）物流服务差

有性价比高、口碑好的卖家可能不愿意选择物流服务。

（4）物流时效不稳定

一般选择店铺，为了能够留住买家，增加物流服务体验，建议选择时效性低，但时效比较稳定的物流服务。

（5）物流服务差

一般选择了在顾客下单后 48 小时内发货，时效是较快的，但不可避免地会出现滞销的情况。

（6）评价不达标

处理速度快、物流服务质量低、发货慢，淘宝会将这些订单暂时判定为有效评价。

（7）客户不满意

兰亭集势售后服务较差，对客户提出的问题解决效率低，容易受到客户的投诉。

3. 如何解决类似的客户不满意情况

在客户投诉时采取主动解决问题的态度，以激发情感共鸣，并积极

---

① 数据来源于兰亭集势官网。

解决问题，从而增加客户评价的动机，是提供卓越购物体验的重要因素。在电子商务平台如淘宝中，客服人员根据店铺信息或细节来提供服务，因此客服工作的重点常常因店铺特点而异。在此背景下，客户在与淘宝客服沟通之前，可咨询客服以提高服务质量。此外，淘宝客服的内容吸引力亦至关重要，宜为买家提供愉悦体验，并明确商品的优势与特点，以激发购买欲望。

（五）敦煌网

敦煌网目前是中国国内领先的网上外贸交易平台。敦煌网致力于让国内中小企业借助跨境电商模式进入国际市场，打造一个完善的贸易渠道，使网络贸易更为容易、更为安全、更为快捷。敦煌网同时也是中国国内第一家专门为中小企业开展 B2B 网上交易服务的网络平台。自 2019 年 2 月 20 日起它将实行最低佣金制度，即只在所有买卖双方的交易完成时缴纳服务费。

敦煌网依托于中国强大的制造能力，在全球建立了最大的跨境电商服务平台，为全球跨境电商卖家提供一站式的交易服务。自 2014 年以来，敦煌网就已经是中国最大的跨境电商 B2B 平台，并在 2015 年 12 月成功登陆美国纳斯达克市场。敦煌网是中国 B2C 领域第一家上市企业，并已入选了美国《商业周刊》评选的全球最受赞赏的 25 家企业之一。敦煌网致力于为中国制造企业提供一站式的跨境电商交易服务，帮助中国制造企业实现全球市场营销及销售，同时实现对中国品牌的推广与保护。

1. 敦煌网平台的优势

第一，B2B 加上 B2C 模式，目前敦煌网上已经存在着很多小金额的买家，他们也是很大的潜在买家用户。

第二，全球商品物流配送比较快捷，敦煌网旗下的签约快递企业，通常能在 7 天之内把商品送到买家手中。

第三，在商品交易过程中数十种主流语言可以自由切换，服务十分到位。

第四，买卖双方可以进行线下互动，买家与卖家都能够在第一时间洽谈，为买卖双方提供了很多便利之处。

第五，平台可以提供相应的商品咨询服务，协助商户解决部分交易难题。

第六，敦煌网的客户群体，大部分来自发达国家，就像美国、加拿大等发达国家。

2. 敦煌网平台的劣势

第一，由于平台自身的推广力度不够，所以目前的知名度略低于eBay、速卖通等平台。

第二，敦煌网也会收取一定的会员费，收取形式比较多，其中也有很多广告费性质的。

第三，因为敦煌网的售后时间非常长，有180天的售后时间，所以平台上出现了少许信用卡拒付的现象。

第四，目前登录敦煌网所需的费用还是比较多的，年会员价为999元、半年会员价为598元、季度会员价为299元，当然不同的会员价格的背后也会有着与之匹配的服务，敦煌网对商户和客户的服务是令人十分满意的。

四　如何合理利用电商平台

（一）发布足够的产品

要想提高曝光度，就需要有足够多的产品以及稳定增加的产品销量。数据统计可以证明，每一个平台产品的销量往往都会引导着消费者的下意识操作，这应该就是羊群效应的另外一种体现，毕竟一款产品的销量十分好，就无形中给了客户产品十分优秀的暗示，能使产品获得更多的平台流量。最好是每天都有新的产品上传，这会使商户的排名始终都在提升当中，此技巧也是平台赚取流量的好办法！

（二）橱窗位推荐一定要有技巧

为了展示更多的商品，善于利用橱窗也是可以有效增加商品曝光度的方法之一。所谓橱窗推广，是指在商品进行排列的情况下，利用该推荐位置对卖家的商品增加排名权限，进而提高该商品的排名。此处技巧：选择自己有优势的产品进行推荐，保证推荐的产品与描述一致且有足够的库存。

（三）参与平台产品招募活动

参与敦煌网平台的各类作品征集比赛，这是获得较多曝光的好渠道。平台会根据市场需求而不定期的开展产品征集活动，商家加入活动后将有可能得到最大的产品资源曝光量。按照活动前期的大数据报告统计，参与活动将会为卖家提供约30%~200%不等的产品信息曝光，同时提高的价格也更快速地促进了平台的产品成交量。此处技巧：通过平台对每期推出的大热招品进行新品首发和活动报名，并参与互动以获取大量曝光。

（四）平台多语言站点拓展新市场

利用敦煌网平台新兴市场的团购及产品招募活动也可获取高曝光及订单。不同市场需求不同，新开拓的六大多语言市场销量逐渐攀升，数据显示，参加多语言团购及招募产品上传的平均流量和订单量均有30%~50%的增长。此处技巧：发布高质量、有吸引力的帖子。作为一名专业的互联网营销人员，必须具备良好的逻辑思维和文字表达能力，以及营销知识储备，因此每天必须有足够多的时间来思考如何有效地宣传自己，在帖子里怎样写出吸引人的内容，怎样突出自己的优点，吸引潜在客户，只有这样才能更好地提高自身竞争力。创建优质的社区环境，与传统媒体相比，网络媒体具有传播速度快、范围广、互动性强等特点。在网络上推广自己，必须充分利用网络媒体的这些特点。网络营销要实现低成本、高回报的效果，就必须创建一个优质的社区环境。

（五）善用首图和视频展示功能

"好图胜千言，视频抵万语"，有分析指出，商品首图在购买者注意到时具有很高的影响力，图片的质量好坏直接影响购买者的欲望。同时，在商品发布时增加视频展示环节可以增加购买者下单的概率和数量。形式多样的照片和录像能够全面、多角度地介绍商品，从而大大增加购买者的购买兴趣。对于新手卖家来说，电子商务行业中有很多空白和不了解的地方，因此需要学习收集有用的知识。然而，最好的商品和技术才是所有经营技巧的根本。

第三节　亚马逊运营及数据分析

一　亚马逊运营与数据分析[①]

（一）营销数据分析

在运营亚马逊网站的实际操作过程中，不可避免的是卖家需要进行一些大数据的分析，尤其是管理层领导，无法做到天天在几个数据账号中来回切换学习，而是利用呈现出的数据分析报表，来评估公司经营的实际状况。所以，也有许多问题萌发：例如单品销量一天过 20 单，到底是多还是少？一周内高峰的销量超过 1000 单，究竟是好还是坏？在周一那天加大宣传的投入，到底是对还是错？而情况是好还是坏，其实都是需要一个参照物对比考量的。

亚马逊在当天的总销量是 200 多美元，销量为 16 单，但考虑到突发事件的影响，小卖家或许认为这个订单数量还可以，但小卖家还是会下意识地与自己的实际价格进行比较。均价大约在 15 美元以下，但收益率

---

① 数据来源于亚马逊官网。

却可以达到 50%，而且利润也挺好，这都是由卖家在经过了和自家商品的价格对比以后所得出的结果。而现实情况是，这些商品相比于上周的同日订单量已经减少了 78%，实际销量也减少了 74%。

并且，成本和利润之间存在着一定的关系，这里就不详细叙述了，我们可以通过以下几种情况来具体分析。利润低，主要是由成本高导致的。这也是很多卖家经常遇到的问题，那么这时候就要从采购环节和物流环节两个方面进行分析，一方面降低采购成本，另一方面降低物流成本。在采购环节，可以通过价格谈判和供应商管理来降低采购成本；在物流环节，可以通过优化路线、选择合适的快递公司、制定合理的配送方式来降低物流成本。这类产品一般都是刚需产品或者利润较高的产品，因此可以通过提价来提高销售价格。

其中也有部分卖家，特别是处在新开业时期的新人卖家，没多少信息可以借鉴参照，对比似乎又无从下手。这种情况卖家需要注意的是同行竞品的营销信息，可以利用自己购买商品所获得的信息进行借鉴比照，当然最关键的是追踪总结自己的信息，毕竟自家信息才最有效最能体现各个阶段不同营销情况下的真实情况。

（二）市场分析

熟悉亚马逊营销的所有卖家，其实应该都听到过这样一句话：七分是产品，三分是营销。正是大家所说的"方向如果不对，努力就会白费"，一名亚马逊公司营销的新人如果要在亚马逊这种数量巨大的商业网站中分得一杯羹，没有广泛地掌握一点市场研究的方法恐怕是行不通的。那么需要怎么对这个庞大的市场进行分析呢？裹媒跨境（亚马逊官方认证代营销）的总结整理如下，主要为大家提供市场数据分析时的一个思路。

1. 市场天花板调研

当然在亚马逊开店之后，还要进行选择适当的商品，选定商品之后，就要适当的进行市场调查，当了解清楚之后，就能大致了解到商品销售之后大致能带来多少销售额或者收益。比如在亚马逊上搜索有关商品的关键字时，从左上角的查询结果中卖家就能够发现目前亚马逊平台所有有关商品的在卖情况，这样就能够比较有效地帮助亚马逊上运营中的卖家确定商品是不是有需求。

亚马逊公司也会对商品进行分类，由此亚马逊平台运营的卖家就能够很容易地找出商品所对应的类型。看到产品的类型之后就会看到类目前100名的产品，之后即可使用此软件进行产品的销售了。

2. 市场竞争情况

亚马逊运营人员可以通过关键字检索的软件，抓取亚马逊上一个关键字的月搜索数，通过和目前亚马逊产品在售销量的比较，判断市场的竞争形势。假如某个关键词的搜索指数比较高，但是实际上并没有很多的销售量，那就说明了这个产品在市场上并不是十分畅销。其实也可以根据二者的比值做个大致的估计，如果产品竞争很激烈也可以直接排除。

3. 品牌集中度

假设一个种类中的很多商品是源自一个品牌，那么必须注意这些是不是都是由一个企业控制的。在亚马逊上卖货，选品是一个很重要的环节。就像前面说的，同样是卖杯子，一个产品只卖一种杯型，而另一个产品却可以同时销售好几种杯型。这就是因为亚马逊更喜欢销售"专一性"的商品。比如，消费者在购买一款产品时，很可能会购买多款产品。如果卖家在这一领域具有相当强的竞争力，就很容易把消费者吸引过来。

4. 竞品分析

很多新手卖家在进入了亚马逊中国网站之后，就必须做到了解对手和自己的优缺点，对商品也要有一定的研究。可以使用一些工具，如亚马逊的Asin，把它关联到产品上去，观察竞争对手在Asin上的排名和销量。如果你的产品在同类目中的排名很高，说明竞品的产品有一定的优势。如果你的产品在同类目中排名很低，那么就要看看是什么原因了。还有要做的就是优化自己的产品。从运营的角度来说，最重要的一件事就是要把自己的产品做好，包括页面、标题、描述、图片等，只有把这些工作做好了，才能让自己的产品在市场上更有其他产品所没有的竞争力。为了达到这个目标，你需要有很强大的分析能力，学会观察竞争产品和分析竞争产品。了解到竞争对手的情况可以有效地提升自身的技术，以便逐步赶上或者超越他们。

5. 成本结构分析

大家的出发点大多数是相同的——通过销售，能够获取一定的利润。现在，对于亚马逊运营的卖家来说，了解商品的成本结构，就非常关键了。通常来讲，中位售价就是商品的实际售价。一个新卖家，在一开始并没有太多的品牌知名度，所以会以低价在亚马逊上进行产品销售，这时，如果卖家拥有较强的品牌影响力和定价能力，则可以通过降价等方式提高销售量；反之，如果卖家没有强大的品牌影响力和定价能力，则可以选择低价销售，甚至是免费。但是亚马逊在运营过程中也会收取一定的其他费用，比如小部分的物流费用，若是产品的毛利润十分可观，这种产品还是可以进行一定的尝试的。

6. 季节性分析

不可避免的是，部分产品可能受到明显的季节性限制。那么，我们要怎么确定产品是不是具有季节性呢？卖家还可使用如百度等搜索软件进行检索，确定产品是否具有季节性。其实季节性商品一般的销售起伏较大，若没有得到指导操作，极有可能到了旺季，商品的销量也不好，但仍然要做好万全的准备。市场研究也是亚马逊选择商品中的一个很大的选题，其中一部分商品甚至可能拥有专利。跟着以上给出的方法去研究，基本能够确定自己的需求信息。总之，一般的亚马逊选品中也要提前做好准备，毕竟好东西不等人。

二　电子商务数据分析案例

（一）案例：速卖通玩具相关数据分析

国内玩具产业在世界具有重要地位，世界玩具的数量逐年以约20%的速度上涨。目前，世界70%以上的玩具均由中国制作与生产。中国巨大的玩具生产能力，使得中国玩具产品因其独特、丰富、新颖与好玩，而成为跨境电商领域容量最大、上新速度最快与收益最佳的产品之一。同时由于全球消费者对中国玩具的喜好与差距相对较小，也促使速卖通玩具产品已由中国真正走向了世界，在中国、西班牙、法国、巴西、中东的用户数也迅速扩大。假设现在需要帮助某跨境电子商务公司完成一份关于速卖通玩具行业的分析报告，但并没有相关的数据，这就需要手动获取相关数据并进行初步的数据预处理来完成所需报告。

1. 案例分析思路

识别任务需求：完成一份速卖通玩具行业分析报告需要数据支撑，但目前并没有相关数据，因此首先需获取有关行业数据并进行数据的预处理。解决方案：在没有现成行业数据的情况下，可以考虑手动在跨境电商平台上搜索关键词并采集商品搜索结果，当采集的商品数据足够多时，即可在一定程度上反映行业特征。因此，接下来需要采集速卖通页面的关键词搜索结果，并进行数据的预处理。

2. 跨境电商数据分析的流程

（1）识别数据分析需求

识别数据分析特征能够为获取信息、研究资料指明方向，是实现统计分析质量可靠性的先决条件。在进行分析之前，有必要冷静地思考你希望在分析过程中实现的目标。例如，你是想更准确地识别你的在线商店的客户群，还是想扩大你的在线店铺的客户群？或者，我们是否应该评估产品设计的有效性是否从一开始就有所提高？还是在寻找生产迭代的方向？计划轮班是否更科学，以便在繁忙时期不需要浪费劳动力或耗尽劳动力？对于大数据分析，了解获取哪些信息以及大数据分析的目标至关重要。指定数据分析的目的后，有必要确定应收集哪些数据。

（2）采集数据

在使用大数据分析方法来研究变化趋势时，数据量越大越好。对其他形式的数据分析，如果样本量越多，则所得出的结论就越准确。仅追踪企业前一个月的销售数字的信息是很难看出未来变化趋势的，所以 3 个月的情况要好一点，6 个月的情况更好。所以就算还不能明确寻找的是什么时候的信息，也要保证所获取的信息和涉及的数据都要尽量详细和准确。试着弄清楚获得所需最优数据的途径，然后开始收集。如果没有数据，就不能够进行分析。

确保记录所有信息，如地点、人物、原因和采取的行动，并对每个部分进行改进。时间条件可以在开始时间、完成时间、中断时间、周期间隔时间等方面细化。当地条件可以从城市、住宅区、气候、运河等区域条件中提炼出来。人们可以通过多个渠道优化用户注册、家庭成员、工资和个人成长时间；个人理由可以从兴趣爱好、人生大事、用户层级等细化；行为条件可以从主题、流程、质量、效果等细化。利用这种方法细分维度，就可以扩大研究的多样性，并可以在此发现规律。

制定一套完善的数据收集制度，规范数据收集工作，使其有章可循。同时，也要保证数据质量。建立科学合理的数据质量控制体系，确保大数据分析过程的有效性。主要考虑：①将识别出来的数据分析要求转变为更实际的需求，在描述企业中，要求获取的信息可以涵盖企业分析水平、测量过程不确定性的有关信息；②要确定好哪个人用什么方法在哪里收集的数据；③记录表格应该便于使用；④另外要采取一定的方法，防止数据丢失和不实数据对系统运算的干扰。收集信息时，可以通过程序或是网站源码实现自动收集和分析信息，比如使用 Python 等编程语言实现信息爬取等；还可以使用一些操作较为简单的第三方信息收集软件，比如八爪鱼采集器等；还可通过部分免费模板实现信息收集相关的练习。

（3）数据的预处理

数据的处理与集成关键是实现对所获取到的数据的处理、清洗以及集成操作。对收集数据进行提取，并据此提取出相应的数据实体，并加以联系和融合以后再采用统一规范的方法来存储这些数据。在信息提取时，还需要对收集的数据进行整理，保证数据的真实性和准确率。

（二）案例总结与应用

研究电子商务行业大数据的基本思想如下。这个行业有很多数据。关于原材料数据，每种产品都有各种不同的性能。通常，我们收集数据作为一个整体，以获得尽可能反映全球趋势的代表性数据。收到数据后，我们选择不同的属性特征作为研究对象，分析不同的趋势特征。完整的数据收集过程可以包括三个步骤：收集、存储和预处理收集。在本地下载整个 HTML 或 JS 文件，数据驻留在文件中，文件可以转换为可读类型，如文本。下载的文件或文本存储在数据库中以存储数据。预处理：提取目标的资料，并进行整理和分析。

一旦操作员完成数据的收集、存储和清理，就可以对数据进行分析和处理。数据分析通常分为两类：数值分析和视觉分析。使用数值分析最常见的方法是在 Excel 中使用数据透视表。数据透视表为交互式报表，能迅速汇总和对比大量信息。通过旋转数据行和列，即可查看源信息的各种汇总，同时也能看到感兴趣范围内的明细信息。因此一旦需要研究有关的汇总数据，特别是当需要合计较大的数据清单或对各种数据作出多种对比时，通常都会应用到数据透视表。

可视化分析即可视化图表的操作。一种基本的图形格式，二维柱形图适用于比较数据的大小。尽管操作员可以使用二维条形图在实际操作中比较不同的值，但由于其图表格式的限制，条形图可能包含有限的信息量。在这种情况下，可以通过组合 3D 条形图进行更直观地分析。同样，可以利用散点图比较各个信息对象的不同。尽管散点图已经可以比较不同信息对象之间的关系，如二维条形图，但它们可以携带的信息量非常有限。如果要向图表添加更多信息，必须使用气泡图来完成。运营员可通过折线图了解时间信息；通过雷达图显示多维信息；通过漏斗图进行信息转换等。在完成了数据采集、存储、清洗和分析等基本工作之后，就可以进行决策和优化了。

本章小结

在第八章中，我们学习了不同类型的电子商务平台，其中包括跨境电商平台。本章通过具体案例介绍了速卖通、亚马逊、eBay、Wish、Lazada、兰亭集势、敦煌网等跨境电商平台的特点和优势。这些平台都具有自己独特的定位、功能和服务，能够为商家提供便利和增长机会。

速卖通是阿里巴巴旗下的全球零售平台，以 B2B+B2C 模式为主，侧重于批发和小额批发交易。其主要优势在于产品种类丰富、采购成本低、物流配送快速等方面。亚马逊则是全球最大的在线零售商之一，以 B2C 模式为主，其主要优势在于规模庞大、用户数量众多、全球物流体系完善等方面。eBay 则是全球领先的 C2C 电子商务平台，其主要优势在于平台规模大、商品种类多样、交易方式灵活等方面。Wish 则是一家以移动端为主的跨境电商平台，其主要优势在于用户群体年轻、价格便宜、营销策略创新等方面。Lazada 是东南亚最大的电子商务平台之一，其主要优势在于地区覆盖面广、本土化服务和供应链系统等方面。兰亭集势则是国内领先的跨境电商平台之一，其主要优势在于多元化的供应链服务、高效的物流配送、完善的售后服务等方面。敦煌网则是以 B2B+B2C 模式为主的跨境电商平台，其主要优势在于海量商品资源、多样性的交易方式、覆盖全球多个国家和地区等方面。

通过学习以上跨境电商平台的特点和优势，我们可以更好地把握市场机遇，丰富营销策略，提升销售能力。同时，我们也需要针对不同平台的特点和需求，培养合适的思维逻辑和销售策略，以保证在跨境电商平台上取得成功。

参考文献

蔡逢年、郑国恩：《数字贸易新趋势：全球电商革命与中国跨境电商的挑战与机遇》，中国经济出版社，2019。

蔡永鸿、刘莹：《基于大数据的电商企业管理模式研究》，《中国商贸》2014 年第 31 期。

陈大愚：《电子商务与物流一体化研究》，《物流技术》2018 年第 37 期。

陈丽亚、王伯强：《数字经济时代电子商务的发展趋势与机遇》，《管理评论》2019 年第 31 期。

陈明、吴斌、杨梦、李宁：《数字经济时代的电子商务网络营销策略研究》，《科技创新与应用》2019 年第 11 期。

陈清江、吴柳明：《数字经济时代电子商务创新发展研究》，《现代商业》2021 年第 12 期。

韩天云、崔立鑫：《跨境电子商务与中国对外贸易变迁研究》，《经济管理》2017 年第 39 期。

陈明、李冠艺编《跨境电子商务案例分析》，南京大学出版社，2019。

李佳、黄鹤：《数字化时代跨境电子商务物流的创新与发展研究》，《电子商务研究》2018 年第 24 期。

李鹏、黄珍：《数字化时代电子商务发展的创新研究》，《电子商务研究与应用》2019 年第 21 期。

林斌：《数字营销：互联网+时代营销战略与实践》，2019。

刘波：《电子商务与数字经济》，清华大学出版社，2018。

刘瑶、陈东升、郭宁：《数字化时代的电商策略与实践》，清华大学
出版社，2017。

龙凯、赵相龙、赵群：《浅谈大数据环境下的数据隐私保护》，《信
息通信技术》2016 年第 10 期。

毛青云、黄小民：《基于区块链技术的跨境电子商务物流模式研
究》，《现代商贸工业》2020 年第 12 期。

汪娅：《我国物流业国际竞争力提高的 SWOT 分析》，《商业经济研
究》2017 年第 2 期。

王佳、刘振兴：《数字贸易与跨境电子商务：发展趋势与挑战》，
《国际贸易问题研究》2020 年第 4 期。

王明波、董娟：《互联网+时代下数字商务创新的路径研究》，《中国
流通经济》2016 年第 11 期。

杨宏伟、曹志耕：《电子商务与跨境贸易：中小企业的机遇与挑
战》，《中国工业经济》2017 年第 6 期。

杨文光、李敏、周晓蓉：《数字化时代跨境电子商务物流业务研
究》，《物流工程与管理》2019 年第 41 期。

张佳佳、陈新吉、徐军晓：《数字贸易时代下物流业态的创新研
究》，《物流工程与管理》2020 年第 42 期。

张磊、王雪：《数字经济时代下电子商务的战略研究》，《经济研究
与评论》，2018 年第 14 期。

周姗姗、徐坤：《大数据背景下信息服务中的用户隐私权保护》，
《现代情报》2015 年第 35 期。

Anderson, J., "The Role of Social Media in E-commerce: An Empirical
Study." *International Journal of Information Management*, 37（3），2017,

pp. 142-152.

Chen, L. , & Nath, R. , "The Impact of Big Data on Firm Performance: An Empirical Investigation. " *Information Systems Frontiers*, 20 (4), 2018, pp. 767-780.

West, D. M. , "What is the Future of E-commerce? Insights from the World of E-commerce. " *International Economics and Economic Policy*, 14 (1), 2017, pp. 3-13.

Zhu, K. , et al. , "E-commerce Metrics for Net-enhanced Organizations: Assessing the Value of E-commerce to Firm Performance in the Manufacturing Sector. " *Information Systems Research*, 13 (3), 2016, pp. 275-295.

图书在版编目（CIP）数据

数字贸易与电子商务实践研究／陈晔婷，罗丹著．
北京：社会科学文献出版社，2024.11. --ISBN 978-7
-5228-3815-1

Ⅰ. F724.6

中国国家版本馆 CIP 数据核字第 2024JX2962 号

数字贸易与电子商务实践研究

著　　者／陈晔婷　罗　丹

出 版 人／冀祥德
组稿编辑／高　雁
责任编辑／贾立平
文稿编辑／郭晓彬
责任印制／王京美

出　　版／社会科学文献出版社·经济与管理分社（010）59367226
　　　　　地址：北京市北三环中路甲 29 号院华龙大厦　邮编：100029
　　　　　网址：www.ssap.com.cn
发　　行／社会科学文献出版社（010）59367028
印　　装／三河市尚艺印装有限公司

规　　格／开　本：787mm×1092mm　1/16
　　　　　印　张：20.25　字　数：280 千字
版　　次／2024 年 11 月第 1 版　2024 年 11 月第 1 次印刷
书　　号／ISBN 978-7-5228-3815-1
定　　价／128.00 元

读者服务电话：4008918866